징비록

근심하고 두려워하던 마음이 조금 진정된 뒤에
지난 일을 생각하면
황송하고 부끄러워 차마 고개를 들 수 없다.
비록 볼만한 내용은 없지만 이로서나마
간절하게 충성을 바치려는 나의 뜻을 보이고
또 못난 신하가 나라의 은혜에
아무것도 보답하지 못한 죄를 드러내고자 한다.

― 서애 류성룡 ―

피로 쓴
7년의 지옥

징비록

장사진은 왜적을 끝까지 쫓다가
곤란 속에 빠져들고 말았다.
그는 힘써 싸웠지만
화살이 모자랐다.
왜적이 달려들어
장사진의 한 팔을 끊어 내자
그는 남은 팔만으로 계속 싸웠으나
마침내 힘이 다하여 전사하였다.

懲毖錄

지난 일을 징계하여
뒷날의 근심거리를
삼가게 한다

"덕을 닦아 도를 확립하고,
공정히 보고 들으며,
백성을 기르고
어진 이를 임용할 것이며,
군정을 닦고
훌륭한 장수를 가려 뽑으며,
장례를 후하게 치르지
말도록 하십시오."

류성룡 지음
장윤철 옮김

피가 발꿈치까지 흘러내렸으나
이순신은 아무 말도 아니하였다.
싸움이 끝난 뒤에야 비로소
칼로써 살을 베고 총알을 꺼내었다.

"너희들은 평일에는 앉아서
나라의 녹만 먹다가
이제 와서는 나랏일을 그르치고
백성마저 속이는구나!"

스타북스

오늘에 필요한 반면교사
류성룡의『징비록』

설민석은『징비록』을 "임진왜란에 속수무책으로 당한 조선, 그 역사
가 지금 우리에게 주는 메시지가 무엇인지, 이 시대에 필요한 반면교사
가 되어줄 책이라면서 임진왜란의 중심에서 모든 보고를 받고 훤히 들
여다 본 재상 류성룡이 '다시는 이런 일이 이 땅에 일어나면 안 된다는
마음으로 기록한 것'이다. 특히, 조선은 200년간 지속된 평화 덕분에,
온 나라 백성이 편안함에 익숙해져 있었고, 전쟁이 날 것이라는 위기감
이 없었기에 일본군의 공격에 속수무책으로 당할 수밖에 없었다. 따라
서 '무탈'하게 살라는 말은 악담이라 생각한다. 잦은 고통은 사람을 강
하게 한다. 위기를 고통스럽게만 생각할 게 아니라 기회가 될 수 있다는
것을『징비록』을 통해 배울 수 있다"고 했다. 또한 남자 의병 못지않게
여자 의병들의 활약도 있었을 텐데 그 기록이 없어 안타깝다고 털어놨

다. 또한 "다시 한 번 전쟁에서 나라를 지키기 위해 고통 받은 여성의병들에게 감사와 추모의 마음을 이 자리를 빌어 전하고 싶다"고 했다.

장강명은 "『징비록』은 정작 일본에서는 『조선징비록』이라는 이름으로 번역되어 그 시대에 베스트셀러였다고 하는데, 국내에서는 2000년대 이전까지는 잊혀진 책이었다는 사실에 안타까움을 드러냈다.

김상욱 교수는 "도로도 없고, 교통수단도 없었는데 일본군이 부산에서 한양까지 20일 만에 진격했다. 백성들이 얼마나 무서웠을까"라고 당시의 두려움을 가늠하며 "니체의 말처럼, 『징비록』은 피로 쓰인 책이다. 단순히 읽기를 바라기보다 한 자 한 자, 기억되길 바란 책이지 않을까 생각한다."고 했다.

차례

징비록 제2권

녹후잡기(錄後雜記)

류성룡은
어떤 인물인가

1591년(선조 24) 겨울에 류성룡이 꿈을 꾸었다. 경복궁 연추문에 불이 나 류성룡이 그 주변을 서성거리는 꿈이었다. 그때 누군가가 류성룡에게 말하였다.

"이 궁궐은 처음 자리를 고를 때에 너무 낮은 지대를 정했습니다. 다시 지을 때는 조금 높여 인근 산에 가까운 높이로 해야 할 것이오."

땀을 뻘뻘 흘리며 깨어난 류성룡은 차마 이 불길한 꿈 이야기를 아무에게도 할 수가 없었다. 이듬해인 임진년에 왜적이 쳐들어와 임금이 피란하고, 경복궁·창덕궁·창경궁 세 궁궐이 모두 불에 타 잿더미가 되었으며, 백성들은 처참히 목숨을 잃었다. 이에 대부분의 사람들은 나라가 다시 회복되기 어렵다고 여기며 자포자기하였다. 류성룡은 그제야 가까운 사람들에게 지난 꿈 얘기를 하며 말하였다.

"꿈속에서 궁궐의 고쳐 지을 일을 의논하였으니, 반드시 나라가 회복되리라는 뜻이다."

현실을 있는 그대로 바로 보기가 너무도 끔찍한 상황에서, 류성룡을 순간순간 붙들어 준 것은 계시와도 같은 그날의 꿈이었는지도 모른다. 류성룡은 평생토록 꾼 꿈 중에 징후를 경험한 바가 많았음을 스스로 밝힌 사실이 있다. 그날의 꿈은 분명 류성룡이 희망을 버리지 않고 이미 끝나 버린 듯한 현실을 기어이 헤쳐 낼 수 있게 한 중요한 의미가 되었을 것이다. 그리고 류성룡의 해석처럼 왜적은 결국 물러갔다. 비록 긴 시간이 걸리긴 했지만 말이다.

서애 류성룡 초상

　임금은 피란할 궁리만 하고 대신들 역시 갈피를 잡지 못해 두려움으로 우왕좌왕하던 속에서, 전란 극복의 계책을 세우고 조정 전반을 총괄하며 추진한 인물이 류성룡이라고 해도 과언이 아니다. 이순신, 권율, 이일, 신립 등을 추천하여 등용시킨 인물도 곧 류성룡이다. 그럼에도 그간 류성룡과 그의 책 『징비록』은 별반 주목을 받지 못했다. 도드라지게 드러난 영웅이 아니었기 때문인지도 모른다. 지금이나마 류성룡이 사람들의 관심을 얻게 됨이 다행스럽다. 어쩌면 지금 이 순간이 류성룡과 그의 사상이 꼭 필요한 적기인 까닭은 아닐까. 한반도에 사는 우리들에게 말이다.

　그렇다면 류성룡은 어떤 인물이고 어떠한 삶을 살았는지 구체적으로 알아보자.

전란 직후부터 막바지까지

1591년 통신사 황윤길 등이 일본에서 돌아와 왜의 우두머리 도요토미 히데요시의 글을 보였다. 그 내용에 '한 번 뛰어 곧바로 대명국大明國에 들어간다'는 말이 있었다.

영의정 이산해는 만일 명나라가 왜와 우리가 교통한다는 죄를 물으면 달리 할 말이 없으니 숨기는 편이 낫다고 하였으나 류성룡은 반대했다. 그는 왜가 난을 일으킬 모략을 실제로 하고 있을 수 있고, 명에서 타국을 통해 이 사실을 알게 될 경우 우리를 의심하게 될 터이니 문서로 곧장 명나라에 통보해야 한다고 강력히 주장하였다.

류성룡의 염려처럼 왜의 정황은 날로 급변하였다. 이해 조정에서는 비변사에 명하여 왜란이 있을 것을 대비해 각각 장수감을 추천하라 명하였다. 이에 류성룡은 호조 정랑 권율을 의주 목사로 천거하고, 정읍 현감 이순신을 전라도 좌수사에 천거하였다. 당시 두 사람은 지위가 낮은 관리로서 이름이 알려진 이들이 아니었으나 류성룡의 안목대로 뒷날 나라의 명장名將이 되었다. 그 외 재능이 없는 경상 우병사 조대곤을 이 일로 교체할 것을 요청하고 신립 등도 추천하여 등용시켰다.

또 국방 강화의 필요성을 역설하며 김종서가 『제승방략制勝方略』에 기록해 놓은 분군법分軍法을 다시 시행하기를 청하였다. 이는 중요한 곳에 군사를 분산하여 주둔시키는 제도로서, 과거에 큰 고을의 군사령관이 그 하위 고을의 군 진영을 통할하여 전국의 국방 체제와 병력을 일원화하였던 진관제鎭關制의 재정비를 주장한 것이다. 그러나 류성룡의 제안은 받아들여지지 않았다.

1592년(선조 25) 3월에 일본 사신이 우리 경내에 이르자, 류성룡이 선위사를 보낼 것을 청하였다. 하지만 조정에서 허락하지 않아 일본 사신은 그대로 돌아가고 말았다. 4월 류성룡은 판윤 신립과 군사軍事에 대하여 논의하며 일본 침입에 대한 대비책을 강구하였다.

4월 13일 드디어 왜의 대군이 침입하니, 류성룡은 병조판서에 임명되고 도체찰사로 군무를 총괄하며 국난을 극복하는 데 기여했다. 이일은 순변사로, 성응길과 조경은 좌우 방어사로 삼도록 건의하여 그들을 세 갈래로 나누어 내려보내고, 변기와 유극량은 조방장으로 삼아 각각 조령과 죽령을 지키도록 하는 한편 신립은 순변사로 삼아 이일을 지원토록 했다. 이순신, 권율 등을 장수로 등용하였음은 물론이고 또한 전국 각처에 격문을 보내 의병을 모집하는 일에도 서둘렀다.

조정에서는 왜적이 물밀듯 진격해 오자 평양으로 피란할 것을 결정하였다. 류성룡은 이때 선조를 호위하고 송도에 이르러 영의정이 되고, 이어 왕을 평양까지 호종하였다. 평양에 도착하여서는 소동을 일으킨 난민들을 진정시켜 민심을 우선 수습하였다. 조정에서는 평양까지 피란한 것도 모자라 북행을 말하는 자가 많았으나, 류성룡만은 왕이 의주로 파천할 것을 주장하여 뒷날 명나라의 도움을 받을 수 있도록 했다.

얼마 뒤 이일과 신립이 패했다는 보고가 올라오고 적병이 충주에 도착했다는 소식이 전해졌다. 그러자 기회를 기다리고 있던 반대파 신잡 등은 왕에게 은밀히 아뢰었다.

"이산해가 파직되었으니 류성룡 홀로 벗어남은 옳지 않습니다."

류성룡은 나라를 그르쳤다는 탄핵을 받고 그날로 사퇴하였다가 의주에 이른 그해 12월 평안도 도체찰사로 복권되었다. 그는 안주에 있으면서 군사를 총지휘하여, 백성을 진무하고 군량을 준비하는 등 전쟁을 수행하였다.

또한 왜적의 후한 꼬임에 넘어가 첩자가 된 우리 백성들이 조선의 사정을 염탐해 왜에게 보고하는 일이 잦아지자, 현상금을 걸고 첩자 수십 명을 잡아 참하는 일도 단행하였다. 이로써 그 무리들이 흩어져 왜적의 연락망을 끊을 수 있었다.

이때 명나라 제독 이여송이 병사 4만을 거느리고 안주에 이르렀다. 류성룡이 그를 만나기를 청한 자리에서 평양의 지도를 꺼내 보이며 지역의 형세와 군대의 진격로를 가리키니, 이여송은 적의 동태를 환히 알게 된 데 매우 기뻐하였다. 이렇게 작전을 도와 류성룡은 평양성 수복에 힘을 합하였고 1593년(선조 26) 정월에 이여송은 평양으로 진격해 왜적을 크게 이겼다.

류성룡은 충청·경상·전라의 3도 도체찰사로 임명되어 그 후 파주까지 진격하였고 같은 해 다시 영의정에 올라 4도 도체찰사를 겸하여 군사를 총지휘하였다. 이 무렵 이여송은 벽제관에서 대패하고 개성부로 퇴각해 버렸다. 그러자 류성룡은 권율과 이빈으로 하여금 파주산성을 방어케 하고, 더불어 여러 장수들에게 방략을 주어 적의 요충로를 나누어 지키도록 했다.

명과 일본 사이에 강화 회담이 진행되자, 이여송은 1593년 4월 일본과 화의하려 했다. 류성룡은 이에 반대하며 이여송에게 글을 보내 화의를 논하는 일이 왜 잘못된 계획인지를 역설하였다.

류성룡은 화포 등 각종 무기의 제조, 성곽의 수축을 건의하여 군비 확충에도 노력하는 한편, 선조를 호위하고 서울에 돌아온 같은 해 10월 훈련도감을 설치할 것을 강력히 요청하였다. 더불어 변응성을 경기 좌방어사로 삼아 용진에 주둔하게 함으로써 나라를 배반한 첩자들의 내통을 차단시킬 것을 주장하였다.

드디어 1594년(선조 27) 훈련도감이 설치되자 류성룡은 군사를 모집해 조총 쏘는 법, 창칼 쓰는 법 등을 훈련시키도록 하고, 제조로서 직접 『기효신서紀效新書』를 강해하였다.

또한 군대를 양성하면서 파총과 초관 벼슬을 세워 각 번番을 숙직토록 하고 임금의 행행이 있을 때에는 이들로 하여금 호위하게 하니 인심이 조금 안정되었다. 류성룡은 명나라와 일본과의 화의가 진행되는 기간에도 군비 보완을 위한 노력을 계속하였다.

이순신의 성정 그리고 류성룡과의 인연

1545년(인종 1) 음력 3월 8일 서울 건천동(지금의 중구 인현동)에서 태어난 이순신은 1542년 태어난 류성룡보다 세 살 아래로, 둘은 한 마을에서 어린 시절을 보냈다.

그 만남은 성인이 되어 나라가 전란에 휘말리면서 각자의 목숨을 걸고 국운을 지켜내야 하는 인연으로 확장된다. 조부 대로부터 침체한 이순신의 집안이나 올곧은 이순신의 성품을 봤을 때, 당시의 시대 상황에서 류성룡의 천거가 없었다면 이순신의 걸출한 재능은 아무도 모르게 묻히고 말았을지도 모른다.

류성룡이 이순신의 어린 시절을 어떻게 기억하고 있는지를 알게 해주는 인상 깊은 대목이 『징비록』에 나온다.

> 이순신은 어린 시절 영특하고 활달했다. 동리에서 다른 아이들과 모여 놀 때면 나무를 깎아 화살을 만들어 전쟁놀이를 했다. 마음에 거슬리는 사람이 있으면 그 눈을 쏘려고 해 어른들도 그를 꺼려 감히 문 앞을 지나려고 하지 않았다. 자라면서 활을 잘 쏘았으며 무과에 급제해 관직에 나아가려고 했다. 말 타고 활쏘기를 잘 했으며 글씨도 잘 썼다.

이 글을 보면 이순신은 어린아이였던 때부터 어른들도 함부로 대하지 못할 만큼 기개가 넘쳤음을 알 수 있다. '뜻에 맞지 않는 사람은 그 눈을 쏘려고 했다'는 구절을 읽고 섬뜩하다는 느낌을 갖는 사람도 있겠으나 시대 배경과 함께 이해해야 한다는 생각이다.

다음의 사례를 보면 이순신이 강직하고 올곧기는 했으나, 잔인한 성품으로 누군가를 모함할 사람은 아니라는 사실을 깨닫게 된다.

1576년(선조 9) 2월 식년무과에 병과로 급제한 이순신은 그해 12월부터 햇수로 3년간 함경도에서 권관權管(변성 시빙의 각 진에 두었던 종9품의 무관 벼슬)으로 근무한다. 험준한 지역이라 위험한 일도 많은 곳이었다. 만기를 채운 이순신은 1579년(선조 12) 2월 서울로 올라와 훈련원 봉사가 되었다. 이때의 일이다.

병조정랑 서익이 가까운 사람을 특진시키려고 하자 이순신은 반대하였고, 이로서 8개월 만에 충청도 절도사의 군관으로 좌천되고 만다. 하지만 그 일로 이름이 알려진 때문인지 이듬해인 1580년(선조 13) 7월 발포(지금의 전라남도 고흥군) 수군만호로 임명된다. 이곳에서도 권위에 굴복하지 않는 그의 올곧음이 드러난다. 직속상관인 전라좌수사 성박이 거문고를 만들려고 발포 객사의 오동나무를 베어 가려 하자 이순신이 관청 물건이라며 제지한 것이다.

또 하나 중요한 점은 이순신이 처음으로 수군에 배치되었다는 사실이다. 이후 이순신은 그의 성정으로 인해 기복이 큰 관직 생활을 해야 했다. 1581년(선조 14) 5월 서익에 의해 다시 훈련원 봉사로 강등당한 때의 일화도 이순신의 남다름을 보여 준다.

이조판서로 있던 율곡 이이가 이순신을 만나 보고 싶어 했는데, 류성룡에게서 그 이야기를 전해 들은 이순신은 그 제안을 거절했다. 같은 덕수 이씨로서 인사권을 행사하는 중직에 있는 어른을 만나지 않겠다는 냉철하고도 깨끗한 분별력이었다.

이순신은 자신보다 커다란 권력을 가진 자라 할지라도 불합리한 일에는 끝내 항거하고, 부적절한 호의는 시작 전부터 거절하는 강직한 인물이었다. 조선시대였다는 점을 감안하면 보통의 용기와 배짱이 아니고서 그처럼 강직하게 살 수 없었으리라는 점에 수긍할 것이다.

이런 이순신을 류성룡은 어린 시절부터 지켜보았다. 류성룡에게는 사람과 시대를 읽는 혜안과 추진력이 있었기에, 끔찍한 전란의 와중에서도 자리에 맞는 사람을 천거하고 상황에 맞는 일 처리를 해낼 수 있었을 것이다.

이순신이 류성룡의 첫 추천을 받은 것은 1585년(선조 18)의 일이다. 류성룡의 천거로 조산보(지금의 함경북도 경흥) 만호로 특진한 것을 시작으로 정읍 현감으로 있으면서는 선정으로 칭송받았고, 다시 류성룡의 천거로 1590년(선조 23) 7월에는 평안도 강계도호부 관내의 고사리진 병마첨절제사로 임명된다. 이 파격적인 승진은 대신과 삼사의 거센 반발로 취소되었고 이후에도 관직 임명에 있어 몇 번의 부침을 겪었다. 그러던 중 이순신은 1591년 2월 13일 드디어 전라좌도 수군절도사에 제수된다. 무과에 급제한 이래 15년의 기간 동안 수차례의 곤경과 한 번의 백의종군을 겪은 끝에 수군의 주요 지휘관에 오른 것이다.

이순신은 왜적의 침략에 대비해 좌수영인 여수를 근거지로 삼아 전선戰船을 제조하고 군비를 확충하였으며, 군량 확보를 위해 섬에 둔전을 설치할 것을 조정에 요청하기도 하였다. 류성룡은 그에게 『증손전수방략增損戰守方略』이라는 병서를 주어 실전에 활용하게 하였다.

그로부터 불과 14개월 뒤 임진왜란이 발발하였다.

전란을 겨우겨우 막아 내고 있는 혼란의 와중에 주변에서는 류성룡과 이순신을 모함하는 말이 끊이지 않았다. 그리고 항상 자기의 자리가 어떻게 될까 전전긍긍하던 선조는 그 말들에 휘둘렸고 또 그 말들을 자신의 상황에 맞춰 이용하였다.

정유재란이 한창이던 1597년(선조 30) 1월 27일 영의정 류성룡을 몰아내려는 조정의 인사들은, 류성룡이 추천한 사람이라는 구실로 먼저 이순신을 무함하는 상소를 올렸다. 이때 이순신과의 갈등이 깊던 경상 우수사 원균은 더욱 노골적이었다. 상소를 받은 선조는 전쟁의 실정을 정확히 파악하지 못한 데다 주변 대신들의 말이 더하여지자 이렇게 말한다.

"이순신은 어떠한 사람인지 모르겠다. 계미년 이래 사람들이 모두 거짓되다고 하였다. … 지금 비록 그의 손으로 가토 기요마사의 목을 베어오더라도 결코 그 죄는 용서해 줄 수 없다."

조정에서는 이순신이 전투에 나아가지 않고 자리를 지키려고 한 데 대해 의견이 분분한 상태였다. 이에 류성룡은 이순신을 옹호하면서도 그만을 감싼다는 인상을 주지 않도록 발언하여 객관성을 유지하였다.

"이순신은 한동네 사람이어서 신이 어려서부터 아는데, 직무를 잘 수행할 자라 여겼습니다. 그는 평일에 대장이 되기를 희망하였습니다."

"성품이 강하고 굳세어 남에게 굽힐 줄을 모르는데, 신이 수군절도사로 천거하여 임진년에 공을 세워 정헌正憲까지 이르렀으니, 매우 과람합니다. 무릇 장수는 뜻이 차고 기가 펴지면 반드시 교만하고 게을러집니다."

류성룡은 이순신이 능력에 비해 과한 인정을 받았다는 발언을 하고, 이어 원균의 나라를 위하는 마음이 깊음을 칭찬하는 말도 한다. 이는 류성룡이 사람을 평하는 데 있어 사사로움을 뒤로 하고 공정한 기준에 따라 하였다는 사실을 알게 해 준다. 류성룡이 이렇게 거리를 유지한 또 하나의 이유는 혹 반대파들이 류성룡과 이순신이 한통속으로, 뒤에서 다른 뜻을 갖고 있는 것 아니냐는 사사로운 추측을 하는 빌미를 제공하지 않도록 하고자 함이었다.

이와 같은 논란이 있었던 까닭은 고니시 유키나가의 계략에 놀아난 때문이었다. 조정에서 이순신에게 나아가 가토 기요마사를 격파하라는 명령을 내리자 바다에서의 싸움을 아는 이순신은 그 말을 의심하여 나아가기를 머뭇거렸다. 조정에서 계속 독촉해 대자 이순신은 군사와 함께 나아가긴 했으나 가토 기요마사는 먼저 되돌아온 뒤였고, 선조는 이순신이 군기를 그르쳤다 하여 처벌하려 들었다. 그러자 류성룡은 아뢰었다.

"통제사는 이순신이 아니면 안 됩니다. 지금 사태는 급한데 장수를 바꾸어 한산을 지킬 수 없게 한다면 호남을 보호할 수 없습니다."

류성룡은 나라의 성패가 달렸다며 강력히 반대하고 간청하였지만 선조는 류성룡의 말을 받아들이지 않았다. 선조는 명령을 어기고 출전을 지연하였다는 죄를 들어 끝내 이순신을 서울로 압송토록 했다. 이순신이 서울로 압송되자 지나는 곳곳의 모든 백성들이 너나없이 모여들어 통곡하였다.

"사또는 우리를 두고 어디로 가십니까, 이제 우리는 모두 죽었습니다."

나라를 위기에서 구한 이순신의 공로는 연기처럼 사라지고 영웅은 하옥당하여 혹독한 고문을 받아야 했다. 죽음 직전 우의정 정탁의 변호로 간신히 목숨을 건지고 도원수 권율의 막하로 들어가 두 번째 백의종군을 하던 이순신에게 어머니의 부고 소식이 전해진다. 이때의 심정이 그의 『난중일기』 1597년 4월 16일자에 기록되어 있다.

'찢어지는 마음을 어찌 말로 다할 수 있겠는가. 비는 크게 퍼붓고 남쪽으로 갈 날은 다가오니, 호곡하며 어서 죽기만을 기다릴 따름이다.'

뿐만 아니라 아내의 병이 위중하다는 소식을 듣고 괴로워하는 모습이나 어머니를 모시고 피란하다 왜적을 만나 싸우던 셋째 아들이 사망한 사실을 알게 된 날의 기록을 통해서도 이순신의 섬세한 내면과 그 고통이 아프게 드러난다. 아들 이면의 사망 소식을 알게 된 순간의 심정은 『난중일기』 1597년 10월 14일자에 적혀 있다.

'나도 모르게 간담이 떨어져 목 놓아 통곡하고 통곡했다. 천지가 캄캄하고 해조차도 빛을 잃었다. 슬프다. 내 아들아, 나를 버리고 어디로 갔느냐.'

이순신의 후임으로 삼도수군통제사가 된 원균은 과연 적의 유인 전술에 빠져 크게 패하였고, 류성룡의 말처럼 호남은 와해되고 말았다. 이 칠천량 해전에서 원균은 왜적의 추격을 받아 전사하고 경상 우수사 배설만이 12척의 전선을 이끌고 겨우 후퇴하였다. 원균의 패전 소식이 조정에 이르자 모두들 놀라서 어찌할 바를 몰랐고 당황한 대신들은 제대로 대답하는 이가 없었다.

병조판서 이항복이 이순신을 다시 통제사로 기용할 것을 주장하자, 다른 방법이 없던 선조는 그 말을 따를 수밖에 없었다. 실정도 제대로 파악하지 않은 채 이순신을 붙잡아 고문하고 백의종군하게 만든 선조는 자신의 행위를 얼버무리는 교서를 내리며 8월 3일 그를 거듭 삼도수군통제사로 임명하였다.

'지난번 그대의 관직을 빼앗고 죄를 주게 한 것은 사람이 하는 일이라 잘 모르는 데서 나온 것이오. 그래서 오늘날 패전의 욕을 보게 되었으니 무슨 할 말이 있겠는가.'

이제 남은 군사는 120명에 병선은 고작 12척이었다. 그로부터 한 달 뒤인 9월 16일 이순신은 그 함대를 이끌고 명량해전에 참전하였다. 이 전투에 나아가기 하루 전 이순신은 '필사즉생 필생즉사 必死則生 必生則死'라는 글을 쓴다. 12척의 배로 수백 척의 일본 군함을 상대해야 하는 이순신의 마음은 글 그대로 죽기를 각오하는 것이었다. 명량해전에서 133척의 적선을 상대하여 31척을 부수는 기적 같은 전과를 올림으로써 조선의 해상권을 되찾고 조선 수군이 다시 일어서는 발판도 마련되었다.

이순신은 보화도(지금의 목포시 고하도)를 본거로 삼고 머물다가 다음 해인 1598년(선조 31) 2월에 고금도로 군사를 옮겨 진영을 설치하고 백성들을 모집하여 둔전을 경작시켰다. 그러자 장병이 다시 모여들어 진영은 한산도 당시보다 10배 규모로 커졌고, 난민도 돌아와 수만 가구를 이루었다.

1598년 11월 19일 도요토미 히데요시의 병사 소식을 들은 왜군은 철군을 시작했고, 왜의 고니시 유키나가에게 뇌물을 받은 명의 제독 진린은 이순신에게 왜선의 해로를 열어 주자고 권하였다. 그러나 이순신은 "장수란 화친을 말해서는 안 되는 법이고, 원수인 왜적을 놓아 보낼 수는 없습니다"라고 강하게 반대하였다. 이에 부끄러워진 진린은 마음을 돌려 함께 왜군을 치기로 했다.

노량 앞바다에 모인 적선 500척에 대항한 이순신 부대는 단 50척만을 제외한 450척의 적선을 격파하였으나, 선두에서 전군을 지휘하던 이순신은 유탄에 맞아 쓰러지고 말았다. 그는 "싸움이 급하니 전쟁이 끝날 때까지 나의 죽음을 말하지 말라"는 유언을 남기고 숨을 거두었다. 곁에 있던 조카 이완은 숙부의 말에 따라 기를 휘두르며 싸움을 독려하여 승전의 마무리를 지었다.

『선조실록』에는 이순신의 죽음을 애통해하는 사관이 다음과 같은 기록을 남기며 그 안타까움을 전하고 있다.

'그는 참된 충성으로 나라를 위하여 몸을 바쳤고, 의를 위하여 목숨을 끊었다. 비록 옛날의 양장良將이라 한들 이보다 더할 수 있으랴. 애석하도다! 조정에서 사람을 쓰는 것이 그 마땅함을 모르니, 순신으로 하여금 그 재주를 다 펼치지 못하게 하였구나.'

왜란 종결 뒤인 1604년(선조 37) 이순신은 선무宣武 1등 공신과 덕풍부원군德豐府院君에 책봉되고 좌의정에 추증되었다. 1793년(정조 17)에는 영의정이 더해지고 2년 뒤인 1795년(정조 19)에는 왕명으로 이순신의 문집『이충무공전서』가 간행되었다.

재주를 가진 자는 재주를 가진 자를 알아보는 법이고 의로운 자는 의로운 자에게 손을 내미는 법으로, 류성룡과 이순신은 문文과 무武에서 각각 결정적인 공로를 세웠다. 류성룡과 이순신의 만남은 하늘에서 내어 준 것이라고 이해해야 할 듯싶다. 좋은 집안에 태어나 권위를 부릴 수 있는 벼슬자리에 오른 류성룡은, 세상이 알아주지 않던 이순신을 국난의 시대에 전격 천거하여 그 능력을 발휘하도록 날개를 달아 주었다.

전란 중 나온 류성룡의 혁신적인 제안들

왜적이 조선을 점거한 지 2년째가 되어 가자 백성들은 농사를 짓지 못하여 굶어 죽는 지경이 되었다. 서울에 남은 백성들은 류성룡이 머물고 있는 곳으로 늙은이를 부축하고 어린 것을 끌고 와 길에 줄을 잇고서 먹여 주기를 청하였다.

류성룡은 전 군수 남궁제를 감진관으로 삼아 구제할 방법을 다방면으로 모색해 실시하고, 호남에서 모은 곡물 수천 석을 배로 운반해 와 이를 즉시 진휼하여 수많은 생명을 구하였다.

한편 류성룡은 호서 지방의 사찰에 속한 토지를 훈련도감에 소속시켜 군량미를 보충할 것과 조령에 관둔전을 설치하여 군자금을 보충할 것을 요청하고, 소금을 만들어 굶주리는 백성을 진휼할 것도 요청하였다. 1594년 류성룡이 차자를 올려 아뢰었다.

논밭에 물리는 세금이 얼마인지 헤아려서 쌀과 콩을 거두어 경창京倉(한강가에 있던 관곡 창고)으로 수송하고, 각 관아에 공물(고장 특산물)과 방물(고장 특산품)을 진상할 때 모두 물건 값을 따져 정한 뒤 담당 관리들로 하여금 사들이게 하되 그 나머지를 군사상 필요한 데 보태게 하면 군량에 도움되는 바가 클 것입니다.

또 외방에서 바치는 쌀이 고르지 않은 점과 각 관아의 방납(조선시대 하급 관리나 상인들이 백성을 대신해 나라에 공물을 바치고 백성에게서 높은 대가를 받아 내던 일)에서 물가를 농단하는 폐단이 모두 제거될 것입니다. 만약 군자금이 부족하거나 혹 별도의 처리할 일이 생길 경우에는 공물과 방물에서 적당히 헤아려 부담을 덜어 준다면, 창고에 있는 쌀과 콩을 다른 작물로 바꾸어 바치는 수고를 하지 않아도 한없이 취해 쓸 수 있을 것입니다.

나라의 근본을 굳게 하고, 식량을 비축하고, 병사를 선발하여 훈련시키는 방책 등의 시급함을 논하는 류성룡의 말은 참으로 간절하였다. 이 안을 들은 모두가 올바른 계책이라 좋아하고 조정에서도 그 시행을 강구하려 했으나, 어리석은 권력가들의 근거 없는 주장에 저지당하고 말았다.

한편 류성룡은 전란 중 그때까지 쌓여 온 악폐를 해소하기 위해 면천법과 호포법을 실시하고 작미법을 추진했다. 면천법은 노비라도 군공을 세우면 평민으로 해방시켜 주고 그에 맞는 벼슬을 내리는 법이고, 호포법은 양반들이 병역을 면제받는 데 대해 군포를 걷도록 한 법이고, 작미법은 쉽게 말해서 농토가 많은 양반들은 그만큼 세금을 더 많이 내는 법이었다. 공물을 쌀로 환산하여 바치게 하는 작미법은 당시 선구적인 세금 제도로서 훗날 대동법이 확립되는 기원이 된다.

그는 속오군도 설치했다. 속오군은 그동안 군역을 지지 않은 양인과 양반 사대부들에게도 병역의 의무를 지도록 조직한 군대이다.

당연히 그동안 기득권을 누리며 특별한 존재로서 살아온 조선의 양반들은 격렬히 반발했다. 그들은 나라가 망할지 모르는 위기 앞에서도 자신들의 이익을 지키는 일이 중요했던 것이다. 양반들의 반대가 격심했으나 국난 앞에서 온갖 비난을 무릅쓴 류성룡의 혁신적 조치는 마침내 조선을 망국의 위기에서 지켜 내었다.

류성룡이 국가 개혁을 위해 생각했던 일들은 이처럼 방대한 분야를 아울렀다. 농업 생산성을 증대하기 위해 추진한 새로운 시책들, 제염업과 수산물 등 바다에서 생산되는 물자의 수급을 조절하고 품질을 향상시켜 국가재정을 확보하려는 정책 등은 부조리한 시책을 타파하고자 한 류성룡의 노력이었다. 그가 고통받는 백성들을 구제하는 데 있어서 탁상공론이 아닌 실용적인 개선책을 마련할 수 있었던 까닭은 왜란을 통해 민초들이 겪는 고통을 몸소 느꼈기 때문이다.

이와 같은 류성용의 실용적인 관점은 국방에 있어서도 한결같았다. 왜란을 대비하여 정읍 현감으로 있던 무명의 이순신을 전라 좌수사로 발탁하고, 권율을 형조정랑에서 국경의 요충지인 의주 목사로 보낸 일은 앞에서도 밝혔듯 당시 조정의 이기적인 분위기 속에서 파격적인 단행이었다.

물론 류성룡 역시 실수를 범하지 않은 것은 아니다. 그도 인간이었기 때문이다. 1590년(선조 23) 정여립의 모반 사건에 관련되어 죽게 된 최영경을 구제하려는 상소의 초안을 작성하였다가 올리지 못한 일이나,

1596년(선조 29) 이몽학의 난 내 무고힌 말을 받아들여 의병장 김덕령 등을 고문으로 죽게 한 잘못을 범한 일 등이 그렇다. 하지만 그렇다고 해서 류성룡의 혜안과 그의 공정한 단행에서 비롯된 일생의 업적이 흐려지지는 않는다.

류성룡의 성장기와 정치적 입지

류성룡은 1542년(중종 37) 10월 아버지 황해도 관찰사 류중영柳仲郢과 어머니 진사 김광수金光粹의 딸 안동 김씨 사이의 둘째 아들로 태어났다. 태어난 곳은 경상북도 의성현 사촌리이다.

정경부인 안동 김씨가 류성룡을 임신하였을 때 기이한 꿈을 꾸었다. 어떤 사람이 공중에서 내려와 "부인은 훌륭한 아들을 낳을 것입니다"라고 말하였는데, 그 꿈이 들어맞기라도 하듯 류성룡은 4살에 벌써 글을 읽기 시작했다. 6살부터는 또래 아이들과 어울려 놀지 않고『대학大學』을 읽었으며 몸가짐은 다 큰 어른과 같았다고 한다. 8살에는『맹자孟子』를 배웠고 약관의 나이까지 집에서 부친과 재종숙에게 글을 배웠다.

17세이던 1558년(명종 13)에는 세종대왕의 아들 광평대군의 5세손 이경의 딸과 혼인하였다. 그녀와는 4남 2녀를 두었고, 또 측실에서 2남 1녀를 낳았다.

그는 20살이 되자 관악산의 암자에 종 하나만을 데리고 들어가 공부하기 시작해 먹고 자는 일을 잊다시피 몰두하였다. 류성룡의 남다름을 드러내는 일화 하나가 전한다. 어느 날 밤 한 승려가 갑자기 류성룡 앞에 나타나 말하였다.

"사람 없는 산중에 홀로 있으니 도둑이 두렵지 않소?"

이에 류성룡은 차분히 대답하였다.

"사람은 본디 헤아리기 어려운 법이거늘, 혹 당신이 도둑이 아닌지 어찌 알겠는가?"

그리고는 류성룡이 태연히 글을 읽자 승려는 그에게 절하며 말하였다.

"덕이 적은 중이 선비의 뜻이 확고하다는 말을 듣고 한번 시험해 보았습니다. 훗날 반드시 대인大人이 될 것입니다."

류성룡은 1562년(명종 17) 가을에는 아버지 류중영의 분부로 형 류운룡柳雲龍과 함께 이황의 문중으로 가 수개월 동안 성리학을 익혔다. 이때 김성일 등과 동문수학하여 친분이 두터웠고, 둘 모두 뛰어난 제자로서 훗날 이황의 학맥을 계승하게 된다. 당시 류성룡이 가장 관심을 가졌던 책은 주희朱熹가 편찬한 『근사록』이었다. 이황과의 인연은 류성룡이 17세이던 때 아버지를 따라 의주에 갔다가 『양명집』을 구해 읽은 데서 시작한다. 그로부터 류성룡은 평생 양명학에 관심을 두었고 이는 마음의 수양을 강조하는 류성룡 사상의 근본정신에 영향을 미쳤다.

이황은 자신의 제자들에 대해 따로 칭찬하는 말을 하지 않았으나 류성룡을 보고는 "이 사람은 하늘이 내었다. 반드시 큰 인물이 될 것이다" "마치 빠른 수레가 길에 나선 듯하니 매우 가상하다"라고 칭송하니 제자들이 놀라워했다.

류성룡의 관직 생활은 당파 싸움에도 불구하고 선조의 신임 아래 승승장구하였다. 그런 만큼 그를 견제하고 물리치려는 반대파의 모략도 심하였다.

1564년(명종 19) 사마시에 합격해 생원, 진사를 거친 류성룡은 1565년(명종 20) 성균관에 들어가 수학한 다음, 1566년(명종 21) 별시문과에 병과로 급제하여 승문원 권지부정자로 임명되었다. 류성룡은 1567년(명종 22/선조 즉위) 정자를 거쳐 예문관 검열로 춘추관 기사관을 겸직한 데 이어 한림원에 선발되었다. 1568년(선조 1)에는 대교를 지냈다.

1569년(선조 2)에는 전적과 공조좌랑을 거쳐 감찰로서 성절사의 서장관이 되어 명나라에 갔다. 류성룡의 학문적 역량을 알아본 명의 선비들은 그를 '서애西厓 선생'이라 높여 부르며 존경을 표하였다. 이듬해 귀국하여 이조정랑이 되었고, 명나라에서의 일이 알려지면서 더욱 총애를 받는 인물이 되었다.

이어 부수찬, 지제교로 경연 검토관, 춘추관 기사관을 겸한 뒤 수찬에 제수되었다. 임금을 뵐 때마다 명백하면서도 적절한 답변을 하니, 시강관(경연청經筵廳에 속하여 임금에게 경서經書를 강의하는 일을 맡아 하던 정4품 문관 벼슬. 정5품 시독관侍讀官보다 위의 벼슬로 홍문관의 전한典翰과 응교應敎가 겸임하였다) 가운데 류성룡이 제일이라고 명성이 높았다. 능력을 인정받은 류성룡은 호당에서 사가독서賜暇讀書 한 뒤 정언, 이조 좌랑을 지냈다. 1571년(선조 4)에는 병조 좌랑, 1572년(선조 5)에는 다시 수찬을 역임하였다.

1573년(선조 6) 다시 이조 좌랑으로 있던 중 아버지의 상을 당하였다. 류성룡이 상례를 마치자 부교리, 이조 정랑에 제수되었으나 모두 나아가지 않았다. 1576년(선조 9) 봄에도 교리에 임명되어 나아가다가 도중에 사임하고 돌아왔으며, 삼년상이 끝난 여름에야 헌납으로 조정에 나아갔다. 이어 검상을 역임하고 전한이 되었으나 재자 사임하였고, 부응교로 부임해 있던 중에도 상소하여 노모의 봉양을 청하였으나 허락되지 않았다.

드디어 1577년(선조 10)에 휴가를 청하여 어머니를 찾아뵐 수 있었고, 사인으로 승진하였으나 나아가지 않다가 겨울에 응교에 임명되어서야 조정으로 돌아왔다. 이때 조선 제12대 임금 인종의 비 인성仁聖대비가 서거하자 모두들 기년상을 행할 것을 주장하였으나, 류성룡이 적손의 예에 따라 삼년상이 타당함을 날이 새도록 주장하여 그대로 시행되었다.

1578년(선조 11) 군기시정, 사간, 응교를 거쳐 1579년(선조 12)에는 직제학, 동부승지, 지제교로 경연 참찬관과 춘추관 수찬을 겸하고 이어 이조참의를 지냈다.

계속해 고향의 노모를 봉양하기를 원하던 류성룡에게 기회가 찾아왔다. 그가 부제학으로 있던 1580년(선조 13) 마침 상주 목사 자리가 비자 자원하여 내려간 것이다. 류성룡이 고을을 예절로 다스리니 마을의 백성들은 계급에 상관없이 모두들 감화되었다고 한다. 이때 함경도 관찰사, 대사성 등에 임명되었으나 사양하였다.

류성룡은 1581년(선조 14) 봄 부제학으로 다시 조정에 불리어 갔다. 그 후 1582년(선조 15)에는 대사간, 우부승지를 거쳐 도승지로 승진하여 명나라 사신을 맞이하였다. 사신이 선조 앞에서 류성룡의 처신이 뛰어남을 칭찬하니, 임금은 비단 두루마기를 하사하고 품계를 올려 대사헌에 제수하였다. 대사헌으로 승진한 류성룡은 왕명을 받고 『황화집』 서문을 지어 올렸다.

1583년(선조 16) 다시 부제학이 되었을 때 이탕합尼湯哈이 변경을 침범하자, 교지를 받고 변방을 지키는 다섯 가지 방책을 담은 「비변오책備邊五策」을 지어 올렸다. 그해 함경도 관찰사에 특별히 임명되었으나 어머니의 병환을 이유로 사양하였으며, 이어 대사성에 임명되었으나 역시 사양하고 나아가지 않았다.

류성룡이 조정의 뜻을 받들지 않은 데에는 노모의 병환에도 이유가 있었으나 또 다른 이유 하나가 더 있었다. 벼슬아치들의 공론이 갈리면서 붕당이 점차 심해진 때문이었다. 그들은 옳고 그름이 아닌 자기편이냐 아니냐에 따라 두둔하고 배척하는 짓을 하였다. 류성룡이 조정에서 일을 하는 것이 즐거울 까닭이 없었다.

그렇지만 거듭 경상도 관찰사로 임명되고 선조가 류성룡의 사직 상소를 불허하니 그는 어쩔 수 없이 부임하여 나가야 했다.

이듬해인 1584년(선조 17) 역시 예조판서로 동지경연춘추관사同知經筵春秋館事와 제학을 겸직하고, 1585년(선조 18)에는 왕명으로 『정충록』 발문을 짓고, 그 이듬해에는 『포은집圃隱集』을 교정하였다. 이때 의주 부사 서익이 그를 간신이라 탄핵하니 물러나기를 청하여 3년간 고향에 있었다.

그 사이 선조의 거듭된 소명이 있었고 1588년(선조 21) 겨울에 형조 판서 겸 대제학에 임명되어 복직하였을 때도 류성룡이 여러 번 사임하였으나 불허되었다. 1589년(선조 22)에는 왕명을 받아 『효경대의』의 발문을 지어 올리기도 하였다.

이해 류성룡은 대사헌, 병조판서, 지중추부사를 역임하고 다시 예조판서로 부임하였다. 이때 정여립의 대동계 사건으로 기축옥사가 발생하여 많은 사람이 체포되는 등 화를 입었다. 사건이 드러나기 전 정여립이 찾아와 만나기를 청하였으나 류성룡은 그의 얼굴을 보지 않았다. 그런데 정여립의 글에서 다른 사대부들과 함께 류성룡의 이름이 나오자, 그는 여러 번 사퇴를 청하며 스스로를 탄핵하였다.

그러나 선조는 허락하지 않고 오히려 류성룡을 이조판서에 임명한 다음 1590년(선조 23) 우의정으로 승진시켰다. 류성룡이 우의정 자리에 있던 해 조선의 종계宗系를 고치는 데 공로가 있다 하여 광국공신光國功臣 3등에 녹훈되고 풍원부원군豊原府院君에 봉하여졌다.

다음 해인 1591년(선조 24) 우의정으로 이조판서를 겸하다가 좌의정으로 승진하여 이조판서를 겸하였으며, 이때 선조의 왕세자 문제로 서인 정철의 처벌이 논의되자 온건파인 남인에 속하여 강경파인 이산해 등의 북인과 대립했다.

일본이 그들의 군사를 명나라로 들여보내겠다는 국서를 보냈을 때도 영의정 이산해는 이를 묵살하자고 했으나, 류성룡은 이 사실을 중국에 보고해야 한다고 주장하여 명나라로 가 조선에 대한 의심을 풀게 하였다.

1598년(선조 31) 명나라 경략經略 정응태가 조선과 일본이 연합해 명나라를 공격하려 한다고 본국에 무고하는 일이 발생한다. 류성룡은 이 사건의 진상을 명나라에 밝히러 가라는 명을 받았으나 변명하러 가지 않았고, 그러자 정인홍 등 북인들은 류성룡이 일본과의 화친을 주도했다는 누명을 씌워 탄핵하였다. 류성룡이 그와 같은 선조의 명을 따르지 않은 데는 이유가 있었다. 한 세력이 과도한 힘을 얻지 못하도록 평생 신하들을 견제한 선조가, 이번에는 류성룡을 명으로 보냄으로써 그의 힘을 약화시키려는 의도를 품고 있음을 알았던 것이다. 또한 전란 뒤의 어수선한 수습 상황에서 명으로 가 오해를 해결하는 일은 영의정 자리에 있는 사람이 할 일은 분명 아니었다.

이항복이 류성룡의 청렴함과 신중함을 밝히며 그 억울함을 풀어 주고자 하였으나, 관직을 삭탈당한 류성룡은 억울하게 고향 하회 마을로 내려가야 했다. 청렴하게 살았기에 낙향할 비용조차 없어 어려움을 겪었고, 갑작스런 낙향인지라 내려가 거처할 마땅한 공간조차 없었다.

이후 누차의 소명으로 1600년(선조 33) 복관되어 영의정에 보직되는 등 조정의 거듭된 부름이 있었으나 모든 벼슬을 사절하였고, 이듬해인 1601년(선조 34) 12월에도 류성룡을 서용하라는 명이 내리고 청백리에 녹선되었으나 고향의 옥연서당에서 은거하며 저술에만 몰두했다. 이해 8월에는 아내의 상을 당하였다.

1603년(선조 36) 10월에는 부원군에 임명되고, 1604년 3월에는 직첩이 도착하였으나 류성룡은 즉시 상소하여 사직을 청하였다. 선조는 사직을 허락하지 않았고 같은 해 7월에는 호성훈扈聖勳을 받았다.

이후 선조가 거듭 류성룡을 불렀음에도 상소하여 사양하고 또 공신의 훈공 기록에서도 제명되기를 청하였다. 9월에 소명이 있었을 때도 사양하였고, 충훈부에서 화사를 보내 초상화를 그리고자 할 때도 류성룡은 공훈이 있음을 사양하였다는 이유를 들어 그냥 돌려보냈다.

만년에 파직되어 고향으로 돌아온 류성룡의 조예는 더욱 깊어졌다. 그의 문장은 다만 사물의 이치를 통달하는 데에만 머물거나 글을 꾸미는 데에만 그치지 않았으며, 붓 가는 대로 쓴 듯한 글이 명백하면서도 법도에 맞고 자연스러워 범인들은 감히 따라 할 수 없었다. 이는 모두 마음의 수양을 강조하는 류성룡의 근본정신과 일치하는 것이었다.

임진왜란과 정유재란을 수습한 데서 류성룡의 면모를 볼 수 있듯이 그의 학문은 세상을 어떻게 다스려야 하는가에 대한 관심으로 이어졌다. 관직에 있을 때도 외교적인 일 처리에 특히 뛰어나 어려운 일을 풀고 분쟁을 해결함에 있어 유연하고 뛰어난 능력을 발휘했는데, 이는 시문詩文에서 그 가르침을 얻어 효율적인 수단으로 삼을 줄 알았기 때문이다.

『징비록懲毖錄』『상례고징喪禮考證』『신종록愼終錄』『영모록永慕錄』『난후잡록亂後雜錄』등 그의 저술서에도 사람들을 이끌어서 세상을 좋은 방향으로 나아가게 하려는 현실적인 내용이 절대적으로 담겨 있다.

그처럼 류성룡은 스승 이황이 확립한 기본 관점을 그대로 계승하고는 있으나, 성리학자로서의 특징을 알 수 있는 글은 적은 편이고 사단칠정과 같은 성리설의 문제에 관한 특별한 논의를 보이지도 않는다.

류성룡은 성리학뿐 아니라 전쟁에 대비해 군대나 군인을 관리하고 훈련하는 법을 다스리는 치병治兵, 재산을 잘 관리하는 방법에 이르기까지 연구하지 않은 것이 없었다. 류성룡은 문장, 예법, 글씨, 음악, 덕행으로도 이름을 떨치며 영남 유생의 추앙을 받았고, 영남학파의 발전에 한 축을 이루는 사상가로서 중요한 의미를 갖는다.

또한 위의 저서 외에 『서애문집西厓文集』『관화록觀化錄』『운암잡기雲巖雜記』『무오당보戊午黨譜』『침경요의鍼經要義』 등을 남겼으며 편서로는 『퇴계집退溪集』『황화집皇華集』『정충록精忠錄』『대학연의초大學演義抄』『효경대의孝經大義』『구경연의九經衍義』 등이 있다.

안타깝게도 그의 책은 임진왜란 중에 대부분 없어졌으나, 다행히 남아 있는 책 가운데 임진왜란 발발의 체험을 기록한 『징비록』과 『서애문집』이 있어 왜란 당시의 연구에 귀중한 자료가 되고 있다.

임진왜란을 회고한 『징비록』의 저술을 마친 1604년에는 경상북도 안동시 풍산읍 학가산 골짜기 서미리에 농환재弄丸齋라는 초가를 지어 거처를 옮겼다가, 어머니의 제사를 모시기 위해 하회로 돌아오기도 했다.

농환재에 거처하는 동안 류성룡은 "사람들이 사사로운 욕심에 빠져 염치를 잃어버리는 까닭은 만족할 줄 모르기 때문이다. 사람은 모두 어느 곳이든 살 수 있다"라며 자식들에게 청렴의 중요성을 가르치기도 했다. 병환이 생긴 다음에도 병문안 오는 손님을 사절하라고 명하면서 "안정을 취해 조화造化로 돌아갈 따름이다"라고 하였다.

또한 류성룡은 병이 위독해지자 선조에게 유표를 적어 올려 '덕을 닦아 정치의 도를 확립하고, 공정히 보고 들으며, 백성을 기르고 어진 이를 임용할 것이며, 군정軍政을 닦고 훌륭한 장수를 가려 뽑으며, 장례를 후하게 치르지 말도록 하십시오'라는 유훈을 남겼다.

한편 류성룡은 바둑 애호가로, 임진왜란 때 명나라 장수 이여송이 바둑을 둘 줄 모르는 선조에게 대국을 요청하자 그가 우산에 구멍을 뚫어 훈수함으로써 이여송을 무릎 꿇게 하였다는 일화가 전해진다. 1995년 9월 특별대국에서 이창호와 맞대결한 류시훈柳時熏이 류성룡의 14세손이라고 한다.

1604년(선조 37) 호성扈聖 공신 2등에 책록되고 다시 풍산부원군에 봉해졌다. 1607년(선조 40) 류성룡이 서거하자 모두들 애석함을 감추지 못했다. 사대부들은 류성룡이 거처하던 옛집에 위位를 설치하고 곡을 하였으며, 백성들도 4일간이나 장을 열지 않고 서로 모여 곡을 하며 말하였다.

"공이 아니었다면 우리는 살아남지 못하였을 것이다."

7월에 풍산현 동쪽 수동리 묘원(지금의 안동시 풍산읍 수2리 뒷산)에 장사지내니, 400여 명이나 그를 찾아왔다. 1614년(광해 6) 여름에 병산서원에 사당을 세워 제향을 지냈고, 뒤에 여강서원(호계서원)의 퇴계 선생 사당에 함께 모셨다. 현재 남계서원, 도남서원, 삼강서원, 빙계서원 등에도 배향되어 있다. 류성룡의 시호는 문충文忠이다.

충효당(忠孝堂) (사진 왼쪽) 류성룡이 살던 집으로 당호를 충효당이라 짓게 된 연유는 그가 임종 당시 자손들에게 '충과 효 외에는 달리 할 일이 없다'라고 한 말에서 비롯됐다고 한다. 사랑채 대청에 걸려 있는 '충효당' 현판은 명필가였던 허목(許穆)이 썼다고 한다. 비교적 지을 당시의 모습을 잘 간직하고 있는 조선시대 민가 건축 연구에 귀중한 자료로서 보물 제414호이다.

병산서원(屏山書院) 조선시대를 대표하는 유교적 건축물이며, 류성룡과 그의 셋째 아들 류진을 배향한 서원이다. 병산서원의 전신은 풍산현에 있던 풍악서당으로, 고려 말부터 인정받는 학문의 전당이었다. 1613년(광해 5) 서애 류성룡의 학덕을 기리기 위해 존덕사를 창건하여 위패를 봉안했다. 1868년(고종 5) 흥선대원군의 서원 철폐령이 내려졌을 때 그 대상에서 제외된 전국 47개, 안동 2개소 중 한 곳이다. 경상북도 안동시 풍천면 병산리 소재.

류성룡과 선조의 관계

조선 14대 왕 선조는 왕의 직계가 아닌 방계로서 왕위를 계승한 첫 임금이다. 바로 전대 임금인 13대 명종은 11대 중종의 둘째 적자이자 12대 인종의 동생이다. 그런데 명종이 후사 없이 서거하자 중종의 후궁 창빈 안씨에게서 태어난 일곱째 아들 덕흥德興대원군의 아들 선조가 조선 14대 왕으로 오르게 된 것이다.

조선왕조 전체를 따지면 총 27명의 왕 가운데 정통성에 문제가 없는 경우는 10명뿐이고, 그 외 17명의 왕은 책봉 과정이나 왕위 계승의 기본 원칙에는 벗어난 계승자였다. 그런데 선조는 적자가 아닌 첫 임금이다 보니, 자신의 자리에 불안감을 느꼈음은 물론 신하들이 자신을 우습게 여기지는 않을까 하는 염려에 늘 시달려야 했다.

따라서 선조는 한쪽 파벌의 세력이 커지지 못하게 항상 양쪽을 견제하는 데 반대되는 세력을 이용했고, 류성룡에 대한 선조의 마음도 마찬가지였다. 나라의 존폐와 자신의 목숨이 달린 임진왜란 당시에는 신임할 수 있는 부하로 류성룡이 최선의 선택임을 선조 역시도 알았다. 또한 당시 세력을 잡고 있던 서인의 탄핵과 극심한 반대 속에서도 동인(후에 남인으로 갈라져 나옴)에 속하는 류성룡을 우의정으로 임명한 일 역시 선조가 서인을 견제한 데 따른 결정이었다.

물론 서인이 권력을 잡고 있는 상황에서 반대파의 동인인 류성룡에게 공신을 주었음은 선조의 신임이 그만큼 두터웠음을 보여 주는 대목이기도 하다. 자기 자리를 지키고자 전전긍긍한 선조였으니 나라를 위해 일하는 관리를 알아볼 올바른 분별력을 가지지 못했음은 당연하다고 하겠다. 그랬기에 전란 중에는 류성룡을 끝까지 곁에 두었고, 전란이 끝난 뒤에는 그의 자리를 약화시키고자 하였다. 이후 마음을 돌린 선조가 거듭 류성룡을 불렀으나 그는 임금이 있는 조정으로 마지막까지 돌아가지 않았다.

우선 전란 중 류성룡을 신임하며 그를 높이 평가하고 계속 자신의 곁에 두려 했던 선조에 관한 기록은 여러 차례 나온다. 또한 그 기록을 통해 류성룡의 사람됨도 알 수 있다.

선조는 고향에 내려가 노모를 봉양하고자 하는 류성룡의 청을 번번이 거절하였다. 그러던 1580년(선조 13) 마침 상주 목사 자리가 비자 류성룡은 자원하여 내려가기를 청하였고 드디어 선조도 윤허하였다. 그러면서 선조는 덧붙여 일렀다.

"그로 인해 여러 고을이 본받도록 하고자 함이다."

상주에 내려간 류성룡은 그의 본성대로 고을을 예절로 다스렸다. 이때에도 조정에서는 류성룡을 계속 불러 올려 결국 1년 만인 1581년(선조 14) 봄 부제학으로 다시 조정으로 가야 했다.

하지만 류성룡은 1583년 어머니의 병을 이유로 사양하였으며, 이어 임명된 대사성 역시 사양하고 나아가지 않았다.

류성룡이 조정의 뜻을 받들지 않은 데는 노모의 병환에도 이유가 있지만 또 다른 이유 하나가 더 있었다. 앞에서 밝혔듯 붕당이 점차 심해진 탓이었다.

거듭 경상도 관찰사로 임명되자 류성룡은 먼 곳은 사양하고 가까운 곳은 받아들인다면 마음이 편치 않다는 상소를 올려 사임하고 퇴휴를 청하였다. 이와 같은 상소를 올린 내막이 있다. 이요李瑤가 자신을 배척하였다는 사실을 알았기 때문이다. 류성룡의 상소를 받아 본 선조는 승정원에 다음과 같이 하교하였다.

"이 상소의 내용에 보니 뜻이 꽤 다르다. 내 일찍이 의심하는 말을 한마디도 한 적이 없는데 지금 그의 말이 이러하니 다른 사람의 말을 듣고 자기 스스로 편치 않은 마음을 가진 데 불과한 것이다. 성룡이야 10년을

44

경악經幄에 있어 내 그를 자세히 아는데, 그는 진실로 현사賢士이며 재능이 걸출한 조정의 신하이다. 다만 노모가 있음으로 해서 번번이 부를 수 없었을 뿐이었다. 성룡이 내 뜻을 알아주면 다행이겠다."

그러면서 따뜻한 글을 류성룡에게 내렸다.

'경의 상소는 보았다. 경에겐 노모가 있고 집이 본도에 있기 때문에 지금 경을 본도의 관찰사로 삼았으니 경이 만약 노모로 인하여 사양한다면 내 감히 강요할 수는 없겠으나, 그렇지 않으면 경은 부임을 하고 사피하지 말라.'

임금이 이처럼 퇴휴를 불허하니 류성룡은 어쩔 수 없이 부임하여 나아갔다.

1584년(선조 17) 가을 부제학으로 소환돼 네 번이나 사양하고 체직되었음에도 그는 얼마 안 있어 또다시 제수되었다. 이에 류성룡은 상소하여 나아갈 수 없는 세 가지 이유를 아뢰고 돌아가 어머니를 봉양하고자 청하였으나 선조는 불허하였다. 선조가 예조판서로 승진을 임명하고 동지경연사와 홍문관 제학을 겸하게 하자 류성룡은 글을 올려 거듭 사임을 원하였다.

그러자 선조는 손수 서찰을 써 보냈다.

옛 임금 가운데는 신하에게 신하로 대하는 자도 있었고, 벗으로 대하는 자도 있었으며, 스승으로 대하는 자도 있었다. 이 뜻은 비록 후세에 전하진 않으나 경이 10년 동안 경악에 나오면서 한결같은 덕으로 아무런 흠이 없었으니 의리로는 비록 임금과 신하라 하나 정의

로는 붕우朋友와 같다. 그 학문을 논하면 문장에 편견을 갖는 선비가 아니요. 그 재능을 말하면 족히 큰일을 감당할 만하다. 나만큼 공을 아는 사람이 없다.

그럼에도 류성룡은 재차 사임하였으나 선조는 불허하였고, 글을 지어 성균관과 사학四學의 유생들에게 알리고, 전국에 향약鄕約(향촌의 자치 규약)으로 반포하여 부모에 대한 효와 형제간의 우애를 돈독히 하고 예도를 진흥시켜 백성이 아름다운 풍속을 이루는 근본으로 삼도록 했다.

1585년(선조 18) 의주 목사 서익이 상소하였을 때도 선조의 류성룡에 대한 믿음은 같았다.

'정여립이 이이李珥에게 보낸 글에서 '3인은 유배시켰으나 진짜 간악한 자(거간)는 아직도 있다' 하였는데, 거간巨奸은 류성룡을 가리킨 것입니다.'

이 글에 선조는 어찰을 내려 일렀다.

'류성룡은 군자이다. 이 시대를 대표하는 어질고 지혜로운 자라 해도 옳다. 그 사람됨을 보고 말하노라면 저도 모르게 마음으로부터 정성을 다하게 된다. 어찌 학식과 기상이 이와 같은 사람이 거간이 될 리 있는가? 어떤 담대한 자가 감히 이런 말을 한단 말인가?'

선조의 말에도 서익은 거듭 상소하여 류성룡이 물러나야만 하는 다섯 가지 이유를 아뢰고 덧붙였다.

'사람의 거취를 정하는 의리는 의복과 음식과 같이 당장 해야 하는 일로서, 미적거릴 일이 아닙니다. 나아감은 이득을 탐해서가 아니며 물러남은 은혜를 저버려서가 아닙니다. 백세百世가 앞에 있고 천세千世가 뒤에 있습니다. 스스로 꾀하여 부끄러움이 없다면 이것이 대단한 일입니다.'

거듭된 상소에도 선조는 허락하지 않았으나 떠나려는 류성룡의 뜻은 더욱 굳어졌다. 어머니를 봬야 한다는 이유로 휴가를 청하고 고향으로 돌아간 류성룡은 다시 글을 올려 해임을 청하였다. 선조는 여러 번 소명하며 그를 불렀으나 류성룡은 3년간 조정으로 나아가지 않았다.

류성룡이 1590년(선조 23) 어머니를 뵈러 가려 하자 선조는 내전의 어복을 하사하면서 돌아가 정경부인에게 주라고 명하였다. 임금이 입는 옷을 선물로 주었으니 류성룡에 대한 선조의 특별한 예우가 어느 정도였는지 가늠해 볼 수 있다.

또한 선조는 이내 류성룡을 우의정에 임명하여 소환하였고, 그가 강하게 사임하여도 불허하고 끝내 조정으로 불러 올렸다. 1591년(선조 24)에 선조가 이조판서를 겸할 것을 명하였을 때의 사례도 일반적이지 않은 경우에 해당된다. 왕의 명에 류성룡은 다음과 같은 말로 사양한다.

"나라에 조정이 있은 이래 이런 일은 없었습니다. 만일 후일에 조정을 농단하는 자가 나와 신을 빌미로 삼는다면 국가의 무궁한 화가 신에게서 비롯되는 것입니다."

이에 선조가 답하였다.

"그러면 재상에 있으면서 권력으로 조정의 일을 농락한 자는 모두 이조판서를 겸해서 그런 것인가? 사양치 말라. 인재를 취하고 버림에 마땅함을 얻는다면 조정은 맑고 밝아진다."

선조는 곧 류성룡을 좌의정으로 승진시켰다.

류성룡이 선조를 호종할 때의 결단을 보아도, 그의 앞날을 내다보는 분별력과 그 믿음을 설파해 내는 능력은 비교할 만한 다른 대신이 없었다.

1592년(선조 25) 왜란 발발 후 선조가 평양까지 피란할 때 조정에서는 처음 류성룡에게 경성을 지키고 있도록 명하였다. 이에 도승지 이항복이 아뢰었다.

"국경에 이르러 강만 건너면 바로 중국의 강토입니다. 그곳에 도착하면 명의 관리들과 말을 주고받음에 있어 임기응변해야 할 일이 있을 것입니다. 지금 조정의 대신들 가운데 명민하고 숙련되며 고사故事를 잘 알면서 외교에 능한 이로는 오직 류성룡 한 사람뿐입니다. 호종하지 않을 수 없습니다."

임금은 윤허하였고, 임진강을 건너며 류성룡에게 말하였다.

"만일 훗날 국가가 중흥한다면 경에 힘입은 것이다."

동파에 이르러 임금이 머무를 곳을 의논함에 있어 다른 대신들은 아무런 대답을 못하였고, 이항복은 의주까지 향해 명의 도움을 얻을 것을 말하였다.

"의주로 나아가 주둔한다면 만약에 전국이 함몰되는 경우 중국에 가서 호소할 수 있을 듯합니다."

하지만 류성룡은 반대하였다.

"불가합니다. 어가가 한 발짝이라도 동토東土(우리나라를 중국에 상대하여 이르던 말)를 떠난다면 조선은 더 이상 우리의 땅이 아닙니다."

이항복이 계속 자기주장을 굽히지 않고, 선조도 중국에 의지함이 자신의 뜻이라고 밝혔으나 류성룡은 거듭 아뢰었다.

"지금 명나라 동북에 병력의 이동이 없고 우리의 호남에서 충의지사忠義之士들이 곧 봉기할 것인데, 어찌 급하게 이런 일을 논의할 수 있습니까?"

이항복은 퍼뜩 깨닫는 바가 있어 자신의 주장을 철회하였다. 어전에서 물러 나오자 류성룡은 이성중에게 말하였다.

"나 대신 이 승지(이항복)에게 전해 주오. 어찌 가벼이 나라를 버리겠다는 논의를 한단 말이오? 공이 바지를 찢어 발을 감싸고 길에서 죽는다 하더라도 이는 궁녀나 환관의 충忠에 지나지 않소. 일단 임금이 나라를 버린다는 말이 퍼지게 되면 인심이 와해될 터인데 그 누가 수습한단 말이오?"

이항복은 이 말을 듣고 다시 한 번 류성룡의 혜안에 탄복하였다.

1593년(선조 26) 전쟁이 금방 그칠 기미를 보이지 않고, 우리 국력의 쇠약함을 본 명나라는 조선이 전란을 극복해 내지 못할 것을 우려하여 논의가 분분하였다. 명나라의 급사중 위학증魏學曾이 글을 올려 청하였다.

도요토미 히데요시의 요구대로 남쪽 4개 도는 왜가 다스리도록 하고 그 이외의 도는 명에서 다스리며, 더불어 조선의 임금도 바꿔야 한다는 상서를 올린 것이다. 조선을 명의 속국으로 인식하고 있던 분위기가 어떠했는지 여실히 전해진다.

불행 중 다행으로 명의 병부상서 석성은 위학증의 주장이 옳지 않다는 뜻을 굳게 밝히고 명 황제의 칙서를 받들어 널리 알리면서 우리의 국사國事를 엄하게 살피도록 하였다.

'조정에서 속국을 대하는 은혜와 의리는 여기에서 그친다. 지금부터 왕은 돌아가 직접 다스리되 만약 또 다른 변이 생긴다면, 짐은 왕을 위하여 꾀할 수 없다."

명 황제의 칙서를 받아 든 선조는 환궁해서 이내 류성룡을 불러 말하였다.

"이런 일이 있을 줄 오래전부터 알았으나 일찍 피하지 못한 것이 한이다. 내일 조사詔使 (중국에서 조칙을 가지고 오던 사신)를 만나 양위를 청하리라. 경과 만나는 것도 오늘 하루뿐이므로 비록 밤은 깊었으나 부른 것이다."

위 말에서 선조가 평소 자기 자리를 언제 내어 주어야 할지 모른다는 불안감을 안고 살았음이 드러난다. 또한 명 황제의 칙서를 받고 다른 사람이 아닌 류성룡을 불러 술자리를 청하였음은 가장 신뢰하여 기댄 인물이 그였고, 더불어 무언가 계책을 생각해 낼 만한 인물로도 류성룡을 떠올렸음을 알 수 있다.

선조는 이어 류성룡에 대한 안타까움을 표현한다.

"경과 같은 신하가 나를 만나 그 재능을 다 펴 보지 못한 것이 애석하다."

류성룡은 그 말에 화답하듯 선조를 안심시키며 오히려 자신의 부족함을 탓하였다.

"신이 외람되이 정승의 자리에 있으면서 국사를 이 지경에 이르게 하였으니 죄는 만 번 죽어 마땅합니다. 무슨 재능을 논할 수 있겠습니까?"

선조는 다음 날 임금 자리에서 내려와 왕위를 물릴 것이라는 뜻을 계속해 보였고 류성룡은 곡진히 만류하였다.

"내일 일을 이렇게 하면 천만 불가합니다. 감히 죽음으로써 청합니다."

날이 밝자 선조는 전날 류성룡에게 말한 내용을 적어 조사에게 건넸다. 병으로 국사를 맡을 수 없어 왕위를 세자에게 전하려 한다는 내용이었다. 조사는 즉석에서 글을 써 답변하기를 '저는 사자에 불과할 뿐으로 감히 이런 주장을 전할 수 없습니다. 왕께서 이런 마음이 있다면 글을 써서 청하십시오' 하며 글의 끝에 류성룡에 대해 첨언하였다.

'류성룡은 충성심이 특출하고 어질고 의로움이 깊고도 분명하여 중국의 장수와 벼슬아치들 모두가 좋아하고 있습니다. 왕께서는 참으로 어진 재상을 얻은 것입니다.'

이와 같은 분위기에서 조사와 친밀하게 지내던 명의 유격장군 척금이 류성룡을 따로 만나기를 청하여 긴밀히 종이에 글로 써 대화를 주고받았다. 척금이 류성룡에게 써 보인 글 가운데는 '국왕의 양위는 빠른 시기에 진행한다'라는 조항도 있었다.

이 글을 본 류성룡은 깜짝 놀라며 즉시 답하였다.

'제3조에서 논한 바는 배신陪臣(천자를 상대로 자기를 낮추어 부르던 호칭)이 차마 들을 바 아니오. 우리의 형세가 지금 위급한데 또 군신과 부자父子 사이에 그 올바름을 잃는다면 이는 패망을 재촉하는 일이 될 것입니다."

그 말을 들은 척금은 동의하며 주고받은 종이를 바로 촛불에 태워 버렸다. 다음 날 류성룡이 백관을 거느리고 조사에게 글을 올려서 '주상께서는 도적을 불러들인 데 대한 실책이 없고 변이 일어난 뒤에 왜적을 막기 위한 조치가 매우 세밀하였음'을 힘써 진술하니 조사는 이를 믿고 받아들였다.

　이날 밤 척금은 또다시 류성룡을 만나서 "조사의 마음이 크게 바뀌었으니 달리 염려하지 않아도 된다"는 사실을 전하였다. 이러한 분위기에 따라 선조를 대하는 조사의 몸가짐도 더욱 공손해졌다.

　이 시기 경략 송응창이 공문서를 우리 대신에게 전하게 해 세자 광해군光海君을 임금 자리에 앉히려는 시도가 있었다. 그러나 류성룡은 온 성의를 다해 선조가 흔들리지 않게 붙잡아 주고, 나라의 앞날을 분명하게 굳혀 내었다. 이때 임금 자리를 광해군에게 물려주었다면 조선의 미래가 과연 어떻게 바뀌었을지를 생각해 보는 사람들도 분명 많을 것이다. 하지만 류성룡은 자신의 자리에서 자신이 해야 할 바를 묵묵히 처리하는 신의를 보였다. 류성룡의 처신은 이와 같았으니, 전란 후 선조의 선택은 두고두고 안타깝게 생각될 뿐이다.

　그렇지만 당시의 선조는 류성룡을 최측근으로 두고, 자신의 안위를 돌보았다. 같은 해인 1593년(선조 26) 12월 아직 왜적이 물러가지 않은 때에 민란까지 발생하였다. 선조는 류성룡이 자신의 몸을 돌보지 않고 일함을 염려하여 궁중에 들어와 숙직할 것을 명하였다. 이때도 류성룡은 다음과 같은 말로 임금의 부름을 거절하였다.

"지금같이 위태롭고 의심이 많은 시기에 갑자기 백성들의 마음을 더욱 놀라게 할까 걱정입니다."

그로부터 얼마 뒤 날이 몹시 추운 저녁이었다. 류성룡이 과중한 업무를 맡아 게을리하지 않음을 알고 있던 선조는 내시를 보내 그를 살피고 오도록 일렀다. 깊은 밤 류성룡이 등을 밝히고 단정히 앉아 책을 읽고 있자, 선조는 명하여 따뜻한 술을 내리게 했다.

류성룡이 일을 의롭게 단행한 사례는 또 있다. 죄인을 사로잡았을 때 과한 고문을 못하도록 하고, 심문함에 있어서도 공정하게 조사하여 억울한 죄인은 풀어 주었다. 류성룡은 그동안의 잘못된 관행을 고치고자 명나라의 형법서인 『대명률大明律』을 우리나라에 알맞게 적용하여 견본을 정할 것을 청하고 시행하니, 이로부터 억울하게 죽는 사람이 현저히 줄어들었다.

1596년(선조 29) 7월 이몽학이 난을 일으켰을 때 류성룡의 처신을 보면 그 사람됨이 더욱 분명히 보인다. 류성룡은 감정적인 일 처리를 하지 않고 한결같은 기준으로 공정하게 옥사를 다스려, 한 사람도 억울하게 잡히지 않았으니 감복하지 않는 자가 없었다.

이해 여름 반대파의 참소를 당한 류성룡이 9월에 해직을 청하니 선조는 친필로 그의 마음을 달래었다.

"이러한 때에 경은 하루도 재상의 지위에서 떠날 수 없다. 경이 아니면 그 누가 세상을 구제할 공을 이루고 도탄에 허덕이는 백성을 구제한단 말인가?"

그토록 의지하던 류성룡을 선조는 사사로운 일로 파직시킨다. 그리고 그 일이 마음에 걸렸던지, 선조는 1600년 이후 류성룡을 계속해서 조정으로 불러들이려는 노력을 한다. 류성룡은 번번이 거절하였지만 그럼에도 선조의 부름은 계속되었다.

1605년(선조 38) 정월에는 회맹제 會盟祭 를 마치자 교서와 함께 은과 비단, 말 몇 마리를 하사하였고, 3월에는 봉조하 奉朝賀 (사임한 사람에게 특별히 내린 벼슬로 이후 평생토록 녹봉을 받았다. 실무는 보지 않고 의례가 있는 경우에만 관아에 나가 참여하면 되는 종2품의 관리)에 임명해 녹을 지급케 하였다. 류성룡은 덤으로 주어지는 녹봉을 사양하는 상소를 올렸으나 선조는 불허하였다.

1607년(선조 40) 2월 선조가 또다시 류성룡을 불렀을 때는 오랜 병환을 이유로 사양하였다. 이에 선조는 류성룡에게 내의를 보냈다.

류성룡은 이해 5월 5일 밤, 부축 없이 스스로 일어나 앉으며 말하였다.

"오늘은 거뜬하니 무병한 때와 같다."

그러면서 「홍범洪範」 한 편을 끝까지 외웠다. 이튿날 해 뜰 무렵 류성룡은 내의를 서둘러 들어오게 해 손을 잡고 말했다.

"멀리 와 병을 치료해 주니 임금의 은혜 망극하다. 며칠이면 경성에 도달할 수 있겠는가?"

그런 뒤 시중드는 사람에게 명하여 대청에 자리를 펴게 하고 북쪽을 향해 바로 앉은 다음 서거하였다.

류성룡이 죽었다는 소식을 전해 들은 선조는 매우 슬퍼하며 3일 동안

조회를 폐하고 예를 갖춰 조문과 부의를 하였다. 서울 묵사동(지금의 성북구 성북동)의 류성룡 옛집에는 약 천 명에 달하는 사람들이 몰려와서 그의 죽음을 애도했다고 한다.

징비록은
어떤 책인가

『징비록懲毖錄』은 조선왕조 선조 때의 유명한 재상인 서애西厓 류성룡柳成龍이 임진왜란과 정유재란의 역사적 사실을 사건 중심으로 정리하여 저술한 귀중한 문헌이다.

저자 류성룡은 임진왜란 이전부터 정부의 요직에 있었고 왜란 중에는 좌의정에서 영의정으로, 또 도체찰사의 중책까지 맡아 정치적·경제적·군사적으로 크게 활약을 하였다. 그가 이 책을 마련한 경위는 벼슬길에서 물러나 있으며, 1592년부터 1598년까지 7년 동안 왜적의 침해로 인한 국난 극복의 처참한 사실을 회고하여 '지난 일을 징계하면서 뒷일을 삼간다'는 뜻에서 저술한 것이다.

징비록은『징비록』상하권과「녹후잡기錄後雜記」로 마련된 2권본 및 이를 포함한 16권본이 있다. 전자의 내용은『초본 징비록』을 바탕으로 정리하여 간행한 것으로서, 2권에는 왜란이 일어난 원인과 전쟁의 실황을 역사적 사실별로 저술한 기록이고,『초본 징비록』의 잡록에 해당하는「녹후잡기」는 그 당시의 여러 일을 논평한 기록이다. 후자는 전자의『징비록』2권에『근포집芹曝集』3권,『진사록辰巳錄』9권,『군문등록軍門謄錄』2권(2권본의「녹후잡기」포함)의 총 16권본으로 군사 기무에 관한 차자, 계사, 장계, 문이 등을 모아 정리한 기록이다.

『징비록』은 저자인 류성룡이 몸소 체험한 당시의 풍부한 사료를 각 방면으로 모아 편찬 저술한 것으로, 이 책은 저자의 아들 류진柳袗이 1633년(인조 11)『서애집西厓集』을 간행할 때 함께 수록하였고, 그로부터

15년 뒤에 16권의 『징비록』을 간행하였다.

현대로 넘어와서는 서기 1936년에 조선사편수회朝鮮史編修會에서 뷰성룡 종가宗家에 간직되어 오던 저자 자필의 『징비록』을 영인影印 간행하여 『초본 징비록』이라 이름하고, 1958년에는 성균관 대학교에서 『서애집』과 『징비록』을 영인하여 간행하였다.

『징비록』의 가치는 역사적으로 우리 겨레가 외적의 침해를 물리친 국난 극복의 생생한 역사적 사실일 뿐만 아니라 당시의 정치, 경제, 사회, 문화 등의 문물제도까지 연구할 수 있는 귀중한 문헌이며 전쟁문학의 고전으로서도 중요한 가치가 있다. 또 이 책을 읽음으로써 국난에 처한 국민이 지난 일을 거울삼아 앞일을 경계하는 마음가짐과 몸가짐을 가다듬고, 지금의 우리 역시도 건강한 역사를 창조하는 데 힘을 써야 한다는 책임감을 느끼게 한다는 점에 큰 의의가 있다.

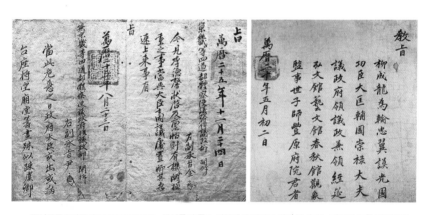

류성룡종손가문적(柳成龍宗孫家文籍) 류성룡의 종손 가문에서 대대로 전해 내려오는 것으로 보물 제160호로 지정되었다. 임진왜란 당시 국난을 극복하는 데 기여한 조선 중기 문신 류성룡의 친필 문적(文籍), 수록(手錄), 서첩(書帖) 등을 통틀어 가리킨다.

'성장기와 류성룡의 정치적 입지'에서 그의 사회적 활동을 구체적으로 설명하였으니, 여기서는 간략하게 다루며 류성룡이 『징비록』을 집필하기까지의 윤곽 전반을 살펴보려 한다. 어려서부터 총명하던 류성룡은 학업에 힘써 16세에 향시에 급제하고, 21세에는 안동 도산서원에서 퇴계 이황에게 학업을 닦다가 생원 회시에 급제한 다음 태학에 입학하였으며, 25세에는 문과에 급제하여 승정원 권지부정자가 되어 벼슬길에 들어섰다. 그 뒤로 여러 벼슬을 거치며 승승장구하여 49세에 우의정에 봉해졌다. 이때 왜적의 동태가 심상치 않자 정읍 현감으로 있는 이순신을 전라 좌수사로, 형조 정랑으로 있는 권율을 의주 목사로 천거하였다.

그는 이듬해인 1592년(선조 25) 좌의정으로 병조판서를 겸하던 4월에 임진왜란이 일어나자 도체찰사로 임명된다. 왕이 서순西巡하자 호종하여 개성에서 영의정이 되었는데, 이때 왕이 요동으로 건너가는 것을 반대하며 국내에 머물러 항전할 것을 강력히 주장하였다. 또한 군수물자 공급에 힘쓰다가 평안도 도체찰사가 되어 1593년(선조 26)에 평양성을 수복하고 개성으로 진주한다. 그리고 충청·전라·경상 도체찰사가 되어 서울을 수복한 데 이어 다시 영의정에 임명되고, 훈련도감 도제조를 겸하여 민심 수습, 산업 장려, 군비 강화, 기강 숙정, 인재 배양 등 내치와 의정에 온갖 힘을 기울였다.

54세인 1595년(선조 28)에는 경기·황해·평안·함경도 체찰사로 임명되어 제철장製鐵場을 설치하고 대포와 조총 등 무기를 만드는 한편, 외적의 침해에 대비하여 북방의 방비도 강화하였다.

왜란은 그가 56세이던 1597년(선조 30) 거듭 일어난다. 이때 이순신은 하옥되고 원균은 대패하여 왜적이 크게 밀려들어 오자, 각 도의 병력을 동원하여 왜적을 방비하였다. 이듬해에 왜란이 평정되었으나, 당파싸움이 치열하여 류성룡도 그 영향으로 영의정 벼슬에서 물러나야 했고 관작도 삭탈당하였다.

고향으로 돌아간 그는 이후 여러 번의 부름에 응하지 않고 조용히 저술에 힘을 기울이다가 1607년(선조 40)에 66세를 일기로 세상을 떠난다. 류성룡의 자字는 이현而見, 호號는 서애西厓, 시호諡號는 문충文忠이다.

류성룡의 활발한 저술 활동 가운데서도 『징비록』을 저술한 경위는 특별하다. 이 책은 그가 왜란을 겪으며 체험한 회고록으로, 벼슬길에서 물러나 고향으로 돌아온 뒤 1598년부터 세상을 떠난 해인 1607년까지 9년간 지은 것이다. 그 동기는 책의 서문에 잘 나타나 있다.

아아, 슬프다! 임진왜란의 재화는 참혹하였다. 10여 일 동안에 삼도(서울, 개성, 평양)가 함락되고 팔도八道(경기도, 충청도, 전라도, 경상도, 강원도, 황해도, 평안도, 함경도) 강산이 무너지고, 임금님께서 피란길을 떠나셨다. 『시경詩經』에 '내 지난 일을 징계하면서 뒷날의 환난을 삼가게 한다'는 말이 있는데, 이것이 『징비록』을 짓게 된 까닭이다. 나 같이 보잘것없는 사람이 나라의 중요한 소임을 이처럼 어지러운 때에 맡아서 위태로운 판국을 바로잡지 못하고, 기울어지는 형세를 붙들지 못하였으니 그 죄는 죽어도 용서를 받을 수 없겠는데, 오히려 전원에서 목숨을 이어 가고 있으니 어찌 임금님의 관대하신 은전이 아니겠는가? 지난날의 일을 생각할 때마다 아닌 게 아니라 황송한 마음뿐이다.

이에 한가로운 틈에 듣고 겪은 사실을 기록하였는데, 비록 보잘것없으나 이것으로 나라에 충성하는 간절한 뜻을 표시하고 또 나라의 은혜에 보답하지 못한 죄를 나타내고자 한다.

이 뜻으로 보아 '징비록'은 저자가 한 나라의 수상으로서 국정을 잘못되게 만든 죄책감에서 쓴 참회록 또는 회고록이라는 것을 알 수 있다.

징비록의 생생한 사실 기록

『징비록』은 16권본의 간행물과 2권본의 원본이라고 볼 수 있는 『초본 징비록』이 있다는 사실은 이미 말하였다. 그 관계를 알기 위하여 16권본의 내용이 담긴 차례를 적어 보면 다음과 같다.

1～2권은 『징비록懲毖錄』으로 『초본 징비록』의 잡록 부분을 제외한 것이다.

3～5권은 『근포집芹曝集』으로 차자箚子와 계사啓辭이다. 차자는 일정한 격식을 갖추지 않고 사실만 간략히 적어 올리던 상소문을 말하고, 계사는 논죄에 관하여 임금에게 올리던 문서를 말한다.

6～14권은 『진사록辰巳錄』으로 장계狀啓이다. 장계는 왕명을 받고 지

방에 파견된 관원이 서면으로 임금에게 보고하는 글이다.

15~16권은 『군문등록軍門謄錄』으로 문이文移이며, 16권에는 『초본 징비록』의 잡록에 해당하는 「녹후잡기」가 들어 있다. 문이는 관아와 관아 사이에 공사와 관계되는 일을 조회하기 위하여 오가는 공문을 뜻한다.

이로 본다면 2권본은 16권본의 1~2권과 16권에 실린 「녹후잡기」에 해당하는 것인데, 그 내용을 『초본 징비록』과 대조하여 보면 각 사실의 기록 내용과 배열에 많은 차이가 엿보인다. 그렇지만 『징비록』은 그 내용면으로 볼 때 『초본 징비록』을 바탕으로 한 2권본이 주된 기록이고, 16권본은 여기에 『근포집』『진사록』『군문등록』의 세 가지 기록을 합한 것이다.

이는 곧 왜란으로 인한 처참한 국난에 처하여 중책을 진 저자가 보고 듣고 느끼고 생각하고 체험한 생생한 역사적 사실을 기록한 문서이다. 그야말로 피땀 어린 사료를 총정리하여 놓았다고 하겠다.

그 내용을 대략 적어 보면 우선 1~2권 『징비록』에는 7년(1592~1598) 동안에 일어난 왜란의 원인과 전쟁의 상황이 기록되어 있다. 왜란이 일어나기 6년 전 왜사倭使가 왕래하던 일부터 시작해 왜란이 일어난 경위를 적고. 임진왜란이 일어나서 부산 동래가 함락된 것을 뒤이어 상주 싸움에 관군이 무너지고, 왜적이 서울로 달려들자 왕이 피란하고 서울이 함락되어 종묘까지 불타 재가 되고, 평양성이 함락되고 왜적이 함경도까지 짓밟아 두 왕자가 포로가 되는 등 국토와 민족이 처참한 국난을 겪은 눈물겨운 사실을 기록해 놓았다.

또한 이순신이 이끄는 해군이 왜적을 무찔러 승리한 것을 계기로 의병이 봉기하고 차츰 전비를 갖추어 항전 태세를 취하다가, 명나라 군사의 내원으로 힘을 합하여 공세를 취하면서 평양성을 회복하고 개성을 수복하고 서울에 입성하게 되는 과정도 정연하게 기록하였다.

더 나아가 왜적이 강화講和를 구실로 영남으로 물러가 전쟁이 소강 상태로 되었다가, 1597년 정유왜란이 일어나서 다시 2년 동안 치열한 싸움을 전개하였으며, 노량 싸움을 마지막으로 왜적이 패주한 사실 등을 탁월한 식견과 유창한 문장으로 간단명료하고 조리 있게 서술하고 있다.

3~5권『근포집』은 대개 군사 기무에 관한 건의문과 헌책문을 수록하였다.

6~14권『진사록』에는 임진년(1592)과 계사년(1593) 동안의 군사 기무에 관한 장계를 수록해 두었다.

15~16권『군문등록』에는 왜란 중에 각 도의 관찰사, 순찰사, 병사, 수사水使, 방어사 등에게 통첩한 글을 수록하고, 그 끝에 수록한「녹후잡기」에는 왜란 중에 있었던 여러 가지 점을 논평한 글이 수록되어 있다.

『징비록』에 대해 한두 가지 더 말하여 둘 것은, 초본과 간행본의 내용을 비교 대조하여 보면 첫째는 각 사실을 분류하여 배열한 것이 많이 다르고, 둘째로 기록의 내용을 고치고 생략한 것이 많다는 점이다. 그 근본은 역시 저자의 친필로 된『초본 징비록』이 주된 내용이 된 것이라고 여겨진다.

또 저자가 이 책을 짓느라고 얼마나 노심초사하였는지 엿보이는 곳은

친필로 된 「난후잡록」의 기록인데, 여기에서 중요한 부분은 『징비록』의
초고 내용이라고 믿어진다.

징비록의 간행 역사

『징비록』은 먼저 말한 바처럼 2권본과 16권본이 있다. 그 간행 연대
에 대하여는 명확한 기록이 없으나 『초본 징비록』을 바탕으로 한 2권본
『징비록』은 1633년(인조 11)에 류성룡의 아들 류진이 합천 군수로 있으
면서 『서애집』을 편찬하여 간행되고, 16권본은 그 15년 뒤인 1647년(인
조 25)에 간행된 것이라고 여겨진다.

영조 때의 인물인 이의현李宜顯의 문집 『도곡집陶谷集』에 수록된 「운양
만록雲陽漫錄」에 이런 기록이 있다.

서애 류성룡이 임진왜란의 사실을 기록하여 '징비록'이라 이름하고,
또 왜란 때의 여러 가지 일을 잡기雜記한 것도 지금 그 문집 속에 실
려 있다. 그 문집과 '징비록'은 오랫동안 간행을 하지 못하고 있었는
데, 인조 때 그 외손인 조수익趙壽益이 경상 감사로 있는 기회를 타서
서애의 후손이 안동安東에서 그 간행을 부탁하여 승낙하였다.

그런데 조수익이 경상 감사로 있던 기간은 1647년 9월 8일부터 이듬
해인 1648년(인조 26) 2월 14일까지였으니, 이 기록이 사실이라면 『징비

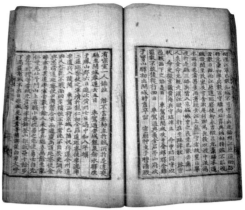

징비록(懲毖錄) 류성룡이 쓴 임진왜란 전란사이다. 1592년(선조 25)부터 1598년(선조 31)까지 7년간에 걸친 임진왜란의 원인 및 전황 등을 기록했다. '징비'란 『시경(詩經)』「소비편(小毖篇)」의 '미리 징계하여 후환을 경계한다(豫其懲而毖役患)'는 구절에서 딴 말이다.

록』은 이때 간행되었을 것이다. 다만 류성룡의 문집 『서애집』은 이보다 15년 전인 1633년에 간행되었는데도 '문집과 징비록은 오랫동안 간행되지 못하였다'고 한 말은 모순이나, 어쨌든 이 무렵에 문집과 『징비록』이 간행된 것만은 사실이라고 하겠다.

이후 2권본 『징비록』은 세상에 널리 퍼지고 일본까지 건너간다. 1695년(숙종 21)에는 일본 교토에 있는 야마토야大和屋에서 4권 4책으로 간행하였으며 1702년(숙종 28)에는 조정에서 『징비록』의 일본 수출을 엄금하기에 이르렀다.

그 뒤 우리나라에서는 여러 판본으로 『징비록』을 간행하여 널리 읽혀졌으며, 현대로 와 1936년에는 조선사편수회에서 경상북도 안동시 풍천면 하회리에 사는 류씨 종가에 간직되어 오는 저자 친필의 『징비록』

필사본을 영인하여 『조선사료총간』 제11집으로 『초본 징비록』이라 이름하여 간행하였다. 1958년에는 성균관 대학교 연구원에서 영인한 『서애집』의 끝에도 『징비록』을 영인하여 간행하였고, 또 다른 몇 곳에서도 『징비록』의 원문 및 번역문을 간행하였다.

징비록이 후대에 주는 메시지

『징비록』은 임진왜란과 정유재란의 생생한 사료이며 당시의 문물제도를 연구할 수 있는 귀중한 문헌으로, 온 겨레가 크게 느끼고 변화할 수 있는 전쟁문학의 훌륭한 가치가 있는 고전이다. 이 책을 읽음으로써 나라가 힘이 없고 국방이 미약하면 외적의 침해를 당한다는 사실을 깨닫고, 온 국민이 단결하면 아무리 사나운 적도 물리치는 일이 가능하다는 신념을 체득할 수 있다. 더 나아가 지난 일을 반성하고 뒷일을 삼가며, 국토를 수호하고, 평화롭고 행복한 나라를 이룩하여 자손들에게 넘겨주는 일이 우리의 마땅한 도리임을 알게 해 준다고 하겠다.

임진왜란·정유재란에 관한 사료는 『선조실록』과 『용사龍蛇 일기』를 비롯하여 그 당사국들에도 이에 관한 기록이 있기는 하다. 그러나 여러 가지 면으로 살펴보더라도 『징비록』처럼 뛰어난 저술은 없다. 그 까닭은 이러하다.

첫째, 저자인 류성룡은 나라의 중요한 직책에 있으면서 모든 일을 스스로 처리하였으므로 그야말로 실제의 생생한 기록을 남겼다.

둘째,『징비록』에 실려 있는 70여 가지의 사실 내용은 내치 외정의 정치·경제·군사·사회·문화의 여러 면에 언급된 것이므로, 앞서 반복해 설명했듯 당시의 내외 문물제도를 광범위하게 연구할 수 있는 귀중한 문헌이다.

셋째, 이 책은 저자의 고매한 인품과 탁월한 식견과 능숙한 필치로 유창하게 저술된 문장으로서, 읽는 사람으로 하여금 함께 감동하고 분발할 수 있게 한 값진 고전이다.

그 한 예로 굶주리는 백성의 실상을 적은 부분에 이런 내용이 있다.

군량의 나머지 곡식을 내어서 굶주리는 백성들을 구제할 것을 임금님에게 청하였더니 허락하시었다. 이때는 왜적들이 서울을 점거한 지가 벌써 2년이나 되었고, 병란의 화를 입어 천리 강산이 폐허처럼 쓸쓸하였다. 백성은 농사를 지을 수가 없어서 거의 다 굶어 죽는 형편이다. 도성 안에 살아남은 백성들은 내가 동파에 와 있다는 소문을 듣고서 서로서로 붙들고 이끌고 이고 지고 찾아오는데 그 수를 헤아릴 수가 없었다.

사총병은 마산으로 가는 길에 어린아이가 죽은 어머니에게로 기어가서 가슴을 헤치고 젖을 빨고 있는 것을 보고 너무 가엾어서 데려다가 군중에서 길렀다. 그는 나에게 말하기를 "왜적은 아직 물러가지 않고 백성들은 이처럼 처참한 형편이니 장차 어떻게 하겠습니까?" 하고 이어 탄식하기를 "하늘도 근심하고 땅도 슬퍼할 일입니다" 하였다. 나는 이 말을 듣고 나도 모르는 사이에 그만 눈물이 흘렀다.

이 얼마나 실감이 나는 역사적 사실이며 문학적인 표현인가? 『징비록』은 우리나라의 국보國寶로 지정된 귀중한 고전이다. 우리가 이 귀중한 고전을 읽어 겨레의 과거를 거울삼고 자신을 반성하며 앞길을 바로잡게 된다면 더할 나위가 없을 것이다.

한발 더 나아가 우리 선조들이 겪은 수많은 국난 극복사의 사실을 살펴 그 원인과 경과와 결과를 객관적으로 분석하고, 당시의 사실을 우리의 현실에 결부시키는 노력을 한다면 좋겠다. 시대가 바뀌어 국난의 모습도 바뀌었지만, 나라가 그리고 한 개인이 스스로 서지 못하고 힘을 갖지 못하고 사리사욕에 빠져 있고 현명한 결단을 하지 못했을 때의 결과는 별반 다르지 않기 때문이다.

이 글에 덧붙이는 말

이 『징비록』은 『징비록』 2권본을 저본으로 하고 『초본 징비록』과 지금까지 간행된 관계 서적을 참고로 하여 번역하였다. 번역을 함에 있어 표기법 등은 시대에 맞게 가다듬고 손을 보아 현대적 감각에 맞춰 쓰면서도, 될 수 있는 대로 원문에 충실을 기하고자 노력했다.

독자의 이해를 돕는 뜻에서 본문을 총 72개 항목으로 나누고 작은 제목을 붙였는데, 이는 필자 소장의 『초본 징비록』 제목을 참고로 하였다. 주석은 중요한 것만을 가려 간략하게 풀이함으로써 독자들이 쉽게 읽고 이해하도록 하였다.

외국인의 이름은 외래어 표기법에 따른 다음 괄호 안에 그 한자를 적었으며, 연대는 서기에 따라 적고 괄호 안에 조선시대 왕조 연호를 보충하였다. 그리고 유의할 말이나 간단한 뜻풀이는 주석을 달지 않고 괄호 안에서 설명하는 것으로 끝냈다.

마지막으로 '징비록'을 발간하는 연유를 말하고자 한다. 이제 시대는 첨단을 달리며 급변하고 있다. 옛것을 돌아볼 틈 없이 새로운 것을 익혀 적응하기에도 시간이 모자라는 듯 느껴진다. 그런 만큼 불안감은 증폭된 세상을 살아가고 있다. 하지만 고전에서 도약의 발판을 마련한다면 현실을 살아가는 두려움은 줄고 지혜와 확신은 자신의 키를 훌쩍 뛰어넘을 만큼 커질 것이라 확신한다.

자신의 경험만을 진리로 여기고 판단의 기준으로 삼는다면 삶은 협소해질 수밖에 없다. 외침의 참혹함을 겪은 부끄러운 우리의 지난날을 현실에 결부시켜 다시 한 번 살피면서, 앞날을 바로잡는 것이 올바른 도리라고 생각한다면 이 책을 꼭 한번 읽기를 권하는 바이다.

징비록

자서 自書

　'징비록'이란 무엇인가? 임진왜란 뒤의 사실을 기록한 것이다. 여기에 임진왜란 전의 것을 가끔 기록하여 놓기도 하였는데, 이는 임진왜란이 시발된 근본을 밝히려는 까닭이다.

　슬프다! 임진왜란의 전화는 참혹하였다. 열흘 동안에 삼도三都를 지켜 내지 못하였고, 팔방八方(전 국토)이 부서져 떨어졌으며, 임금님께서 피란길에 올라 고초를 겪으셨다. 그러고도 오늘날을 부지하게 된 까닭은 하늘의 도움이요 또한 조종祖宗의 어질고 후한 은택이 백성에게 굳게 맺어져서 그들이 나라를 생각하는 마음이 그치지 않았으며, 성상聖上께서 명나라를 섬기는 정성이 황극皇極(중국 황제의 존칭. 당시는 명나라 신종)을 감동시켜서 명나라의 구원병이 여러 번 나와 도와주었기 때문이다. 그렇지 않았던들 우리나라는 위태로웠을 것이다.

　'시경'에 말하기를 '내가 지난 일을 징계하여 뒷날의 근심거리를 삼가게 한다'라고 하였는데, 이것이 '징비록'을 저작한 까닭이다. 나와 같이 보잘것없는 사람이 나라의 중요한 책임을 어지러운 난리를 겪을 때 맡아, 그 위태로운 판국을 바로잡지 못하고 넘어지는 형세를 붙들지도 못하였으니 그 죄는 죽는다고 해도 용서를 받을 수가 없을 것인데, 오히려 시골구석에 살면서 구차스럽게 목숨을 이어 나가고 있으니 어찌 임금님의 너그러우신 은전이 아니겠는가?

근심 걱정이 좀 진정되고 늘 지난날의 일을 생각할 때마다 황송스럽고 부끄러워 몸 둘 곳을 알지 못하겠다. 이에 한가로운 가운데서 그 듣고 보고 생각하고 겪은 것들을 임진년(1592)으로부터 무술년(1598)에 이르기까지 대략 기술하니 이것이 얼마가량 되고 또 장계, 소차(상소와 차자), 문이 및 잡록을 그 뒤에 붙였다. 이는 비록 볼 만한 것은 없지만 역시 다 그 당시의 사적들이므로 빼놓을 수 없는 것이다. 이로써 시골의 전원田園에 몸을 의지하고 참된 마음으로 나라에 충성하는 뜻을 표하고, 또 어리석은 신하로서 나라의 은혜에 보답하지 못한 모양 없는 죄를 드러내는 것이라 하겠다.

징비록

제 1 권

始日本國王源氏立國於洪武初與我修隣好於二
年其初我國亦嘗遣使修慶吊禮申交舟以往來
即其一也後叔舟臨卒　成宗閒一而欲言叔舟顧
國家母與日本失和　成廟感其言命副提學李昌
書狀官金訢修睦到對馬島使臣以風水驚疑得疾
書狀　成廟命致書幣於島主而回自是不復遣使
安其國信使至依禮接待而已至是平秀吉代源氏爲
士秀吉西或云華人流入倭國負薪爲生一日國王山

01 일본 국사 다치바나 야스히로 다녀가다

만력萬曆(명 신종 때 연호) 병술년(1586) 무렵에 일본국 사신 다치바나 야스히로가 자기의 국왕 도요토미 히데요시豊臣秀吉(평수길平秀吉)의 서신을 가지고 우리나라에 왔다.

처음에 일본 국왕 겐지源氏가 홍무洪武(명 태조 때 연호) 초기에 나라를 세우고, 우리나라와 선린 우호 관계를 맺은 지가 거의 200년이 되었다. 처음에는 우리나라에서도 역시 사신을 파견하여 경축과 조문하는 예절을 닦았는데, 신숙주申叔舟가 서장관으로 왕래한 것이 곧 그 한 가지 예다.

이후 신숙주가 죽음에 임하였을 때 성종成宗(조선 9대 임금)께서

"말하고 싶은 것이 있는가?"

라고 물으시니, 신숙주는 대답하기를

"원하옵건대 우리나라는 일본과 평화롭게 지내는 것을 잊지 말도록 하소서."

하였다. 성종께서는 그 말에 감동되어 부제학 이형원李亨元과 서장관 김흔金訢에게 명하여 일본에 가서 화목을 도모하고 오게 하여 대마도에 이르렀는데, 사신들은 풍토 관계로 병을 얻어 놀라고 근심하였다. 글을

도요토미 히데요시 당시 일본 막부의 관백으로 임진왜란을 일으킨 원흉. '평수길'의 '평(平)'은 일본 천황이 호족에게 내린 성을 뜻하는데, 류성룡은 도요토미 히데요시를 호족으로 판단해 이처럼 쓴 듯하다.

신숙주 조선왕조 초기의 문신(1417~1475). 세종 때 문과에 급제하여 집현전 부수찬이 되고, 서장관으로 일본에 가서 시명을 떨쳤다. 또한 대마도주와 '일본의 무역선을 50척으로 하고, 조선에서 원조하는 곡식을 200석으로 제한하는' 계해조약을 맺었다. 벼슬이 영의정에 이르렀다.

서장관(書狀官) 외국에 보내는 사신의 한 사람으로 기록을 맡아보던 임시 벼슬. 사신 행차 중 매일

올려 그 상황을 보고하니, 성종께서는 서신과 예물을 도주島主에게 전하고서 돌아오라고 명령하셨다. 이로부터는 다시 사신을 파견하지 않고, 일본에서 사신이 올 때면 예절에 따라서 대접하고 돌려보낼 따름이었다.

그러다 도요토미 히데요시가 겐지를 대신하여 왕이 되자 맨 먼저 우리에게 사신 다치바나 야스히로를 보낸 것이다.

일설에는 도요토미 히데요시에 대하여 말하기를 그는 본래 중국 사람이며 일본으로 떠돌아 들어간 다음 나무를 해다가 팔아 생활을 하였다고 한다. 하루는 국왕이 밖에 나왔다가 히데요시를 길에서 만났는데 그 사람됨이 남다르므로 불러들여서 장수로 삼았다는 것이다. 그는 용맹하고 잘 싸웠기에 공을 쌓아 대관에까지 이르렀고 이로써 권력을 잡게 되자 마침내 겐지의 자리를 빼앗아 왕이 되었다고 한다.

또 다른 이야기로는 겐지가 다른 사람에게 죽음을 당하자, 도요토미 히데요시가 다시 그자를 죽이고 나라를 빼앗았다고도 한다.

도요토미 히데요시는 병력을 사용하여 여러 섬을 평정하고 국내의 66개 주를 통합하여 하나로 만들고는 드디어 다른 나라를 침략하려는 뜻을 가졌다. 그는 말하기를

"우리 사신은 늘 조선에 가는데도 조선 사신은 오지 않으니 이는 곧 우리를 업신여기기 때문이다."

의 사신을 기록하고 돌아온 뒤 왕에게 견문한 바를 보고했다. 임진왜란 후에 종사관으로 명칭이 바뀌었다.

부제학(副提學) 홍문관에 속한 정3품 벼슬. 제학의 다음이자 직제학의 윗자리로서 정원은 1명이었다.

대마도(對馬島) 쓰시마 섬. 우리나라 남단과 일본 규슈의 해협에 있는 섬으로 한·일 간 중계지의 역할을 했다. 고려 말부터 우리나라에 조공을 바치고 우리가 내어 주는 곡식을 받아 가는 관계에 있었다. 조선시대 들어 왜구가 출몰하게 되자 우리나라는 귀화 정책 등 회유를 하다 세종 대

하고, 드디어는 다치바나 야스히로橘康廣에게 명해 우리나라에 와서 통신사를 보낼 것을 요구하였다. 친서의 내용은 매우 거만하여 '이제 천하가 짐의 한 손아귀에 돌아올 것이다'라는 말까지 있었다.

이때는 겐지 왕조가 망한 지 이미 10여 년이 되었는데, 여러 섬에 사는 일본인들은 해마다 우리나라를 왕래하고 있었으나 금령의 엄중함을 두려워하여 누설하지 않은 까닭으로 조정에서는 일본의 정세를 전혀 알지 못하고 있었다.

다치바나 야스히로는 이때 나이가 50여 세로 용모가 장대하고 수염과 머리털이 반백이었다. 그는 지나는 관역館驛마다 반드시 좋은 방에서 묵고 행동이 거만하여 여느 때의 일본 사신과는 아주 다르므로 사람들은 자못 괴상하게 여겼다.

우리나라는 일본 사신을 맞게 되면 군읍郡邑에서는 대개 장정을 동원하여 창을 잡고 길가에 늘어서서 군사의 위엄을 보이는 일이 풍습처럼 되어 있었다. 다치바나 야스히로는 인동(경상북도 칠곡에 있는 지명)을 지나다가 창을 잡고 있는 사람을 보고는 조소하는 빛으로 말하였다.

"당신들 창의 자루는 참으로 짧소이다."

그가 상주(경상북도 북서부의 요지)에 이르렀을 때 목사 송응형宋應泂이 그를 대접하여 기생들의 음악과 노래와 춤이 어울렸다. 다치바나 야스히로는 송응형이 노쇠하고 백발인 것을 보고 통역관으로 하여금 이렇게

에는 원정군을 파견해 진압하였다.

목사(牧使) 각 지방의 으뜸 벼슬. 전국 8도에 두었던 정3품 외관직으로 병권을 함께 가졌다.

물었다.

"이 늙은이는 여러 해 동안 전쟁하는 마당에 있었기에 수염과 머리털이 다 희어졌지만, 사군께서는 아름다운 기생들 틈에서 온갖 근심할 것 없이 지내는데도 오히려 백발이 되었으니 무슨 까닭입니까?"

이는 송응형을 풍자하여 모욕하는 언사였다. 다치바나 야스히로가 서울에 이르자 예조판서가 다시 잔치를 베풀고 대접하였다. 술이 취한 다치바나 야스히로가 호초胡椒(후추)를 자리 위에 흩트려 놓으니 기생과 악공들이 그것을 다투어 줍느라고 좌석의 질서가 걷잡을 수 없는 형편이 되었다. 이를 물끄러미 바라보던 다치바나 야스히로는 객관으로 돌아와 통역에게 말하였다.

"너희 나라는 망하겠구나. 기강이 이미 허물어졌으니 망하지 않기를 어찌 기대하겠는가?"

그가 돌아갈 때 우리 조정에서는 왜의 서신에 대하여 '물길이 험하므로 해서 사신을 파견하지 못하노라' 하고 회답하였다.

다치바나 야스히로가 돌아가서 보고하니 도요토미 히데요시는 크게 노하여 다치바나 야스히로를 죽이고 그 일족까지 멸해 버렸다. 다치바나 야스히로는 그의 형 강년康年과 함께 겐조 왕국 때부터 우리나라에 자주 출입하여 관직까지 받았으므로, 그는 자못 우리나라의 처지를 두둔하는 말들도 하였기 때문에 도요토미 히데요시에게 화를 입었다고 이른다.

사군(使君)　나라의 일로 외방에 나와 있거나, 나라의 명을 받고 사신으로 가는 관원을 이른다. 여기서는 목사(牧使)를 지칭한다.

판서(判書)　조선왕조 때 6조(이조호조병조예조공조형조)의 으뜸 벼슬로 정2품이다.

예조판서(禮曹判書)　조선시대 관청인 예조의 으뜸 벼슬로 정2품이다. 예악, 제사, 연향(宴享: 국빈을 대접하는 잔치), 외교, 학교, 과거 등을 관장하였다.

02 일본 국사 요시토시 등이 오다

일본 국사 소 요시토시宗義智(평의지平義智)가 우리나라에 왔다. 도요토미 히데요시는 다치바나 야스히로를 죽인 뒤 소 요시토시에게 명해 우리나라에 가서 통신사를 보내도록 요구했다.

요시토시란 사람은 그 나라의 주병대장 고니시 유키나가小西行長(평행장平行長)의 사위로서 도요토미 히데요시의 심복이기도 했다.

대마도 태수 소 모리나가宗盛長는 대대로 대마도를 지키면서 우리나라를 섬겨 왔는데, 이때 도요토미 히데요시는 그를 내쫓고는 요시토시로 하여금 대마도의 정무를 대신하게 했다.

우리나라에서 바닷길을 알지 못한다는 핑계로 통신사 보내기를 거절하여 오니, 도요토미 히데요시는 우리나라가 그와 같은 핑계로 거절하는 일이 없게 하려고 말해 왔다.

'요시토시는 곧 대마도주의 아들이므로 바닷길에 익숙하니 그와 함께 왕래하도록 하시오.'

또한 우리나라의 허실虛實을 엿보려고 야나가와 시게노부柳川調信(평조신平調信)·중 겐소玄蘇 등과 같이 왔다.

소 요시토시는 나이가 젊고 정력이 넘치고 성품이 사나워서 다른 일

소 요시토시 도주가 되어 도요토미 히데요시의 명으로 조선에 사신으로 왔으며, 임진왜란에는 고니시 유키나가와 함께 선봉으로 쳐들어왔다.

주병대장(主兵大將) 병마와 군권을 주관하는 대장.

고니시 유키나가 임진왜란 때 가토 기요마사와 함께 일본군 최고 책임자의 한 명으로 우리나라에 쳐들어와 온갖 만행을 자행하였다.

통신사(通信使) 나라의 명을 받고 다른 나라로 왕래하는 외교사절.

야나가와 시게노부 임진왜란 직전 도요토미 히데요시의 사자 소 요시토시가 올 때 우리나라에 왔

본인들이 다 두려워하였고, 그 앞에서는 엎드려 무릎으로 기다시피 하며 감히 쳐다보지 못하였다. 소 요시토시는 오랫동안 동평관(일본 사신이 머무르던 숙소)에 머물러 있으면서 반드시 우리 사신을 데리고 함께 돌아가겠다고 하였으나, 조정의 의논은 좀처럼 결정이 되지 않고 머뭇거릴 따름이었다.

몇 해 전에 왜적이 전라도 손죽도에 쳐들어와서 녹도 만호 이대원李大源을 죽였는데, 그때에 사로잡힌 왜적이 다음과 같이 말하였다.

"조선의 변방 백성인 사을배동沙乙背同이란 자가 배반하여 우리나라(일본)로 들어와 일본인들을 인도해서 침구하게 되었다."

이리하여 조정에서 분개한 일이 있었기 때문에, 조정에서는 요시토시의 뜻을 알기 위해 동평관 관리를 통해 넌지시 말하도록 하였다.

"마땅히 조선을 배반한 백성들을 일본이 조사하여 모두 돌려보낸 뒤에 통신사 일에 대하여 의논해야 할 것이다."

이에 소 요시토시는 답하였다.

"이는 어렵지 않은 일이다."

요시토시가 그날로 야나가와 시게노부를 본국으로 돌려보내 이 사실을 알리게 하였더니, 두어 달이 안 되어 우리나라 백성으로서 그 나라에 가 있는 사람 10여 명을 모두 잡아 가지고 와서 바쳤다.

이때 임금께서는 인정전에 나아가 크게 군사의 위엄을 보이고는 사

다. 임진왜란 중에 일본 장수의 막하에서 계략을 꾸민 자이다.

겐소　임진왜란 때 승려의 탈을 쓰고 온 왜의 앞잡이.

만호(萬戶)　종4품의 무관. 만호, 천호, 백호 등은 본래 그 관령하는 민가의 수를 말하는 것으로 고려 때부터 마련된 벼슬이었다. 만호를 거친 자는 수령을 거치지 않아도 품계가 올라갔다. 병마만호와 수군만호로 나뉜다.

대제학(大提學)　홍문관과 예문관에 속한 으뜸 벼슬. 정2품.

을배동 등을 묶어 뜰 안에 들여놓고 심문한 다음 성 밖으로 끌어내어 베어 죽였다. 소 요시토시에게는 내구마內廐馬(임금이 거둥할 때 쓰이던 말) 한 필을 상으로 준 뒤에 일본 사신 일행을 인견하고 잔치를 베풀어 주었다. 이때 소 요시토시와 겐소 등은 모두 대궐 안으로 들어와서 차례로 왕에게 술잔을 올렸다.

이때 나는 예조판서로 있었으므로 역시 일본 사신을 예조에 불러 잔치를 베풀었으나, 통신사에 대한 의논은 그 후 오랫동안 결정되지 못하였다. 내가 대제학이 되어 장차 일본에 보낼 국서國書를 지으려 할 때 임금께 글을 올려

'이 일을 속히 결정하시어 두 나라 사이에 틈이 생기지 않도록 하소서.'

라고 청하였고, 이튿날 조강朝講에서 지사知事 변협邊協 등도 또한

"마땅히 사신을 파견하여 회답하게 하고, 또 저 나라 안의 동정을 살펴보고 오게 하는 일도 잘못된 계책은 아닐 것입니다."

하고 아뢰었다. 이에 조정의 의논은 비로소 결정되었다. 임금께서 사신으로 보낼 만한 사람을 선택하라고 명하시니, 대신들은 첨지 황윤길黃允吉과 사성 김성일金誠一을 적임자로 아뢰어 상사와 부사로 삼고, 전적 허성許筬을 서장관으로 삼았다.

이들은 경인년(1590, 선조 23) 3월에 드디어 소 요시토시 등과 함께 일

변협 선조 대의 장군(1528~1590). 무과에 급제하고, 벼슬이 공조판서 겸 도총관, 포도대장에 이르렀다.

대신(大臣) 재신과 같은 뜻의 말로, 중앙관청의 정승판서와 같이 임금을 보좌하며 국정을 다스리던 높은 벼슬아치를 총칭한다.

첨지(僉知) 중추원에 속한 정3품 무관 벼슬. 8명의 정원을 두었다. 첨지중추부사(僉知中樞府事)의 줄임말.

황윤길 조선시대의 문관으로 명종 대에 급제하고 선조 대에 병조참판에 이르렀다(1536~?).

본으로 떠났다. 소 요시토시가 돌아갈 때에 공작 두 마리와 조총, 창, 칼 등의 물건을 바치니 임금께서는 공작은 남양(경기도 화성에 위치한 지명)의 해도海島에 날려 보내게 하시고 조총은 군기시에 넣어 두라고 명하셨다. 우리나라가 조총을 가지기는 이것이 처음이었다.

🎎 03 우리 통신사 황윤길 등이 일본에 다녀오다

신묘년(1591, 선조 24) 봄에 통신사 황윤길, 김성일 등이 일본에서 돌아올 때 일본인 야나가와 시게노부, 겐소가 함께 따라왔다.

이보다 먼저 지난해 4월 29일에 황윤길 일행은 부산포로부터 배를 타고 대마도에 이르러 한 달 동안을 머물렀다. 다시 그곳으로부터 뱃길로 40여 리를 가서 일기도에 이른 뒤 박다주, 장문주, 나고야를 거쳐 7월 22일에 이르러서야 비로소 일본의 수도에 도착하였다. 일본인들이 고의로 길을 멀리 돌고 또 곳곳에 머물러 지체한 까닭으로 여러 달 만에 이르게 된 것이다.

그들이 대마도에 머물러 있을 때 소 요시토시가 사신을 절로 청하여 잔치를 베풀었다. 사신들이 이미 자리에 앉아 있는데, 요시토시는 늦게

1590년 통신 정사로 일본에 다녀와서 병화가 있을 것이라고 보고하였다. 황희의 5대손이다.

사성(司成) 성균관에서 유학을 가르치던 종3품 벼슬이다.

김성일 조선시대 선조 대에 문과에 급제하여 장령, 부제학을 지냈다(1538~1593). 황윤길과 함께 통신 부사로 일본에 다녀 병화가 없을 것이라고 보고해 말썽이 일어난다. 임진왜란 때는 순찰사를 지냈다.

상사(上使) 사신 가운데 우두머리가 되는 사람을 말한다. 정사(正使)라고도 한다.

부사(府使) 조선시대 지방관으로 정3품 대도호부사(大都護府使)와 종3품 도호부사를 통틀어 이르

야 교자를 탄 채 문 안으로 들어와서는 섬돌에 이르러서야 내렸다. 이를 본 김성일이 노하여 말하였다.

"대마도는 곧 우리나라의 번신이오. 사신이 왕명을 받들고 왔는데 어찌 감히 오만하게 업신여김이 이와 같단 말이오? 나는 이런 대접은 받을 수 없소."

그가 자리를 박차고 일어나니 허성 등도 잇달아 나와 버렸다. 당황한 요시토시는 자신의 허물을 가마꾼에게 돌려 죽이도록 하고는, 그의 머리를 받들고 와서 사과하였다. 이로부터 일본인들은 김성일을 두려워하여 그를 대접함에 예를 극진히 하고, 멀리 바라보이기만 해도 말에서 내렸다.

우리 사신들이 그들의 수도에 이르니 큰 절에 묵게 하였다. 때마침 도요토미 히데요시가 도산도를 정벌하러 갔으므로 수개 월 동안 기다려야 했다. 히데요시가 돌아오고 나서도 궁실을 수리한다는 구실로 즉시 국서를 받지 않아서 전후 다섯 달 동안이나 머물러 있다가 비로소 왕명을 전달하였다.

일본에서는 천황天皇이 따로 있어서 히데요시부터 이하의 모든 관리가 다 신하의 예로서 그를 섬겼다. 히데요시는 나라 안에 있을 땐 왕이라 칭하지 않고 다만 관백이라 칭하였고, 혹은 박륙후博陸侯(한나라 때 곽광에게 봉한 작명)라고도 했다. 이른바 관백이라는 칭호는 곽광霍光이 "모

던 벼슬.

전적(典籍) 성균관에 속한 정6품 벼슬로 성균관의 학생을 지도하는 일을 맡았다.

허성 조선 중기의 문신으로 벼슬은 이조판서에 이르렀다(1548~1612). 역시 통신사의 서장관으로 일본에 다녀왔고, 김성일과 같은 동인임에도 그의 주장에 반대하여 일본의 침략 가능성을 직고하였다.

군기시(軍器寺) 병기, 기치(旗幟: 군대에서 쓰던 깃발), 융복(戎服: 무관이 입던 군복), 집물(什物) 등을 만드는 일을 맡아보았다.

든 일은 곽광에게 관백하는 데서부터 시작한다"라고 한 말에서 유래한
것이다.

당시 그들이 우리 사신을 접대하는 바는 이러했다. 사신들이 교자를
타고 궁으로 들어가는 것을 허락하며, 나팔을 불며 앞에서 인도하여 당
堂에 올라와서 예禮를 행하게 하였다.

도요토미 히데요시의 얼굴은 작고 누추하고 낯빛은 거무스름했으며,
보통 사람과 다른 의표는 없으나 다만 눈빛은 번쩍거려 사람을 꿰뚫는
듯 느껴졌다고 한다. 그는 삼중석三重席을 만들어 남쪽을 향하여 앉았
고, 사모紗帽를 쓰고 검은 도포를 입었다. 옆에는 신하들 몇이 벌여 앉았
다가 우리 사신을 안내하여 자리를 정해 앉게 하였다.

자리에는 아무런 연회 기구가 준비되어 있지 않았고, 방 가운데 탁자
하나가 놓였는데 거기에 떡 한 그릇이 놓여 있었으며, 질그릇 사발에서
따르는 술 역시 탁주였다. 그 예가 극히 간단하여 두어 번 술잔을 돌리
면 그만이었고, 절하고 읍揖하는 절차가 없었다.

히데요시는 잠시 앉았다 갑자기 일어나서 안으로 들어갔는데 자리에
앉아 있던 사람들은 하나도 움직이지 않았다. 조금 뒤에 한 사람이 편복
(평상복) 차림으로 어린애를 안고 나와서 마루 위를 돌아다니므로 자세히
바라보니 히데요시였다. 자리에 앉아 있던 사람들은 모두 고개를 숙이
고 엎드려 있을 따름이었다.

일기도(一岐島), 박다주(博多州), 장문주(長門州), 나고야(名古屋) 일본에 있는 지명.

번신(藩臣) 왕실이나 나라를 수호하는 먼 곳에 있는 신하라는 뜻. 대마도는 세종 대에 삼포를 개
항한 뒤부터 우리나라에 세공을 바쳤으므로 이런 표현을 한 것이다.

도산도(東山道) 옛날 일본 일곱 개 도 가운데 하나. 지금의 시가현에서 중부의 산간부, 간토의 북
부를 거쳐 오우(奧羽)에 이르는 지역.

관백(關白) 태정대신의 윗자리에 해당하는 실제적인 집권자. 일본 막부 시대의 벼슬 이름으로 메
이지 유신 때 폐지되었다. 어원은 한서(漢書) 『곽광전』의 "모든 일은 먼저 곽광에게 관백한 연

이윽고 그가 난간에 의지해 앉더니 우리나라 악공을 불러 여러 가지 풍악을 성대히 연주하게 하고 이를 들었다. 그러다 히데요시는 안고 있던 어린애가 옷에 오줌을 누었다고 웃으면서 시자侍者를 불렀다. 그 소리에 응하여 한 여자 심부름꾼이 달려 나와 아이를 받아 다른 옷으로 갈아 입히는데, 그 모든 행동이 제멋대로여서 안하무인격이었다.

사신들이 사퇴하고 나온 다음에는 다시 히데요시를 볼 수 없었다. 다만 상사와 부사에게는 선물로 은 400냥을 주고, 서장관과 통사通事(통역) 이하 수행원에게는 차를 주었다.

우리 사신이 장차 돌아오려 할 때가 되어도, 그는 답서를 마련하지 않고 먼저 떠나보내려 했다. 이에 김성일이 말하였다.

"우리는 사신이 되어 국서를 받들고 왔는데, 만약 회보하는 글이 없다면 이는 허수아비를 만나고 가는 것과 마찬가지 아니오."

그러나 황윤길은 그들이 더 붙들어 두려는 말이 나올까 봐 일행을 데리고 그대로 떠나 배가 머물러 있는 바닷가에서 기다렸다. 그제야 답서가 왔으나 글 내용이 거칠고 거만하여 우리가 바라던 바와 어긋났다. 김성일이 이를 받지 않자 그들은 하는 수 없이 몇 차례 글을 고쳐 왔다. 사신들은 미흡하나마 그렇게 한 연후에야 답서를 받아 길을 떠났다. 사신이 지나는 곳마다 여러 일본인들이 선물을 주었으나 김성일은 이를 모두 물리쳤다.

후에 천자에게 아뢴다"고 하는 데서 나왔다.

04 명나라를 치겠다는 일본 국서가 말썽이 되다

황윤길은 부산으로 돌아오자 급히 장계를 올려 일본의 정세를 보고하고 "반드시 병화兵禍가 있을 것입니다"라고 말하였다.

서울에 도착해 임금께 복명하는 자리에서도 황윤길은 먼저 보고한 대로 대답하였으나, 김성일은 다른 말을 하였다.

"신은 그러한 징조를 보지 못하였습니다."

계속하여 김성일이 말했다.

"황윤길은 공연히 사람들의 마음을 동요시키고 있습니다."

이에 조정에서는 혹은 황윤길의 의견을 옳다 하고 혹은 김성일의 의견이 옳다고 하는 두 주장으로 나뉘었다. 나는 김성일을 만나 물었다.

"그대의 말은 황사黃使(황윤길)의 말과 같지 않은데, 만일 병화가 있으면 장차 어떻게 하려는가?"

이에 그가 답하였다.

"나 역시 왜가 끝내 움직이지 않으리라고 장담하지 않습니다. 다만 황사의 말이 너무 중대하여 나라 안 인심이 놀라고 동요할까 봐 일부러 해명하였을 따름입니다."

당시 통신사가 가져온 왜의 국서에는 '군사를 거느리고 명나라에 쳐들어가겠다'라는 말이 있었다.

"마땅히 곧 사유를 갖추어서 명나라 조정에 알려야 합니다."

나의 이 말에 수상首相(영의정 이산해)은 반대하였다.

"명나라 조정에서 우리가 일본과 사사로이 통신한 것을 책망할까 염려되오. 알리지 말고 숨겨 두는 편이 좋을 것 같소."

나는 다시 주장했다.

"일로 인해서 이웃 나라를 왕래하는 것은 한 나라로서 어찌할 수가 없습니다. 성화成化(명나라 헌종 때의 연호) 연간에 일본도 역시 일찍이 우리 나라를 통해서 중국에 조공하게 해 달라고 요구한 일이 있습니다. 즉시 사실대로 명나라 조정에 알렸더니 명나라 조정에서 칙서를 내려 회답한 일이 있지 않습니까. 먼저의 일이 그러하오니 이는 오늘만의 일이 아닙니다. 지금 우리가 사실을 숨기고 알리지 않는다면 대의에 있어서도 옳지 아니합니다. 더구나 적들이 우리를 모략하고자 이 사실을 다른 곳을 통해 명나라에 알린다면, 도리어 우리나라가 일본과 공모하여 숨기는 것으로 의심받게 됩니다. 이렇게 된다면 그 죄는 일본에 통신사를 보낸 일에만 그치지는 않을 것입니다."

조정에서는 나의 의견이 옳다고 하는 사람들이 많았다. 그래서 드디어는 김응남金應南 등을 파견하여 명나라 조정에 이 사실을 빨리 알리게 하였다.

김응남　조선왕조 선조 대의 문신으로 대사헌과 대사간을 거쳐 좌의정을 지냈다(1546~1598).

이때 푸젠 성福建省 사람 허의후許儀候와 진신陳申 등이 일본인에게 사로잡혀 일본에 있었는데, 그들은 일본의 정세를 본국에 비밀히 알리고 있었으며, 또 유구국琉球國의 세자 쇼네이尚寧도 연달아 사신을 파견하여 이 소식을 명나라에 알렸다.

오직 우리나라 사신만이 아직 이르지 않으므로 명나라 조정에서는 우리가 일본과 어울리는 것은 아닌지 의심하며 논의가 자자하였다. 그러자 일찍이 우리나라에 사신으로 다녀간 일이 있던 각로閣老 허국許國만이 홀로 말하였다.

"조선은 진심을 다하여 우리나라를 섬기고 있으니 일본과 더불어 배반한다는 것은 납득이 되지 않습니다. 좀 더 기다려 봅시다."

그러던 차에 얼마 되지 아니하여 김응남 등이 보고하는 글을 가지고 이르니, 허공(허국)은 크게 기뻐하였고 명나라 조정의 의심도 비로소 풀어졌다고 이른다.

05 다급한 군비(軍備)

우리 조정에서는 일본의 움직임을 경계하여, 변방을 수비하는 일에 밝은 재신들을 가려서 하삼도를 방비하도록 했다.

유구국 일본의 규슈 남쪽 지방에 있는 작은 섬으로 이루어진 나라. 지금의 오키나와 지방.

하삼도(下三道) 아랫녘의 삼도. 곧 충청도·경상도·전라도.

감사(監司) 조선시대 지방 행정의 최고 책임자. 8도에 1명씩 둔 종2품 문관으로서 절도사 등의 무관을 겸하였다. 관찰사, 관찰출척사(觀察黜陟使)라고도 이름하였다.

김수 조선왕조 중기의 문신(1547~1615). 임진왜란이 일어나 동래가 함락되자 도망하였고 의병장 곽재우와의 불화도 심하였다. 후에 벼슬이 중추부 영사에 이르렀다.

경상 감사로는 김수金睟, 전라 감사로는 이광李洸, 충청 감사로는 윤선각尹先覺을 보내 무기를 갖추고 성과 해자를 수축하게 했다.

그중에서도 경상도에는 더욱 성을 많이 쌓고 영천, 청도, 삼가, 대구, 성주, 부산, 동래, 진주, 안동, 상주에는 병영을 새로 쌓거나 증축하였다.

이때는 세상이 태평스러운 지가 오래되어 중앙과 지방이 다 편안한 데 젖어 있었으므로, 백성들은 노역을 꺼려서 원망하는 소리가 가득 찼다. 나와 동년배인 전 전적 이노李魯는 나에게 서신을 보내 말하였다.

'성을 쌓는 일은 당치 않은 일입니다.'

또 이런 비평도 하였다.

'삼가三嘉(지금의 합천)는 앞에 정진鼎津 나루가 가로막고 있으니 왜적들이 어떻게 건너뛰어 오겠습니까? 그런데도 쓸데없이 성을 쌓느라고 백성을 수고롭게 만든단 말이오.'

대저 만리 창해를 두고서도 막아 내지 못한 왜적을 조그맣게 가로놓인 냇물 한 줄기로 안심할 수 있으리라고 단정하니, 그 사람 역시 사리에 어두운 것이라 하겠다. 당시 사람들의 의논은 다 이와 같았고 홍문관에서도 차자를 올려 그렇게 논하였다.

뿐만 아니라 경상도와 전라도의 두 도내에 쌓은 성들은 그 지형과 형세를 잘 살펴서 쌓지 않고 넓고 크게 만드는 데에만 힘썼다. 진주성은

이광 조선왕조 선조 대의 문신(1541~1607). 임진왜란이 발발하자 서울 수복 계획을 세웠으나 용인에서 패하였다. 그 뒤 전주에서 왜적을 격퇴하였으나, 용인 패전에 대한 탄핵을 받고 유배되었다.

윤선각 조선왕조 중기의 문신(1543~1611). 임진왜란 당시 왜적을 맞아 싸우다 패전하여 삭직되었으나 재기용되었고, 전쟁이 끝난 뒤에는 비변사 당상이 되어 혼란한 업무를 수습하였다.

홍문관(弘文館) 조선시대 삼사(三司: 사헌부사간원홍문관)의 하나. 주로 궁중의 경서, 사적 관리 및 문서 처리 등의 일과 임금의 자문에 응하는 일을 맡아보던 관청이다.

본래 험한 산을 의지하고 쌓아서 지킬 만하였으나, 이제 와 너무 작다고 여겨 동쪽의 평지로 옮겨 쌓았기 때문에, 그 뒤에 적의 침입을 받자 성을 보전하지 못하고 무너졌다.

대체로 성이란 작더라도 견고한 것을 고귀하게 여기는데, 반대로 그것이 넓지 않다고 염려를 하였으니 역시 그때의 의논이 분분하였던 까닭이다. 또 군정軍政의 근본 문제라든지 장수를 가리는 요건이라든지, 더구나 군사를 편성하고 훈련하는 방법에 이르러서는 백 가지 중에 한 가지도 제대로 갖추지 못하였으니 전쟁에 패하는 데에 이르고 말았다.

06 이순신의 발탁

조정에서는 정읍 현감 이순신을 발탁하여 전라좌도 수군절도사로 삼았다.

이순신李舜臣은 담력과 지략이 있고 말타기와 활쏘기에 유난히 능하였다. 그가 전에 조산 만호로 있을 때의 일로, 북쪽 변방에는 사변이 많았다. 이순신은 계책을 세워 배반한 오랑캐 우을기내于乙其乃를 유인한 다음 그를 묶어 병영으로 끌고 와 베어 죽였다. 그로써 오랑캐들은 잠잠해졌다.

이순신 조선 선조 대의 명장으로 선무공신 1등에 충무(忠武)라는 시호를 받았다(1545~1598). 무과에 급제하여 만호, 조방장, 정읍 현감, 군수 등을 거쳐 전라좌수사가 되었다. 임진왜란에는 삼도수군통제사로 왜적을 크게 무찔러 나라를 구했다. 정유재란 때 노량해전에서 왜적의 퇴로를 막고 섬멸하다 전사했다.

이순신 초상

　또 순찰사 정연신鄭彦信이 이순신에게 녹둔도(함경북도 두만강 하류에 있던 섬)의 둔전을 지키게 하였을 때의 일도 있다. 안개가 크게 낀 어느 날, 군인들은 다 벼를 거두러 나가고 울짱 안에는 군인 수십 명만이 있었다. 그런데 갑자기 오랑캐의 기병들이 사방에서 쳐들어왔다.

　이순신이 급히 울짱의 문을 닫고 유엽전柳葉箭(살촉이 버들잎 모양인 화살)을 연달아 쏘니 적 수십 명이 말에서 떨어져 내렸다. 오랑캐들이 놀라 도망가자 이순신은 문을 열고 홀로 말에 올라 크게 소리치며 쫓았고, 오랑캐들은 어찌할 바를 몰라 군기와 약탈한 재물을 버리고 달아났다.

　이순신이 세운 공은 이 밖에도 많았으나 조정에서 그를 천거하는 사

순찰사(巡察使) 　조선시대 지방 장관인 관찰사가 병란이 있을 때 겸한 임시 관직. 종2품 벼슬이다.

정연신　조선 중기의 문신(1527~1591). 명종 때 문과에 급제하여 여러 벼슬을 지냈으며, 선조 대에는 도순찰사로서 이탕개(尼湯介)의 침입을 격퇴하는 등 북변 방비에 힘썼다. 정여립의 모반과 관련되었다는 모함으로 귀양 가서 죽었다.

둔전(屯田) 　군량과 경비를 충당하기 위하여 변경이나 군사 요지에 설치한 토지. 주둔군에 쓰인 토지는 군둔전, 지방 관청의 경비에 쓰인 토지는 관둔전이라 했다.

울짱 　말뚝 따위를 죽 잇따라 박아 적을 방어하던 울타리.

람이 있어서, 과거에 급제한 지 10여 년이 되어서야 비로소 정읍 현감이
되어 있었다.

이때 왜적이 쳐들어온다는 소리가 날로 심하게 전해지자 임금께서는
비변사에 명하여 각각 장수감이 될 만한 인재를 천거하라 하였다. 내가
이순신을 추천하여 드디어 수사水使에 임명되니, 사람들은 그의 갑작스
런 승진을 의심스럽게 여기기도 했다.

당시 조정에 있는 무장 가운데서는 신립申砬과 이일李鎰이 가장 유명
했다. 경상 우병사 조대곤曹大坤은 나이도 늙고 용맹도 없으므로 여러
사람들은 그가 군사의 전권을 감당하지 못할 것이라고 근심하였다. 내
가 경연에서 임금에게 아뢰어 이일로 하여금 조대곤을 대신하게 할 것
을 청하니, 병조판서 홍여순洪汝諄이 말하였다.

"유명한 장수는 마땅히 서울에 남아 있어야 합니다. 이일을 파견하여
서는 안 됩니다."

나는 거듭 아뢰었다.

"모든 일은 미리 준비하는 것이 소중합니다. 더구나 군사를 다스려
적을 막는 일은 더욱 갑자기 마련해서는 안 됩니다. 하루아침에 사변이
생기면 마침내 이일을 파견하지 않을 수 없을 터이오니, 이왕 보낼 바
에는 차라리 하루라도 일찍 보내어 미리 군사를 정비하고 변고를 대비

현감(縣監) 조선시대 최하위 지방 행정 구역인 현의 수령. 종6품으로 원님, 사또라고도 불렸다.

신립 조선 선조 대의 장군으로 벼슬이 한성 판윤에 이르렀다(1546~1592). 임진왜란이 일어나
자 도순변사가 되었으며 부하의 말을 듣지 않고 충주 탄금대에서 배수의 진을 치고 왜적과 싸
우다가 대패하자 강물에 투신 자결하였다.

이일 조선왕조 중기의 무장(1538~1601). 명종 대 무과에 급제하여 전라도 수군절도사를 지냈
으며, 선조 대에 경원 부사를 지내다 임진왜란이 발발하자 순변사로 활약했다.

96

병사(兵使) 조선시대 지방의 군대를 통솔하던 종2품 무관 벼슬. 정원은 15명으로 경기도 1명, 충

하게 하는 편이 매우 이로울 것입니다. 그렇지 않고 갑작스럽게 다른 고을에 있던 장수를 급히 내려보낸다면 거의 그 도道의 형세를 알지 못할 것이고 또 그 군사들의 용감함과 비겁함도 알지 못할 것이오니, 이는 병가兵家의 꺼리는 바입니다. 이러다가는 반드시 후회가 있을 것입니다."

그러나 임금께서는 아무런 대답도 하지 않으셨다.

나는 또 비변사에 나와서 여러 사람들과 의논하여 조종祖宗 때에 마련한 진관의 법法을 시행하자고 계청하였다. 그 글의 내용은 대략 이러하였다.

우리나라의 건국 초기에는 각 도의 군사들을 다 진관에 나누어 소속시켜서 사변이 있으면 진관에서는 그 소속된 고을을 통솔하여 정돈하고 주장主將의 호령을 기다렸습니다.

경상도를 말한다면 김해, 대구, 상주, 경주, 안동, 진주가 곧 여섯 개 진鎭으로 되어서 설사 적병이 쳐들어와 한 진의 군사가 비록 실패한다 하더라도 다른 진이 차례로 군사를 엄중히 단속하여 굳건히 지켰기 때문에 한꺼번에 허물어져 버리는 데 이르지는 않았습니다.

그러던 것이 지난 을묘년(1555, 명종 10)의 왜변이 있은 뒤에 김수문金守文이 전라도에 있으면서 분군법分軍法을 고쳤습니다. 그는 도내의 여

청도 2명, 경상도 3명, 전라도 2명, 황해도 2명, 강원도 1명, 함경도 3명, 평안도 2명이 있었으며 그중에 1명은 관찰사를 겸임하였다. 속칭으로 병마절도사라 하였다.

홍여순 조선왕조 중기의 문신(1547~1609). 병조판서로 있으면서 임진왜란이 일어나자 선조를 호종하며 호조판서로 전임되었다. 왜란이 끝난 뒤 류성룡 등을 몰아내고 정권을 잡았으나 당쟁을 벌이다 삭탈관직 당하고 유배지에서 죽었다.

비변사(備邊司) 군국 기무를 총령하는 관청. 삼포왜란 때 창설되어 을묘왜란 당시 상설 군사 기구로 되고, 임진왜란에 전시의 군사정치 통할 기구가 되었다. 도제조, 제조 등의 관원을 두었으

러 고을을 갈라서 소속한 군사를 순변사, 방어사, 조방장, 도원수 및 본 도의 병사兵使와 수사水使에 나누어 예속시키고 이름하기를 제승방략制勝方略이라고 하였습니다.

여러 도에서도 다 이를 본받아 군사를 정비하였기에 진관은 명칭만이 남아 있을 뿐이고, 실상 서로 연락이 되지 않습니다. 한번 경급을 알리는 일이 있으면 멀고 가까운 곳이 함께 움직여, 장수가 없는 군사들만 먼저 들판 가운데 모여 있게 됩니다. 천 리 밖에서 장수 오기를 기다리다가 장수는 제때에 오지 않고, 적의 선봉이 가까워지면 군사들은 놀라고 두려워하게 되니 이는 반드시 무너지는 도리입니다.

대군이 한번 무너지면 다시 수습하기가 어려운 법으로, 이때에는 장수가 비록 온다고 하더라도 누구와 함께 싸움을 하겠습니까? 그러하오니 조종 때 마련한 진관의 제도를 수복하여 평시에는 훈련하는 데 쉽고, 사변이 있을 때면 순조롭게 군사가 모이도록 하며, 또 전후가 서로 호응하고 안팎이 의지하게 되어 갑자기 무너져서 어찌할 수 없는 폐단에 이르지 않게 해 주시옵소서.

이 일을 각 도에 하달하였더니 경상 감사 김수는 말하였다.

"제승방략은 써 온 지가 이미 오래되었으니 갑자기 변경할 수 없습니다."

머 비국(備局) 또는 주사(籌司)라고도 불렀다.

진관(鎭管)의 법 조선왕조 때의 지방 군사 조직(진관)으로, 각 도의 군사를 진관에 분속시키고 유사시에는 진관의 주장이 이를 지휘하여 방위에 임하게 하는 제도.

김수문 조선왕조 명종 대의 무장(?~1568). 중종 대 무과에 급제한 뒤 명종 대에 발생한 을묘왜변 당시 제주 목사로서 공을 세우고 한성 판윤이 되었다. 이후 평안도 병마절도사로 북변 방위에도 공을 많이 세웠다.

제승방략 조선왕조 문종 대에 김종서가 함경도 8진의 지세와 방수(防戍)를 논한 병서.

이렇게 하여 나의 주장은 드디어 중지되고 말았다.

07 신립 장군의 사람됨

임진년 봄의 일이다. 왕은 신립과 이일을 각각 보내어 변방의 군비 상태를 순시토록 하였다.

이일은 충청·전라도로 가고, 신립은 경기·황해도로 갔다가 한 달이 지나 돌아왔다. 그들이 점검한 내용이란 활, 화살, 창, 칼 따위뿐이었고, 군읍郡邑에서는 모두들 문서상으로만 무기를 갖춰 법망을 피하였으니 달리 방어할 좋은 계책이 없었다.

신립은 평소에 잔인하고 포악하다는 평판이 있는 사람인데, 이르는 곳마다 사람들을 죽여 그 위엄을 세우려 했다. 수령들이 그를 무서워해서 백성을 동원하여 길을 닦고, 대접하는 음식이나 거처하는 숙소가 지극히 사치스러우니 대신의 행차라 하더라도 이 같지 못할 정도였다.

그들은 4월 1일에 서울로 돌아와 임금에게 복명했다. 그 뒤 신립이 우리 집으로 찾아왔기에 내가 물었다.

"머지않아서 변란이 있을 것 같소. 그때는 공公이 마땅히 군사를 맡아아 할 터인데, 공의 생각으로는 오늘날 적의 형세로 보아 이를 방어할 자신이 있으시오?"

신립은 적을 가볍게 보면서 대수롭지 않게 답했다. 나는 다시 말했다.

"그렇지 않으리라. 지난날의 일본인은 다만 짧은 창칼 따위만 믿는 처지였지만, 오늘날에는 조총을 다루는 장기長技까지 가지고 있으니 만만히 보아서는 안 되오."

신립은 끝내 태연한 말씨였다.

"비록 조총을 가졌다 하더라도 어찌 쏘는 대로 다 맞힐 수 있겠습니까?"

이에 내가 말했다.

"나라가 태평세월을 누린 지 오래 되면 군사들이 겁약해져서, 과연 위급한 일이라도 생기면 적에게 항거하기가 아주 어려운 법입니다. 내 생각으로 몇 년 뒤에는 우리 군사들도 자못 익숙해져 난리를 수습하게 될 수 있겠으나, 지금 같아서는 매우 근심스럽소."

그러나 신립은 도무지 깨닫지 못하고 가 버렸다.

신립이 계미년(1583, 선조 16)에 온성 부사로 있을 적의 일이다. 그때 오랑캐들이 모반하여 종성(함경북도 두만강 기슭, 군사적 요지)을 포위하므로 신립이 급히 가서 10여 명의 기병을 거느리고 돌격하니 오랑캐들이 포위를 풀고 물러가 버렸다.

조정에서는 신립이 대장의 소임을 감당할 만한 재능이 있다고 하여 북도 병마절도사, 평안 병사로 승진시켰다. 얼마 안 되어 <u>자헌대부</u>로 올라가니 그는 병조판서까지 욕심낼 정도에 이르렀다. 바야흐로 그 의기가 충천하여 마치 옛날 <u>趙</u>나라 조괄趙括이 진秦나라를 업신여기던 것과 같이 조금도 일에 임하여 두려워하는 기색이 없었다. 그러므로 사리를 아는 사람은 모두 그의 행동을 매우 근심하였다.

임금은 특지特旨를 내려 경상 우병사 조대곤을 교체하고 <u>승지</u> 김성일을 대신 임명하였다. 그러자 비변사에서 아뢰었다.

"성일은 유신儒臣입니다. 그는 이러한 시기에 변방의 장수로 소임을 맡기에 적합하지 않습니다."

하지만 임금께서 윤허하지 않으므로 김성일은 임금께 하직하고 임지로 떠났다.

08 임진왜란이 일어나다

4월 13일에 왜병이 국경을 침입하여 부산포가 함락되고 첨사 정발鄭撥이 전사하였다.

자헌대부(資憲大夫) 조선시대 정2품 문무관 품계. 왕조 말기인 고종 대부터는 종친과 의빈에게도 이 벼슬을 주었다.

조괄 중국 전국시대의 장수로 병법은 열심히 익혔으나 실전 경험은 없었다. 진나라의 계략에 빠진 조 효성왕이 그를 장군으로 기용하자, 조괄은 진을 업신여기며 나갔다가 조의 군사 40여 만명과 함께 죽임을 당했다.

승지(承旨) 승정원에 소속되어 왕명의 출납을 맡아본 정3품의 당상관 벼슬로 정원은 6명이었다.

이보다 먼저 일본의 야나가와 시게노부, 겐소 등이 통신사와 함께 와서 동평관에 묵고 있었다. 비변사에서는 임금께 아뢰어 황윤길, 김성일 등으로 하여금 그들을 청해 사사로이 술자리를 베풀면서 조용히 일본의 정세를 살펴 방비할 대책을 마련하자고 청하니 이를 옳게 여겨 허락하였다.

김성일 등이 동평관에 이르러 술잔을 주고받으니 과연 겐소가 가만히 말하였다.

"명나라가 오랫동안 일본과의 국교가 끊어져 조공도 없어졌습니다. 도요토미 히데요시는 이것을 마음속에 품어 분하게 여겨서 전쟁을 일으키려고 합니다. 조선이 먼저 이 사정을 중국에 알려서 조공하는 길이 열리게끔 주선한다면 이 땅에는 아무 일이 없을 것이며, 일본 66주州의 백성도 전쟁의 수고로움을 면하게 될 것입니다."

김성일 등은 대의大義로 이를 책망하고 한편 타이르기도 했으나, 겐소는 말하였다.

"옛날에 고려는 원나라의 군사를 인도하여 일본을 쳤습니다. 일본이 이로 인한 원한을 조선에 갚으려 하는 것은 그른 일은 아니라고 봅니다."

겐소의 말은 점점 무례해졌다. 우리 일행은 더는 말할 필요가 없다고 생각해 이로부터 두 번 다시 찾아가 물어보지 않았다.

시게노부와 겐소가 돌아가고 신묘년(1591, 선조 24) 여름에 소 요시토시가 다시 부산포에 왔다. 그는 우리 변장邊將에게 위협조로 말하였다.

"일본은 명나라와 국교를 통하고자 하오. 만약 조선이 그 뜻을 알려 주면 아주 다행하겠으나, 그렇지 않으면 두 나라는 장차 화기和氣를 잃게 될 것입니다. 이는 큰일인 까닭에 일부러 와서 알려 드립니다."

변장이 이 사실을 알렸으나, 조정에서는 우리 통신사가 잘못이라며 나무라고, 또 그들의 거만과 무례함만을 노여워했다. 조정은 회답하지도 않고 대수롭지 않게 넘겼다.

요시토시는 열흘 동안이나 배를 머물러 기다리고 있다가 그만 앙심을 품고 돌아가 버렸다. 이 뒤로는 일본인들이 다시 오지 않았다. 부산포의 왜관에 항상 머물러 있던 일본인 수십 명도 차츰차츰 돌아가 버리고, 왜관 전부가 거의 비어 있다시피 하니 사람들은 이를 괴상하게 여겼다.

그리고 이날(4월 13일) 몰려든 것이다. 왜적의 배가 대마도로부터 온 바다를 덮고 건너오는데, 바라보아도 그 끝이 보이지 않았다.

부산포 첨사 정발은 절영도(지금 부산의 영도)로 나아가 사냥을 하다가 왜적이 쳐들어왔다는 보고를 받고 허둥지둥 성으로 돌아왔다. 왜병은 벌써 상륙하여 사방에서 구름같이 모여들었고 삽시간에 부산성이 함락되었다.

09 영남 여러 성의 함락

경상 좌수사 박홍은 왜적의 형세가 대단한 것을 보고는 감히 군사를 내어 싸우지도 못한 채 성을 버리고 도망하였다.

왜적은 군사를 나누어 서평포와 다대포를 연달아 함락시켰다. 이때 다대포 첨사 윤흥신尹興信은 적을 막아 힘껏 싸우다가 전사하였다.

경상 좌병사 이각李珏은 이 소식을 듣고 병영을 떠나 동래성(경상남도 동남단에 위치한 지명. 지금 부산광역시에 속함)으로 들어갔다. 부산성은 이미 함락된 뒤였고 이각은 겁을 내어 어찌할 줄 몰라 하다, 다른 군사와 협공하려 한다고 핑계하고는 성을 나와 소산역蘇山驛으로 퇴진했다. 당시 동래 부사 송상현宋象賢은 자기와 함께 여기 머물러 성을 지키자고 말해 보았으나 이각은 그 뜻을 따르지 않았다.

4월 15일에 왜적이 동래로 쳐들어와서 성에 육박하였다. 부사 송상현은 성의 남문으로 올라가서 군사들의 싸움을 독려하였으나 성은 반나절 만에 함락되었다. 송상현은 그 자리에 버티고 앉아서 적의 칼에 맞아 죽었다. 왜적은 그가 죽음으로써 성을 지키는 것을 가상하게 여겨, 그 시체를 관에 넣어 성 밖에 묻고 말뚝을 세워 표지해 주었다.

이렇게 되자 여러 군현에서 도망하며 무너져 내렸다.

박홍 조선왕조 명종 대에 무과에 급제하고, 선조 대에 임진왜란에 참전하였으나 패하고 전사하였다. 병조참판에 추증되었다(1534~1593).

송상현 의사(義士). 10살에 경서에 통달하고 15살에 문과 소과에 급제할 정도로 학문에 뛰어났다. 임진왜란 때 동래 부사로 왜적을 막아 싸우다가 순사했다. 충렬(忠烈)이라는 시호가 내려졌다(1551~1592).

밀양 부사 박진朴晉은 동래성으로부터 급히 돌아와서 작원鵲院의 좁은 골목을 가로막고 방어하려 하였다. 적은 양산을 함락시키고 작원에 이르러, 그 길목을 지키는 우리 군사를 보고는 산 뒤의 높은 데를 탄 다음 개미 떼처럼 흩어져 내려왔다. 좁은 길목을 지키던 군사들은 이를 바라보고 다 흩어져 버렸다. 박진은 다시 밀양으로 돌아와서 불을 질러 병기와 창고를 불태운 다음 성을 버리고 산으로 도망쳤다.

급히 달아나 병영으로 돌아온 이각은 먼저 자기 첩부터 피란을 보내니 성안의 인심이 더 흉흉해졌다. 군사들도 놀라고 어쩔 줄 몰라 했다. 마침내 이각이 새벽을 틈타 몸을 빼어 도망하니 모든 군사가 제각기 흩어지고 말았다.

적은 길을 나누어 휘몰아 달려들며 잇달아 여러 고을들을 함락시켰으나, 한 사람도 감히 항거하는 자가 없었다.

김해 부사 서예원徐禮元은 성문을 굳게 닫고 지키고 있었다. 적들이 성 밖의 보리를 베어서 참호를 메우니 잠깐 동안에 그 높이가 성과 가지런하게 되었다. 그것을 타고 쳐들어오자 초계 군수 이모李某가 먼저 도망하고 서예원이 뒤를 이어 도망하니 성은 이내 함락되었다.

순찰사 김수는 처음에 진주성(경상남도 서남단에 있는 요지)에 있다가 왜변의 소식을 듣자 말을 달려 동래성으로 향하던 도중에 이르러 적병이 가까이 왔다는 말을 들었다.

박진   조선왕조 선조 대의 무신(?~1597). 밀양 부사로 있던 중 임진왜란을 당하였고, 이후 경상 좌병사가 되어 영천 싸움에서 공을 세우고 비격진천뢰로 왜적을 쳐 경주성을 수복했다. 벼슬이 참판에 이르렀다.

서예원   조선왕조 중기의 문신(?~1593). 임진왜란 때 김해 부사로 있다가 도주하고, 뒤에 진주 목사가 되어 왜적을 막다가 전사하였다.

군수(郡守)   군의 행정을 맡아 다스리는 지방관으로, 종4품 벼슬이었다.

그는 더 앞으로 나아가지 못하고 말 머리를 돌려 경상 우도로 달려왔으나 어찌할 바를 알지 못했다. 생각한 것이 여러 고을에 격문을 보내 백성들에게 적을 피하라고 하는 일이 고작이었다. 이로 말미암아 도내는 모두 텅 비게 되니 더욱 어찌할 방도가 없었다.

용궁 현감 우복룡禹伏龍은 그 고을 군사를 거느리고 병영으로 가다가 영천의 길가에 앉아 밥을 먹고 있었다. 이때 하양(경상북도 경산시 북부에 위치하는 지명)의 군사 수백 명이 방어사에 예속되어 북쪽으로 향하느라 그 앞을 지나게 되었다. 우복룡은 그 군사들이 말에서 내리지 않고 지나가자 괘씸하게 여기며 붙잡아서 반란을 하려 한다고 책망하였다. 하양의 군사들이 병사兵使의 공문을 꺼내어 보이며 변명하려 했으나 우복룡은 듣지 않았다. 우복룡은 군사를 시켜 그들을 포위하고 모두 쳐 죽이도록 하니 온 들판에 시체가 가득히 쌓였다.

그런데 순찰사 김수는 이와 같은 행동에 공이 있다고 임금에게 알려서 급기야 우복룡은 통정대부가 되고, 정희적鄭熙績을 대신하여 안동 부사에 임명되었다.

이후 죽은 하양 군사들의 가족인 고아와 과부들은 조정의 사신을 만날 때마다 말 머리를 가로막고 원통함을 호소하였으나, 이때는 우복룡의 명성이 자자했으므로 아무도 그 원통한 사정을 말하여 풀어 주는 사람이 없었다고 한다.

방어사(防禦使) 조선시대의 외관직으로 각 도에 배속되어 요지를 방어하는 병권을 가진 종2품 벼슬이다. 병마절도사의 다음 직위였다.

통정대부(通政大夫) 조선시대 정3품 당상관인 문관. 고종 대부터 종친과 의빈에게도 품계를 주었다.

10 급보가 연잇고, 신립 등이 달려 내려가다

변방의 급보가 처음으로 조정에 다다른 것은 4월 17일 이른 아침이었다.

경상 좌수사 박홍朴泓의 장계였다. 대신들과 비변사가 빈청에 모여서 임금에게 뵙기를 청하였으나 허락이 없었다. 다시 글을 올려 이일을 순변사로 삼아 가운데 길로 내려보내고, 조경趙儆을 우방어사로 삼아 서쪽으로 내려보내고, 유극량劉克良을 조방장으로 삼아 죽령(경상북도 풍기와 충청북도 단양 사이의 군사적 요지)을 지키게 하고, 변기邊璣 역시 조방장을 삼아 조령(경상북도 문경에서 충청북도 연풍에 이르는 군사적 요지)을 지키게 하며, 경주 부윤 윤인함尹仁涵은 유신으로 나약하고 겁이 많으니 전 강계 부사 변응성邊應星으로 교체해 내려보내도록 했다. 이들에게는 모두 군관軍官을 선별하여 함께 가도록 하였다.

그런데 얼마 안 되어 부산이 함락되었다는 보고가 이르렀다. 이때 부산은 적에게 포위당해 사람들이 통행도 하지 못하고 있었다. 박홍의 장계에 '높은 곳으로 올라가서 바라보니 깃발이 성안에 가득합니다'라는 부분이 있는데, 이로써 부산성이 이미 함락되었음을 짐작할 수 있었다.

이일은 서울에 있는 날랜 군사 300명을 거느리고 가고자 했다. 병조兵曹에서 선발한 군사의 문서를 가져다가 보았더니 다 여염집과 시정의

순변사(巡邊使) 왕명으로 군무의 책임을 띠고 변방을 순검하던 목사로서, 대개 유사시에 임명하는 임시 특사였다.

조방장(助防將) 주장(主將)을 도와 적의 침입을 방어하는 장수. 주로 관할 지역 내의 무예가 뛰어난 수령이 이 임무를 맡았다.

부윤(府尹) 문관 외관직으로, 지방 관아의 장관에 해당한다. 종2품 벼슬로 관찰사와 같은 품계다.

군사 경험이 없는 무리들이었다. 이 중에는 아전과 유생이 그 반수를 차지하고 있었다.

임시로 검열을 해 보았더니 유생은 관복을 갖추어 입고 과거 볼 때 쓰는 종이를 들고 있었으며, 아전은 평정건平頂巾(관사의 아전들이 머리에 쓰던 건)을 쓰고 나와 있었다. 저마다 군사로 뽑히는 일을 모면하고자 애쓰는 사람들만 뜰 안에 가득하여 가히 데리고 갈 만한 군사가 없었다.

이일은 명령을 받은 지 3일이 되도록 떠나지를 못하였다. 할 수 없이 이일이 먼저 떠나고, 별장 유옥兪沃이 뒤따라 군사를 거느리고 가기로 하였다. 나는 장계를 올렸다.

'병조판서 홍여순은 맡은 일을 잘 다스리지 못하고 또 군사들이 원망을 많이 하니 바꾸어야 하겠습니다.'

장계가 받아들여져 김응남을 대신 병조판서로 삼고, 심충겸沈忠謙을 병조참판으로 삼았다. 그러자 대간에서 계청하였다.

"마땅히 대신 가운데 한 사람을 체찰사로 삼아 여러 장수를 감독하게 하옵소서."

이 의논도 받아들여졌다. 수상 (이산해)은 나를 추천하여 체찰사의 명을 받게 되었고, 나는 청원하여 김응남을 부사로 삼고 전 의주 목사 김여물金汝吻도 자유로운 몸으로 군사를 따르게 해 달라고 임금에게 계청하였다.

참판(參判) 조선시대 6조에 소속되었던 종2품의 관직. 일명 아당(亞堂)이라고 하며 판서 다음가는 벼슬이다. 병조참판은 병조에 소속되어 1명의 정원을 두었다.

대간(臺諫) 간언을 관장하던 관직으로 사간원과 사헌부를 통틀어 말한다.

체찰사(體察使) 조선시대 군관직의 하나. 나라에 전란이 있을 때 임금을 대신하여 지방으로 나가 군무를 총찰하던 벼슬로 재상이 겸임하는 것이 상례였다.

김여물 조선왕조 선조 대의 무관(1548~1592). 1577년(선조 10) 문과에 급제하여 의주 목사를 지냈다. 임진왜란 당시 순변사 신립의 부장으로 있던 중 조령 탄금대 싸움에서 조령의 지세를 김여물은 무인으로서의 지략이 있었는데, 이때 그는 어떤 사건에 관련되어 감옥에 갇혀 있었으므로 죄를 면해 주기를 청한 것이다. 그리고 무사들 가운데 비장의 소임을 감당할 만한 사람 80여 명을 모집했다.

그동안에도 급보가 연달아 들어왔는데, 적의 선봉이 벌써 밀양의 큰 재를 지나 곧 조령에 가까워지리라는 소식이었다. 나는 김응남과 신립에게 말했다.

"왜적이 이토록 깊이 들어왔으니 일이 급하게 되었소. 장차 어떻게 하면 좋겠소?"

신립이 대답하였다.

"이일이 외로이 전방에 나가 있는데 뒤따를 지원군이 없으니 안타까운 일입니다. 체찰사(류성룡)께서 비록 달려 내려가신다 하더라도 싸우는 장수와는 다릅니다. 차라리 용맹스러운 장수를 하루빨리 내려가게 하심이 옳을 줄 압니다."

내 신립을 살펴보니 자신이 싸우러 가겠다는 뜻이었으므로, 나는 김응남과 함께 임금에게 나아가 이런 사실을 모두 아뢰었다.

이 말을 들은 임금께서는 즉시 신립을 불러서 그 뜻을 물어보시고, 이내 신립을 도순변사로 삼았다.

이용해 방어할 것을 건의하였으나 신립이 이를 듣지 않고 배수의 진을 침으로써 왜적을 막다가 전사하였다.

비장(裨將) 감사(監司)유수(留守)병사(兵使)수사(水使)견외(遣外) 사신을 따라다니며 보좌하던 무관 벼슬. 막료라고도 한다.

신립은 궐문 밖으로 나가 몸소 군사를 불러 모았으나 따라가고자 나서는 자가 한 사람도 없었다.

이때 나는 중추부에서 떠날 준비를 하고 있었다. 신립은 내가 있는 곳으로 와서 뜰 안에 모집한 군사들이 많이 늘어서 있는 것을 보고 얼굴에 불만이 가득했다.

"아니, 이런 분을 대감께서 데리고 가서 무슨 일에 쓰시겠습니까? 소인이 부사副使가 되어 모시고 가기를 원합니다."

신립은 자기를 따르는 무사들이 없음을 노여워하여 불평을 늘어놓았다. 나는 웃으면서 말하였다.

"다 같은 나랏일인데 어찌 이것저것을 구분하겠는가? 공은 이제 떠날 길이 급하니 내가 모집한 군관을 데리고 먼저 떠나도록 하시오. 나는 곧 따로 모아서 따라가리다."

내가 군관의 단자單子(명단을 적은 종이)를 주니, 신립은 그제야 뜰 안에 있는 무사들을 돌아보며 말했다.

"따라들 오게."

그가 앞장서 이끌고 나가니, 병사들은 산란한 모습으로 저어하다가 멀거니 따라 나갔다. 김여물도 역시 그와 함께 갔는데 좋지 않은 듯한 표정이었다.

신립이 떠날 무렵 임금께서는 그를 불러 보검寶劍을 내리며 말씀하

중추부(中樞府) 조선시대 중앙관청의 하나로 출납, 병기, 군정, 숙위, 경비, 차섭 등의 일을 관장하였다. 정2품의 판사가 그 장관이다.

IIO

셨다.

"이일 이하의 장수들로서 명령을 거스르는 자에게는 이 칼을 쓰도록 하여라."

신립이 임금께 하직하고 나와 다시 빈청으로 찾아와 대신을 본 다음에 막 계단을 내려서려 할 때 머리에 썼던 사모가 갑자기 땅에 떨어지니 보는 사람들이 실색하였다.

용인에 이른 신립이 임금에게 장계를 올렸는데 거기에 자기의 이름을 쓰지 않았으므로, 사람들은 혹시 그가 다른 마음을 품은 것이 아닐까 하고 의심하기도 하였다.

11 김성일의 논죄 문제

경상 우병사 김성일을 체포하여 하옥시키라는 명이 내렸다가 붙잡혀 오기도 전에 도리어 초유사로 삼았다. 그 대신 함안 군수 유숭인을 경상도 병마사로 삼았다.

김성일이 처음으로 상주에 이르렀을 때 왜적이 이미 국경을 침범하였다는 소식이 들려 왔다. 그가 밤낮으로 말을 달려 본영으로 향하는 도중에 조대곤을 민나서 인상과 부절을 교환하였다.

이때 왜적은 이미 김해를 함락시키고 경상 우도의 여러 고을을 나누어 노략질했다. 김성일이 나아가 왜적과 대치하였으나 휘하 장수들은 겁을 집어먹고는 달아나려고 했다. 이 모습을 본 김성일은 말에서 내려 호상胡床(중국식 의자)에 걸터앉아 꼼짝하지 않으며 군관 이종인李宗仁을 불러 말했다.

"너는 용감한 군사 아닌가? 네가 적을 보고서 먼저 물러서다니 어찌된 일인가."

그 순간 쇠로 만든 탈을 쓴 왜적 하나가 칼을 휘두르며 돌진해 왔다. 이를 본 이종인이 말을 달려 뛰어나가서 적을 한 화살로 쏘아 죽이니 적들은 이리저리 흩어져 도망하고 감히 앞으로 나오지 못하였다.

김성일은 흩어진 군사들을 다시 불러 모으면서 여러 군현에 격문을 띄워 수습할 방책을 마련하였다.

그러나 임금께서는 김성일이 먼저 일본에 사신으로 갔다 와서 왜적이 쉽사리 오지 않을 것이라고 주장하여 인심이 풀어지고 나랏일을 그르쳤다고 해서 의금부 도사에게 명하여 잡아오게 했다. 일이 장차 어떻게 될지 헤아릴 수 없는 순간이었다.

경상 감사 김수는 김성일이 체포를 당하였다는 말을 듣고 나와 그를

부절(符節) 사신들이 가지고 다닌 물건으로 돌, 대나무, 옥 따위로 만들었으며 이를 둘로 갈라서 하나는 조정에 보관하고 하나는 가지고 다니면서 신분을 증명하는 데 사용하였다.

의금부(義禁府) 왕명을 만들어 중죄인을 추국하는 일을 관장하였다. 왕족의 범죄, 반역죄 및 모역죄, 삼강오륜을 심하게 위반한 죄(강상죄), 사헌부가 논핵한 사건, 벼슬아치들이 저지른 죄 따위를 다루었다.

길가에서 송별하였는데, 김성일은 얼굴에 강개한 빛을 띨 뿐 한마디도 자기 집 일을 부탁하지 않았다. 김성일은 비통한 눈물을 흘리며 오직 김수에게 권면할 뿐이었다.

"힘을 다하여 적을 물리쳐 주오."

이를 본 늙은 아전 하자용河自溶이 감탄하며 말했다.

"자기 죽음은 걱정하지 아니하고 오직 나랏일만을 걱정하니 참으로 충신이다."

김성일이 떠나 직산에 당도했을 무렵 그간 임금의 노여움도 풀리고, 또 김성일이 경상도 지방의 인심을 얻은 사실을 알고 그의 죄를 용서하였다. 그리고 경상우도 초유사로 삼아 도내의 인심을 수습하고 군사를 모집하여 적을 칠 것을 명하였다.

당시 유숭인柳崇仁은 전공戰功이 있었으므로 특진시켜 병사로 임명되었다.

🪦12 김늑의 민심 수습

첨지 김늑을 경상좌도 안집사로 임명하였다.

도사(都事) 왕명을 받들어 죄수를 추국하는 일을 관장한 의금부의 관원이다. 판사(종1품) 1명, 지사(정2품) 1명, 동지사(종2품) 2명의 당상관 4명을 두어 다른 관원이 겸임토록 하고, 경력(종4품)과 도사(종5품) 각 5명씩을 합한 10명과 그 밖에 나장 232명을 두었다.

초유사(招諭使) 조선시대의 임시 관직으로, 난리가 일어났을 때 백성을 불러 모아 타일러 안정시키는 책임을 맡았다.

이때 경상 감사 김수는 경상 우도에 있었는데, 적병이 가로막고 있어 서로 소식이 통하지 못하였다. 그러자 수령들은 모두 관직을 버리고 달아나 민심도 해이해졌다. 조정에서는 김늑金玏이 영천 사람으로 경상 좌도의 실정을 자세히 알 터이니 이 사람이면 가히 민심을 안정시킬 만하다고 여겨, 임금께 아뢰어 그를 보내게 되었다.

김늑이 부임하자 경상 좌도의 백성들은 비로소 조정에서 사람이 왔다는 말을 듣고 차츰 도로 모여들었다. 영천과 풍기 두 고을에는 다행스럽게도 왜적이 오지 않았고, 의병도 자못 많이 일어났다는 소식이 전해졌다.

🎗13 상주 싸움에서 이일이 패주하다

왜적이 상주를 함락시키고, 순변사 이일은 패하여 충주로 도망쳤다.

이보다 먼저 경상도 순찰사 김수는 왜적의 변고를 듣고서 곧 '제승방략'의 분군법에 의거하여 여러 고을에 공문을 보냈다. 각각 소속된 군사를 거느리고 약속한 곳에 모여 주둔하고 있으면서 서울에서 파견하는 장수가 이르기를 기다리라는 내용이었다.

이에 따라 문경 지역 이하의 수령들은 모두 그 소속된 군사를 거느리고 대구로 나아가 냇가에서 야영을 하며 순변사를 기다렸다. 그런 지 며칠이 지났으나 순변사는 오지 않고 적들만 점점 가까이 다가오니 군사들은 서로 놀라며 동요하기 시작하였다. 때마침 큰비가 와서 옷가지가 다 젖고 먹을 양식 또한 떨어지니, 군사들은 밤중에 모두 흩어져 버리고 수령들까지 말 한 마리에 의지해 모조리 도망하여 버렸다.

그 무렵 순변사 이일이 문경에 당도했다. 고을은 이미 텅 비어 있어 한 사람도 볼 수 없었으므로 자신이 손수 창고에 있던 곡식을 풀어내어 거느리고 온 사람들에게 먹였다. 이어 함창을 지나 상주에 이르렀다.

상주 목사 김해金澥는 순변사를 역에서 기다리겠다 핑계하고는 산속으로 도망하여 들어가 버렸고, 판관 권길權吉만이 홀로 고을을 지키고 있었다. 이일은 고을에 군사가 한 명도 없는 것을 책망하여 권길을 뜰로 끌어내어 목을 베어 죽이려고 했다. 권길은 군사를 모아 오겠다고 애원하였다. 권길은 밤새도록 마을을 돌아다니며 수백 명을 모아 이튿날 아침 돌아왔으나 모두 농민들이었다.

이일은 상주에 하루를 묵으면서 창고에 있는 곡식을 꺼내어 흩어져 있는 백성들을 위로하였다. 그러자 산골짜기로부터 하나 둘씩 모여들어 다시 수백 명으로 늘어났다. 순식간에 대오를 편성하여 군사를 만들었으나 전투는 한 번도 해 보지 못한 사람들뿐이었다.

판관(判官) 조선시대 지방관직으로 관찰사, 유수영(留守營) 및 중요한 주부(州府)의 소재지에 배속되어 그 장관을 보좌하였다. 판관은 중앙관직에도 있어 각 시(寺), 감(監), 원(院) 등에 배속되었다. 종5품이다.

이때 왜적은 이미 선산에 도착했다. 저녁 무렵 개령 사람 하나가 와서 적이 가까이 왔음을 알려 왔다. 이일은 여러 사람들의 마음을 현혹시킨다는 이유로 그자를 목 베어 죽이려고 했다. 그 사람은 소리를 질러 말하였다.

"내 말을 믿지 못하겠거든 잠시 동안 나를 가두어 두고 기다려 보십시오. 내일 아침에 적이 여기로 오지 않거든 그때 죽이십시오."

이날 밤에 왜적은 장천에 와서 주둔하였는데, 그곳은 상주와 불과 20리 거리였다. 그러나 이일의 군중에는 척후병이 없었으므로 왜적이 가까이 온 것을 알지 못하였다. 이튿날 아침 일찍 이일은 개령 사람을 옥에서 끌어내어 놓고 말했다.

"아직도 적에게서 아무 소식이 없다. 네가 민심을 현혹시키고자 지어 낸 거짓임이 분명하다."

그러고는 그 죄 없는 사람의 목을 베어 죽였다.

억지로 불러 모은 민군民軍과 서울에서 데리고 온 장병을 합하여 겨우 8, 9백 명을 거느리게 된 이일은 이들을 이끌고 북천 냇가에 나가 훈련하였다. 산을 의지하여 진을 만들고 진 한가운데 대장기를 꽂았다. 이일은 말 위에 앉아 대장기 밑에 서고, 종사관 <u>윤섬</u>尹暹과 박호朴篪, 판관 권길, 사근 <u>찰방</u> 김종무金宗武 등은 모두 말에서 내려 이일의 말 뒤에 섰다.

<u>윤섬</u> 의사(義士). 1587년(선조 20) 서장관으로 명나라에 가 이성계가 이인임의 후손이라는 잘못된 기사를 바로잡고 광국공신 2등에 올랐다. 임진왜란 때는 노모를 모신 친구를 대신해 상주 싸움에 나섰다가 전사하였다(1561~1592). 함께 전사한 박호, 이경류와 함께 삼종사(三從事)라 추앙되었다.

<u>찰방</u>(察訪) 조선시대 각 도의 역참 일을 맡아보던 외직. 일명 마관(馬官), 우관(郵官), 역승(驛丞)이라고도 하며 종6품으로 임명했다.

조금 뒤에 몇 사람이 숲 속 나무 사이로부터 나와 서성거리다가 이내 사라졌다. 이 광경을 본 여러 병사들은 이들이 적의 척후인가 의심하였으나, 개령 사람이 당한 아침 일을 경계하여 감히 말하지 못하였다. 곧 이어 성안을 바라보니 몇 곳에서 연기가 일어났다.

이일은 그제야 군관 한 사람을 보내어 살펴보고 오게 하였다. 군관은 말을 타고 두 역졸이 말 재갈을 잡게 하여 느릿느릿 나아가는데, 먼저 다리 밑에 숨어 있던 왜적이 조총으로 군관을 쏘아 말에서 떨어뜨린 다음 목을 베어 가지고 갔다. 우리 군사들은 이 모습을 바라보고 그만 맥이 풀려 버렸다.

이런지 얼마 안 되어 왜적이 크게 몰려와서 조총 10여 자루로 연달아 쏘아 대니 총에 맞은 사람들이 그 자리에서 쓰러졌다. 이일은 급히 군사들에게 활을 쏘라고 소리 질렀으나, 화살은 수십 보를 나가다가 뚝 떨어지니 도저히 적을 당할 수가 없었다. 적은 이미 좌익과 우익으로 나누어 깃발을 들고 우리 군사를 포위하고 달려들었다.

이일은 사세가 위급하게 된 것을 깨닫고 급히 말 머리를 돌려 북쪽으로 달아나니, 군사들도 제각기 목숨을 건지려고 어지러이 도망하였다. 위험을 벗어나 살아난 사람은 몇 명 없었고, 그 종사관 이하 미처 말을 타지 못한 사람은 모두 적에게 죽음을 당하고 말았다.

왜적들이 이일을 다급하게 뒤쫓으니, 이일은 말을 버리고 의복을 벗어던지고 머리를 풀어 제친 채 알몸으로 달아나서 문경에 이르렀다. 그는 거기에서 종이와 붓을 구하여 패전한 상황을 임금에게 급히 아뢰고 물러가서 조령을 지키려고 하였다. 그러다 신립이 충주에 있다는 소식을 듣자 바로 충주로 달려갔다.

14 서울의 수비와 파천 문제

우상右相 이양원李陽元을 수성대장으로, 이전李戩과 변언수邊彦琇를 경성 좌우위장으로, 상산군商山君 박충간朴忠侃을 경성 순검사로 삼아 도성을 수비하게 하고, 어머니의 상중에 있던 김명원金命元을 불러들여 도원수로 삼아 한강을 지키게 하였다.

그러나 이일이 패하였다는 보고가 들어오자 인심은 흉흉해졌다. 궁중에서는 서울을 옮기자는 이야기가 나오고 있었으나 대궐 밖에서는 이러한 사실을 알지 못하였다.

이마 김응수金應壽가 빈청에 이르러 수상과 귀엣말을 소곤거리며 나갔다가 다시 오곤 했으므로 보는 사람들이 이를 의아하게 생각했다. 이는 당시 수상이 사복 제조의 일을 겸했던 까닭이었다.

이양원 조선왕조 명종 대 문과에 급제하여 서장관, 삼도 감사, 형조판서, 대제학 등을 거쳐 우의정이 되고, 임진왜란 때 유도대장으로 공을 세워 영의정이 되었다. 철령으로 후퇴하여 있을 때 왕이 요동으로 건너갔다는 풍문을 듣고 7일간 먹지 않다 분사하였다(1533~1592).

수성대장(守城大將) 성을 지키는 임무를 맡은 대장.

김명원 조선왕조 명종 대에 장원급제하여 좌참찬에 이르고, 임진왜란 때에는 팔도 도원수로 활약한 뒤 호조·예조·형조·공조판서를 거쳐 영의정을 지냈다(1534~1602).

이마(理馬) 사복시에 소속되어 임금이 타는 말에 관한 일을 맡아보았다. 정원은 4명, 품계는 6품

도승지 이항복 李恒福이 나에게 와서 손바닥에

"영강문 안에 말을 세워 두라立馬永康門內."

는 여섯 글자를 써서 보였다. 대간은

"수상(이산해)이 나랏일을 그르쳤으니 파면시켜야 합니다."

하고 탄핵을 청하였으나, 임금께서는 허락하지 않았다. 종친들은 합문閤門(임금이 평소 거처하는 편전의 앞문) 밖에 모여 통곡하면서

"도성을 버리지 마시옵소서."

라고 애원하였다. 영부사 김귀영 金貴榮은 더욱 분격하여 여러 대신들과 함께 들어가 임금을 뵈옵고 서울을 굳게 지킬 것을 청하곤 이렇게 말하였다.

"도성을 버리자고 주장하는 사람이 있다면 그는 곧 소인입니다."

임금께서도 교지를 내리셨다.

'종묘사직이 이곳에 있는데 내가 어디로 간다는 말이오.'

이 말이 있고서야 여러 사람들이 안심하고 물러 나갔다. 그러나 사세는 급박했다. 이에 각 방리(마을)의 백성, 관부와 개인에게 소속된 천민들, 하급 관리와 삼의사 사람들을 모아 성첩을 나누어 지키게 하였다. 성첩은 3만여 곳인 데 반해 성을 지키는 사람의 수는 겨우 7천 명에 지나지 않았고, 그나마도 거의 오합지중이라서 그들은 성을 넘어 도망갈 마음만 갖고 있었다.

이하였다.

사복시(司僕寺) 궁중의 어가, 마필, 목장 등을 맡아보던 관청이다.

제조(提調) 각 사(司), 원(院)의 우두머리가 아닌 종1품, 정2품, 종2품의 품계를 가진 사람이 겸직으로 임명되어 그 관아의 일을 지휘하고 다스리게 하던 직책이다.

이항복 조선왕조 선조 대 문과에 급제하여 호조참의, 승지를 거쳐 임진왜란 때에는 도승지, 형조 판서로 활약하였으며 난이 끝난 뒤 우의정을 거쳐 영의정이 되었다. 광해군 때 북청으로 귀양 가 적소에서 죽었다. 『백사집(白沙集)』『북천일록(北遷日錄)』등의 저서가 있다(1556~1618).

또한 지방에서 선발되어 서울의 군영으로 올라온 군사들도 비록 병조에 소속되어 있다고는 하지만, 말단 관리들과 결탁하여 뇌물을 받고 사사로이 놓아 보내는 자가 많았다. 관원들조차 가거나 있거나 모른 체하는 형편이었으니, 위급한 일을 당하면 쓸 만한 군사는 하나도 없게 되었다. 군대의 해이함이 이러한 지경에 이르렀으니 나머지야 말해 무엇하겠는가.

이에 대신들이 왕세자를 세워 민심을 수습할 것을 청하니 임금께서도 허락하셨다.

동지사 이덕형을 일본군에 사자로 보냈다.

우리 군사가 상주 싸움에서 패하고 후퇴할 때, 왜학 통사倭學通事(일본어 통역관) 경응순景應舜이 이일의 군중에 있다가 왜적에게 사로잡힌바 되었다. 적장 고니시 유키나가가 도요토미 히데요시의 편지와 예조에 보내는 공문 한 통을 경응순에게 주어 보내면서 다음과 같이 전하도록 했다.

'동래에 있을 적에 울산 군수를 사로잡아 편지를 전해 보냈으나, 지금에 이르기까지 회답을 받지 못하였다. 조선이 만약 강화講和(화친을 의논하는 일)하려는 뜻이 있으면 이덕형李德馨으로 하여금 오는 28일에 우리와

김귀영 조선왕조 명종 대 문과에 급제하여 여러 요직을 거쳤으며 선조 대에 우의정을 지냈다. 임진왜란 당시 선조의 맏아들 임해군을 모시고 북도로 피란하였다가 회령에서 왕자와 함께 가토 기요마사에게 잡혔다. 일본파의 화친 문제를 말하다가 적과 내통하였다는 의심을 받고 희천으로 유배되던 중 죽었다(1520~1593).

삼의사(三醫司) 내의원, 전의원, 혜민서를 통틀어 부르는 말.

충주에서 만나도록 하라.'

울산 군수는 곧 이언성李彦誠인데, 그는 적의 진중으로부터 돌아왔으나 죄를 받을까 두려워 '스스로 도망하여 왔다'고 말하며 편지도 숨기고 전하지 않았다. 그러니 조정에서는 그 사실을 알지 못하였던 것이다.

이덕형은 일찍이 그 전에도 선위사가 되어 일본의 사신을 접대한 일이 있었기 때문에 고니시 유키나가는 그를 만나보고자 했다. 경응순이 서울에 이르렀을 때는 이미 사세가 급해져서 아무런 계책을 세울 여유가 없었다. 그리하여 혹 이 일로 인해서 왜적의 공격을 늦출 수 있지 않을까 하는 생각이었으며, 이덕형도 역시 스스로 가기를 청하므로 예조에서는 답서를 마련하여 경응순과 함께 떠나도록 했다.

그런데 중도에 충주가 이미 함락되었다는 소식이 들려왔다. 이덕형은 경응순을 먼저 보내 실정을 탐지하게 했으나 경응순은 적장 가토 기요마사加藤淸正에게 잡혀 죽음을 당하고 말았다. 이덕형은 돌아올 수밖에 없었고, 평양으로 가 임금에게 이 사실을 복명하였다.

재앙이나 변란의 조짐이라는 형혹성熒惑星(화성)이 남두南斗(남쪽에 있는 별자리 이름)를 범하였다.

조정에서는 경기·강원·황해·평안·함경 등 여러 도의 군사를 징발하

이덕형 조선왕조 선조 대 문과에 급제하여 직제학, 승지, 대사간, 대사성, 이조참판를 거쳐 31세에 예조참판 겸 대제학에 이르렀다. 임진왜란 때 동지중추부사로서 왜사(倭使)와 화의를 교섭하고, 임금을 피란시키고, 명나라에 구원병을 요청하는 등 활약하였다. 4도 체찰사를 거쳐 38세에 우의정이 되었고, 뒤에 영의정을 지냈다(1561~1613).

여 서울을 지키도록 했다.

이조판서 이원익 李元翼을 평안도 도순찰사로, 지사 최흥원崔興源을 황해도 도순찰사로 삼아 모두 그날로 출발하도록 했다. 이는 장차 임금께서 서쪽으로 파천하실 때를 대비한 의논 때문이었다.

일찍이 이원익과 최흥원은 각각 안주 목사와 황해 감사를 지내면서 모두 어진 정사를 베풀어 백성의 칭송이 컸기 때문에, 먼저 그들을 가게 하여 군민의 마음을 잘 어루만져서 임금의 순행巡幸에 대비하게 한 것이다.

🏮15 신립이 충주에서 크게 패하다

왜적이 충주에 들어오자 신립이 맞아 싸우다가 전사하였다. 이렇게 되자 우리 군사들은 무너지고 말았다.

신립이 충주에 이르러 충청도의 여러 군현 군사들을 모으니 8천여 명이나 되었다. 이에 신립은 조령을 지키려고 하였으나, 이일이 패하였다는 소식을 듣자 그만 낙담하여 충주로 돌아오고 말았다. 또 이일과 변기 등도 충주로 불러들였다.

이원익 조선왕조 선조 대 문과에 급제하여 정언, 승지, 대사헌을 지내고 임진왜란이 발발하자 이조판서로 평안도 도순찰사를 겸하였으며, 이어 우의정이 되어 4도 도체찰사를 겸하였다. 광해군 대에는 영의정에 올랐다(1547~1634).

이들은 조령처럼 험준하고 요긴한 곳을 버려두었고, 상부의 호령도 번거로워 지켜지지 아니했다. 그러므로 보는 사람들은 이들이 반드시 패할 것을 알았다.

그런데 신립이 가까이하는 군관이 와서 적군이 이미 조령을 넘었다고 넌지시 알려 주었다. 이때는 (4월) 27일 초저녁이었다. 이 말을 들은 신립이 갑자기 성 밖으로 뛰어나가 어디론가 사라져 버리니 군대 안은 따라서 소란스러워졌다. 신립은 밤이 깊어서야 가만히 객사로 돌아왔다.

그 이튿날 아침에 신립은 전날 밀보한 군관을 불러냈다.

"네 어찌 망령된 보고를 하여 군심을 소란케 하느냐."

신립은 그를 끌어내어 목 베어 죽이고 나서 임금에게 장계를 올렸다.

'왜적은 아직 상주를 떠나지 않았습니다.'

당시 적병은 이미 10리 바깥에 와 있었으나 이를 알지 못하였다.

신립은 군사를 거느리고 나와 탄금대 앞의 두 강물 사이에 진을 쳤다. 그곳은 좌우에 논이 있고 물풀도 무성해서 말과 사람이 움직이기가 불편했다.

잠시 후 왜적이 단월역으로부터 길을 나누어 쳐들어오는데, 그 기세가 마치 비바람이 몰아치는 것과 같았다. 한 무리는 산을 따라 동쪽으로 오고 한 무리는 강을 따라 내려왔으며, 총소리는 땅을 울리고 하늘을 뒤흔들었다.

신립은 어찌할 줄을 몰라 하다가 말을 채찍질하여 몸소 적진으로 돌격하려고 두 차례나 시도하였으나 들어갈 수가 없었다. 이렇게 되자 그는 말 머리를 돌려 강으로 뛰어들어 죽었다.

이를 지켜본 군사들도 뒤따라 강으로 뛰어드니 그 시체가 강물을 덮고 떠내려갔다. 김여물 또한 어지러운 군사들 속에서 전사하였다. 이일은 동쪽의 산골짜기를 따라 도망하였다.

먼저 조정에서는 적병이 강성하다는 말을 듣고 이렇게 의논했었다.

"이일 혼자 힘으로는 지탱하기 어려울 것이다. 그러나 신립은 명장이라 휘하 군사들이 두려워하여 잘 복종할 터이니 그에게 큰 군사를 거느리고 뒤를 따라가도록 일러라. 두 장수가 서로 힘을 합하면 실수 없이 적을 막아 낼 것이다."

계교로서는 잘못된 것이 아니었으나, 불행하게도 경상도의 바다와 육지를 책임진 장수들이 하나같이 겁쟁이였다. 바다를 담당하던 좌수사 박홍은 한 사람의 군사도 내보내지 않았고, 우수사 원균元均은 비록 물길이 좀 멀었다 하더라도 거느리고 있는 배가 많았다. 또 적병이 하루에 달려든 것도 아니었으니, 모든 군사를 거느리고 앞으로 나아가 위세를 보이면서 버티고 행여 한 번만이라도 싸웠다면, 적들은 마땅히 뒤를 염려하여 반드시 그토록 깊이 쳐들어오지는 못하였을 것이다. 하지만 우리 군사들은 적을 바라보기만 하다 곧 멀리 피하여 한 번도 적과 맞싸우

원균　조선왕조 선조 대의 무장(1540~1597). 무과에 급제하여 만호, 부령 부사를 거쳐 임진왜란 때엔 경상 우수사로 왜적과 싸우다가 패사하였다.

지 않았다.

그뿐만이 아니다. 적병이 육지로 상륙해 오자 경상도 좌병사 이각과 우병사 조대곤은 도망하거나 교체되고 말았으니, 적병은 북을 울리며 사람이 살지 않는 곳인 듯 마음대로 행진하여 수백 리를 달려 왔다. 그들은 북쪽을 향해 밤낮으로 진격하였으나 감히 저항하여 조금이라도 그 기세를 늦추는 사람은 하나도 없었다. 적은 상륙한 지 10일도 안 되어 상주까지 이르렀다.

이일은 다른 관할에 와 있는 객장客將의 처지로 거느린 군사도 없었던 까닭에 갑자기 적과 전투가 벌어지자 제대로 교전하지 못하였다. 그는 신립이 충주에 다다르기도 전에 패하여 진퇴의 근거지를 잃고 일을 크게 그르치고 말았다. 아아 참으로 원통하다!

뒤에 들으니 상주에 들어온 왜적은 험한 곳을 지나가야 한다는 사실을 매우 꺼려했다고 한다. 문경의 남쪽 10여 리쯤 되는 곳에 옛 성인 고모성姑母城이 있는데 여기는 좌도와 우도의 경계로서, 양쪽 산벼랑은 날카롭게 서 있고 가운데에는 큰 냇물이 흐르며 그 아래로 길이 있어 험준한 곳이었다.

적병은 여기 우리 군사가 지키고 있을까 두려워하여 사람을 시켜 두세 번 살펴보게 하였다. 그러나 지키는 군사가 아무도 없음을 알고는 이내 노래를 부르며 신이 나서 지나왔다고 한다.

뒤에 명나라 도독都督 이여송 李如松이 왜적을 추격하여 조령을 지나면서 이렇게 탄식한 일이 있다.

"이와 같은 험한 요새지를 두고도 지킬 줄을 몰랐으니, 신 총병(신립)은 실로 모책이 없는 사람이로다."

원래 신립은 날쌔어서 비록 그 당시에 이름은 떨쳤지만 전략을 마련하는 데는 부족한 인물이었다. 옛사람이 이르기를

"장수가 군사를 쓸 줄 모르면 그 나라를 적에게 넘겨주는 것과 같다."

라고 하였는데, 지금 와서 이를 후회한들 무슨 소용이 있으랴. 다만 뒷날의 경계가 되는 일이므로 자세히 적어 두는 바이다.

🪖16 임금이 서울을 떠나 피란길에 오르다

4월 30일 새벽에 임금께서는 서쪽으로 피란길을 떠나셨다.

신립이 떠나간 뒤로 서울 사람들은 날마다 승전보가 오기만을 기다리고 있었다. 전날(4월 29일) 저녁 전립을 쓴 사람 셋이 말을 달려 숭인문으로 들어오니, 성안 사람들은 서로 앞을 다투어 전쟁에 관한 소식을 물었다. 그들의 대답은 전혀 뜻밖이었다.

이여송 명나라 신종 대의 장군(1549~1598). 임진왜란 당시 명의 구원군 4만 명을 거느리고 와 왜적을 물리치는 일을 도왔다.

"우리는 순변사(신립) 군관의 노복이오. 어제 순변사는 충주에서 왜적과 싸우다가 패하여 죽고, 군사들은 모두 흩어졌소. 우리는 겨우 몸만 빠져나와서 집안사람들을 피신시키려고 달려오는 길입니다."

이 말을 들은 사람들은 크게 놀라서 만나는 사람마다 서로 전하여 얼마 안 되는 사이에 온 도성 안이 떠들썩해졌다.

조정에서도 초저녁에 재상들을 불러 피란을 의논하였다. 임금께서는 동상東廂(바깥채)에 나와 촛불을 밝히고 앉아 계셨고, 곁에는 종실宗室(임금의 친족) 하원군河源君과 하릉군河陵君 등이 모시고 앉았다. 대신들이 아뢰었다.

"사세가 이 지경에 이르렀사오니 상감께서는 잠시 평양으로 가시도록 하옵소서. 그리하여 명나라에 구원병을 청하여 수복을 도모하소서."

그때 장령 권협權恢이 임금께 뵙기를 청하더니 무릎을 꿇고 큰소리로 호소하였다.

"청하옵건대 서울을 굳게 지키소서."

말소리가 몹시 시끄러우므로 내가 일렀다.

"아무리 위급하고 어지러운 때라 할지라도 군신 간의 예의가 이럴 수는 없소. 물러가서 장계를 올리도록 하오."

드러나 권협은 연달아 부르짖었다.

장령(掌令) 사헌부에 속한 종4품 벼슬. 정원은 2명이었다.
권협 조선왕조 선조 대 문과에 급제하여 사헌장령을 지내고 정유재란 때에는 고급사(告急使)로 명나라에 가서 구원병을 얻어 왔다. 뒤에 예조판서를 지냈다(1553~1618).

"좌상께서 그린 말씀을 하십니까? 서울을 버리는 게 옳다는 말씀입니까?"

나는 송구한 마음에 임금께 아뢰었다.

"권협의 말은 매우 충성스러우나, 다만 사세가 그렇지 못하나이다."

나는 이어 말하였다.

"왕자를 여러 도로 파견하여 근왕병(나라를 위해 힘쓸 병사)을 모으도록 하옵고, 세자는 임금님의 행차를 따라가도록 하시옵소서."

대신들은 합문 밖에 나와 기다리고 있다가 임금의 명령을 받았다. 임해군臨海君은 함경도로 가기로 하여 영부사 김귀영과 칠계군漆溪君 윤탁연尹卓然이 모시고 따르게 하였다. 순화군順和君은 강원도로 가기로 하여 장계군長溪君 황정욱黃廷彧, 호군 황혁黃赫, 동지 이기李墍가 모시고 따르게 하였다. 황혁은 순화군의 장인이고, 이기는 원주 사람이었으므로 아울러 그들을 보내게 된 것이다. 한편 우의정은 유도대장이 되고, 영의정은 재신 수십 명과 임금의 행차를 수행하도록 결정되었다.

그러나 나에게는 아무런 명령이 없었다. 이에 승정원에서 아뢰었다.

"호종에 류성룡이 없을 수는 없습니다."

이리하여 나에게도 호종하라는 명령이 내렸다.

이때 내의 조영선趙英璇과 정원의 이속 신덕린申德隣 등 10여 명이 큰 소리로 부르짖었다.

황정욱 조선왕조 선조 대에 문과에 급제하여 호조판서, 동지중추부사를 지냈다(1532~1607).

동지(同知) 중추부에 속한 종2품 벼슬로 정원은 8명이다. 동지중추부사(同知中樞府事)와 같은 말.

유도대장(留都大將) 임금이 서울을 떠나 거둥할 때 도성 안을 지키던 대장.

재신(宰臣) 정3품 당상관 이상으로 중앙의 중요 관직에 있는 사람을 통틀어 이른다. 재상은 정1품의 삼정승 영의정, 좌의정, 우의정을 말한다.

승정원(承政院) 정원(政院)의 다른 이름. 왕명의 출납을 맡아보던 관청이며 후원(喉院), 은대(銀臺), 대언사(代言司)로도 불렀다.

"서울을 버려서는 아니 되옵니다."

조금 뒤에 이일의 장계가 도착했다. 그러나 궁중을 지키는 장수들마저 다 흩어져서 경루更漏(밤 시간을 알리는 데 쓰던 물시계)조차 울리지 못하였다. 선전관청에서 횃불을 얻어다가 장계를 읽어 보았다.

'적이 오늘내일 사이에 꼭 도성으로 들이닥칠 것입니다.'

이 장계가 도착하고 한참이 지나 대가大駕(임금의 가마)가 궐문 밖으로 나왔는데, 삼청의 금군들이 모두 달아나느라고 어둠 속에서 서로 맞부딪쳤다. 때마침 우림위의 지귀수池貴壽가 앞으로 지나갔다. 나는 그를 보고 책망하였다.

"그대는 전하를 모실 일이지 여기서 뭐하는 건가."

지귀수는 머리를 수그리고 말하였다.

"어찌 감히 힘을 다해 모시지 않으오리까."

그러고는 무리 두어 사람을 아울러 부르더니 내 뒤를 따랐다. 그들과 함께 경복궁 앞을 지나는데 시가의 양쪽에서 백성의 통곡하는 소리가 들려왔다. 승문원의 서원 이수겸李守謙이 나의 말고삐를 붙들고 물었다.

"승문원 안의 문서는 어떻게 하면 되겠습니까?"

"그중에 긴요한 것만 수습하여 뒤따라 오너라."

나의 말에 이수겸은 울면서 돌아갔다.

돈의문(한양 도성의 서쪽 정문)을 나와서 사현沙峴(지금의 홍제동) 고개에 이

선전관청(宣傳官廳) 병조에 속한 관청으로 형명(刑名), 계라(啓螺), 시위(侍衛), 전령(傳令), 부신(符信)의 출납을 맡아보았다.

삼청(三廳) 금군(禁軍) 3청인 내금위(內禁衛), 우림위(羽林衛), 겸사복(兼司僕)을 말한다.

금군(禁軍) 궁궐과 임금을 호위하는 친위병.

우림위(羽林衛) 금군 3청의 하나로 왕실의 숙위와 호위를 맡았다.

승문원(承文院) 조선시대 사대교린에 관한 문서를 맡아보던 관청.

서원(書員) 서리(書吏)가 없는 관아에 두었던 구실아치로 중앙과 지방의 각 관서에 배속되어 주로

르니 동쪽 하늘이 차츰 밝아 왔다. 고개를 돌려 도성 안을 바라보니 남대문 안의 큰 창고에 불이 일어나서 연기가 하늘로 치솟았다. 사현을 넘어 석교石橋에 이르렀을 무렵 비가 내리기 시작하였다. 이때 경기 감사 권징權徵이 쫓아와서 호종하였다. 벽제관(경기도 고양동에 있던 역관. 임진왜란 당시의 대전지)에 이르니 비가 더 심하게 내려 일행 모두 비에 젖었다.

임금께서는 비를 피해 역으로 들어가셨다가 다시 나와 떠나셨는데, 여기로부터 도성으로 되돌아가는 관원들이 많았다. 시종과 대간 가운데도 뒤떨어져 오지 않는 사람들이 있었다. 혜음령을 넘을 때는 비가 퍼붓듯 쏟아졌다. 궁인들은 허약한 말을 타고서 수건으로 얼굴을 가린 채 울며 따라갔다.

마산역을 지나가는데 밭에서 일하던 사람이 이쪽을 바라보고 통곡하며 말하였다.

"나라님이 우리를 버리고 가시면 우리들은 누굴 믿고 산단 말입니까?"

임진강에 이르러서도 비는 그치지 않았다. 배에 오르신 임금께서 수상(이산해)과 나를 부르시므로 들어가서 뵈었다. 강을 건너고 나니 날은 벌써 저물어 길을 분별하기가 쉽지 않았다. 임진강의 남쪽 기슭에 옛날 승청이 있었는데 적들이 이 재목을 헐어서 뗏목을 만들어 타고 건널까

행정 실무를 담당하였다.
승청(承廳) 나루터를 관리하던 청사.

염려되므로 여기에 불을 질렀다. 불빛이 강의 북쪽까지 환하게 비춰서 길을 찾을 수 있었다.

초경(저녁 7~9시 사이)에 동파역에 이르니 파주 목사 허진許晉과 장단 부사 구효연具孝淵이 임금 접대를 위해 파견되어 와 있으면서 임금에게 올릴 음식을 마련하고 있었다. 호위하는 사람들도 종일토록 굶고 왔기에 음식을 보자 난잡하게 주방으로 달려들어 닥치는 대로 빼내어 먹기 시작했다. 나중에는 임금께 드릴 음식마저 없어질 지경이 되니 허진과 구효연은 어쩔 줄 몰라하다 도망치고 말았다.

5월 1일 아침에 임금께서 대신들을 불러 물었다.

"남쪽 지방의 순찰사 중에 임금을 모실 자가 있는가?"

그러나 아무도 대답하지 못했다. 날이 저물어서야 임금께서 개성(경기도 서북부에 위치한 지명. 옛 고려의 서울)으로 향하려 하셨으나, 경기도의 아전과 군사들이 모조리 도망하여 흩어지니 호위할 사람이 없었다. 이때 황해 감사 조인득趙仁得이 황해도 군사를 거느리고 와서 행차를 도우려 했으나, 서흥 부사 남의南嶷가 군사 수백 명과 말 5, 60필을 이끌고 먼저 도착하였다. 일행이 비로소 길을 떠나려 할 즈음 사약 최언준崔彦俊이 나와 아뢰었다.

"궁중 사람들이 어제도 먹지 못하고 오늘도 먹지 못하였사오니, 좁쌀을 좀 구해서 요기한 다음 떠나게 하옵소서."

사약(司鑰) 액정서(掖庭署)의 정6품 잡직으로 각 문의 열쇠를 보관하는 일을 맡아보았다.

이리하여 남의 군사들이 가지고 있는 양곡에서 쌀과 좁쌀 두서너 말을 구해서 가져왔다. 한낮에 초현참招賢站에 도착하니 조인득이 와서 임금을 뵙고, 길 가운데 장막을 쳐 일행을 영접했다. 백관들은 그제야 배불리 먹을 수 있었다.

저녁 때 개성부에 이르러 남문 밖 관아에 임금께서 거둥하셨다. 그러자 대간들이 글을 연이어 올렸다.

'수상이 궁중 측근들과 결탁하여 나랏일을 그르쳤으니 탄핵하옵소서.'

그러나 임금께서는 윤허하시지 않았다.

5월 2일에도 대간들이 계속 글을 올리자 수상은 파직되었고, 내가 수상으로 임명되었다. 최홍원은 좌의정으로, 윤두수尹斗壽는 우의정으로 삼았으며, 함경북도 병사 신할申硈은 경질되어 왔다.

이날 낮에 임금께서 남성 문루에 올라 백성들을 위로하고, 또 각자 마음속에 품고 있는 생각이 있으면 말해 보라 하시었다. 그러자 한 사람이 앞으로 나와 엎드렸다.

"무슨 일이냐?"

임금께서 물으시니 그는 대답하였다.

"정 정승(정철)을 불러 쓰시기를 원합니다."

정철鄭澈은 당시 강계에 귀양 가 있었다. 임금께서는 한참을 생각하시

윤두수 조선왕조 선조 대의 문신(1533~1601). 대파에 급제하여 참의, 참판, 관찰사, 형조판서 등 을 지내고, 임진왜란에는 우의정으로 피란하는 임금을 모셨다. 뒤에 좌의정, 영의정을 지냈다.

132

더니 대답하셨다.

"알았다."

즉시 정철을 소환하여 오도록 명령하고, 임금께서는 저녁 무렵 환궁하셨다. 그리고 나에게도 죄가 있다 하여 파면시키고, 유홍俞泓을 우의정에, 최홍원을 영의정에, 윤두수를 좌의정에 승진시켰다.

그때까지 왜적은 아직 서울에 이르지 않았다고 들리므로, 여러 사람의 의논은 임금이 서울을 떠나게 한 내가 실책했다는 것이었다. 그러고는 승지 신잡申礏을 서울로 보내서 형세를 살펴 오도록 했다.

🔔17 왜적이 서울에 들어오고 임금은 평양에 도착하다

그러나 5월 3일, 왜적은 서울에 들어왔다. 유도대장 이양원과 도원수 김명원은 모두 달아나 버렸다.

처음에 왜적은 동래로부터 세 길로 나누어 올라왔다. 한 패는 양산·밀양·청도·대구·인동·선산을 거쳐 상주에 이르러 이일의 군사를 패배시켰고, 한 패는 장기와 기장을 거쳐 좌도 병영인 울산·영천·신녕·의흥·군위·비안을 함락시키고 용궁과 하풍진 나루를 건너 문경을 나

정철 조선왕조 중기의 문신(1536~1593). 명종 대 문과에 급제하여 벼슬이 우의정에 올랐으나
당파 싸움으로 귀양살이를 하다가 임진왜란 때 풀려 활약하였다. 저서로『송강가사(松江歌辭)』
가 있다.

온 뒤, 가운데 길로 온 군사와 합세해 조령을 넘어 충주로 들어갔다. 이들은 충주에서 다시 두 패로 나누어 한 패는 여주로 진격해 강물을 건넌 다음 양근을 거치고 용진을 건너서 서울의 동쪽으로 들어왔다. 또 한 패는 죽산과 용인으로 달려가서 한강의 남쪽으로 들어왔다. 마지막 한 패는 김해를 거쳐 성주와 무계현으로 해서 강을 건너고 지례와 금산을 거쳐 충청도 영동으로 들어갔다. 거기서 진격하여 청주를 함락시킨 다음 경기도로 향하였다.

그들의 깃발과 창검은 온 나라에 뻗쳤고, 총소리도 요란했다. 지나는 곳에는 10리 혹은 50, 60리마다 험한 요지를 가려서 영책을 설치하고 군사를 머물러 지키게 했다. 밤이면 횃불을 들어 저희들끼리 신호를 주고받게 했다.

제천정에 머물고 있던 도원수 김명원은 적이 오는 것을 바라보기만 할 뿐 감히 나가 싸우지도 못했다. 오히려 군기, 화포, 기계를 모두 강물 속에 집어넣고는 변복하고 도망하려 했다. 종사관 심우정沈友正이 이를 굳게 말렸으나 듣지 않았다.

서울 성안에 있던 이양원 또한 한강을 지키는 군사가 이미 흩어졌다는 소식을 듣자, 도성을 지키지 못할 것으로 생각하고 역시 양주로 달아났다.

강원도 조방장 원호元豪는 이보다 먼저 군사 수백 명을 거느리고 여주

원호 조선왕조 중기의 무신(1533~1592). 명종 대 무과에 급제하여 경원 부사를 지내고, 임진왜란이 발발하자 강원도 조방장으로서 적을 격파하고, 방어사가 되어 김화에서 적과 싸우다가 전사하였다.

북쪽 강 언덕을 지키며 왜적과 대치하고 있었다. 적들이 감히 강을 건너오지 못한 것이 며칠이나 되었다. 그런데 강원도 순찰사 유영길柳永吉이 격문을 보내 원호를 강원도로 불러들이니, 적들은 이 틈을 타서 마을의 민가와 관사를 헐고 그 재목으로 긴 뗏목을 만들어 타고 강을 건넜다. 중류에서 물에 빠져 죽은 자도 매우 많았지만, 강을 지키는 군사가 없었으므로 적들은 여러 날에 걸쳐 유유히 건너왔다.

이리하여 세 갈래 길로 나뉘어 진격한 왜적은 모두 서울로 들어왔다. 그러나 서울의 백성들은 이미 다 흩어져 달아나 버리고 텅 비어 있었다.

김명원은 한강을 빼앗긴 뒤 임금이 계신 황해도로 향하여 임진강에 도착한 다음 임금에게 장계를 올려 상황을 말하였다. 그러자 임금께서 명령을 내렸다.

'다시 경기도와 황해도의 군사를 징집하여 임진강을 지키라.'

이어 신할에게도 명하여 '함께 임진강을 지켜 왜적이 서쪽으로 오는 길을 막으라' 하였다.

이날 임금께서는 개성을 떠나 금교역에 행차하셨다. 나는 비록 파직을 당한 몸이었으나 감히 뒤떨어질 수가 없어서 임금을 모시고 갔다.

5월 4일, 임금께서는 흥의·금암·평산부를 지나 보산역에 당도하셨다. 그런데 처음에 개성부를 출발할 때 급히 서두르느라고 그만 종묘 신주를 목청전에 놓아두고 왔다. 이에 종실 한 사람이 울부짖으며 말했다.

"어찌 신주를 적의 수중에 두고 간단 말입니까."

하는 수 없이 밤새도록 개성까지 달려가서 신주를 받들고 돌아왔다.

5월 5일 임금께서는 안성·용천·검수역을 지나 봉산군에 도착하셨으며, 6일에는 황주에 행차하시고, 7일에는 중화를 지나 평양으로 들어가셨다.

🏛 18 삼도군(三道軍)이 용인 싸움에서 무너지다

삼도 순찰사의 군사가 용인에서 무너졌다.

이보다 먼저 전라도 순찰사 이광은 전라도 군사를 거느리고 서울로 들어와 도우려고 하였다. 그러다 임금께서 서쪽으로 피란하시고 서울이 벌써 함락되었다는 소식을 듣고는, 군사를 거두어 전주로 돌아왔다. 도내 사람들은 이광이 싸우지 아니하고 돌아온 것을 나무라며 분개하고 비난했다.

이광은 마음이 불안했다. 다시 군사를 징발하여 충청도 순찰사 윤국형尹國馨과 군사를 합세하여 나아갔다. 여기에 경상도 순찰사 김수도 자기 도로부터 군관 수십 명을 거느리고 와서 합세하니, 군사의 수가 5만을 넘었다.

그들이 용인에 이르러 앞을 바라보니, 북두문산 위에 적의 작은 보루가 있었다. 이광은 이를 대단치 않게 여기고는 먼저 용사 백광언白光彦과 이시례李時禮 등에게 일러 적의 동태를 살펴보게 했다. 백광언 등은 선봉을 거느리고 산으로 올라가 적의 보루에서 수십 보쯤 되는 곳에 이르렀다. 그들이 말에서 내려 활을 쏘았으나 적은 나오지 않았다.

그러나 날이 저문 뒤에 적들은 백광언의 군사가 헤이해진 틈을 타서 시퍼런 칼을 빼어 들고 큰소리를 지르며 돌격해 나왔다. 당황한 백광언 등은 서둘러 말을 찾아 달아나려 했으나 모두 적에게 잡혀 죽고 말았다. 나머지 군사들에게 이 소식이 전해지자 군세가 흔들리기 시작했다.

이때 세 순찰사는 모두 문인이라 군사 일에 익숙하지 못하였기 때문에, 군사의 수효는 많았지만 훈련이 통일되지 않았고, 험한 요지를 찾아 지킬 준비도 하지 않았다. 참으로 옛사람들이 "군사 일을 봄놀이 하듯 하니 어찌 패하지 않겠는가?"라고 말한 바와 같았다.

다음 날 적은 우리 군사가 겁내는 것을 알고는 몇 명이 칼을 빼어 휘두르면서 달려 왔다. 3도의 군사들은 이 모습을 바라보고 달아나는데, 그 흩어지는 소리가 마치 큰 산이 무너지는 듯했다. 우리 군사가 무너지며 버린 물자와 무기가 헤아릴 수 없이 널려 있어 사람들이 다닐 수가 없을 정도였다. 적들은 이것들을 가져다가 불을 질러 버렸다.

이렇게 되자 이광은 전라도로 돌아가고, 윤국형은 공주로, 김수는 경상 우도로 제각기 돌아갔다.

🔹19🔹 신각의 승리와 억울한 죽음

부원수 신각이 양주에서 싸워 왜적을 무찌르고 적의 머리 60여 급을 베었다. 그런데도 조정에서는 선전관을 파견하여 신각을 군중에서 죽였다.

신각申恪은 먼저 김명원의 부장으로 있었다. 그러나 한강 싸움에서 무너지자 신각은 김명원을 따르지 않고 이양원을 따라 양주로 들어갔다. 이때 마침 함경 우도 병사 이혼李渾이 도착하였으므로, 신각은 그 군사와 합세하여 서울로 들어가 민가를 돌아다니며 재물을 약탈하던 적을 격파하였다. 이는 왜적이 우리나라에 들어온 뒤 처음으로 승리한 싸움이었으므로 백성들은 감격하여 모두 날뛰었다.

그런데도 김명원은 임진강에서 올린 장계에 이렇게 썼다.

'신각은 제 마음대로 다른 데로 가는 등 명령에 복종하지 않았습니다.'

우의정 유홍은 바로 임금께 아뢰었고 임금은 그를 처형하도록 선전관을 떠나보냈다. 그때 마침 신각이 적을 쳐부쉈다는 소식이 전해졌다. 조

선전관(宣傳官) 선전관청에 소속된 무관으로, 정3품에서 종9품 가운데 임명되었다.

정에서는 사자를 뒤쫓아 보내 처형을 중지하게 하였으나 먼저 간 선전관의 손에 신각이 죽음을 당한 뒤였다.

신각은 비록 무인이었으나 본래 청렴하고 신중한 사람이었다. 일찍이 연안 부사로 있을 때는 성을 쌓고 해자를 파고 군기를 많이 준비해 놓았다. 나중에 이정암 李廷馣이 연안성을 지켜 보전하자 사람들은 이에 대해 신각의 공이라고 생각하였다.

그런 그가 아무런 죄도 없이 죽음을 당하였다. 뿐만 아니라 그에게는 90세가 넘은 노모가 계셨으니 이 말을 듣고 애통하게 여기지 않는 자가 없었다.

조정에서는 지사 한응인 韓應寅을 파견하여 평안도 강변의 날랜 군사 3천 명을 거느리고 임진강에 가서 왜적을 치게 하면서, 김명원의 절제(지휘)는 받지 말도록 했다. 이때 한응인은 명나라 수도에 갔다가 막 돌아왔는데, 그를 본 윤 좌상(윤두수)이 여러 사람에게 말하였다.

"이 사람은 얼굴에 복이 가득하니 반드시 일을 잘 처리할 것이다."

한응인은 드디어 임진강으로 떠났다.

이정암   조선왕조 중기의 공신(1541~1600). 명종 대 문과에 급제해 장령, 사성, 동래 부사를 거쳐 임진왜란에는 이조참의로서 개성 방위에 공을 세우고, 연안에서 의병을 모집하여 적을 격파하고 지중추부사가 되었다. 뒤에 전라 감사, 황해도 순찰사 등을 지냈다.

20 임진강 방어선이 무너지다

한웅인과 김명원의 군사는 임진강에서 무너지고 왜적은 강을 건너왔다.

　이보다 먼저 김명원은 임진강의 북쪽에 있으면서 여러 군사를 나누어 강여울에 벌여 서서 지키게 하고, 강 위의 배는 모두 북쪽 기슭에 매어 두게 하였다. 임진강의 남쪽에 진을 친 왜적은 배가 없으므로 건널 수 없었다. 다만 유격병들만 내어 강을 사이에 두고 서로 싸우면서 버티기를 10여 일이나 되도록 왜적은 끝내 강을 건널 수가 없었다.

　하루는 왜적이 강 언덕에 지은 여막을 불사르고 군기를 모두 거두어 싣고 물러가는 모양을 보이며 우리 군사를 유인하는 것이었다. 신할은 평소 행동이 날쌔기는 하나 꾀가 없어서 왜적이 정말로 도망하겠거니 생각하여 적을 뒤쫓으러 강을 건넜다. 경기 감사 권징이 신할과 합세하였으나 김명원은 이를 금하지 못했다.

　이날 한웅인의 군사도 임진강에 도착하여 모든 군사를 거느리고 함께 왜적을 추격하려 하였다. 한웅인이 거느리고 있는 군사들은 다 강가에서 활동한 강한 자들로서, 북쪽 오랑캐와 가까이 있었으므로 싸우고 진치는 형세를 보는 법은 꽤 자세히 알고 있었다. 그들은 한웅인에게 말하였다.

"군사들이 먼 곳에서 오느라고 너무 피로해 있습니다. 게다가 아직껏 밥도 먹지 못하였고 병기도 정비하지 않았으며, 지원군도 다 도착하지 않았습니다. 또 왜적의 후퇴하는 동정을 보건대 참인지 거짓인지 알 수 없습니다. 조금 쉬었다가 내일 적군의 형세를 보아서 나가 싸우도록 하십시다."

한응인은 군사들이 머뭇거린다고 하여 몇 사람의 목을 베어 버렸다. 김명원은 한응인이 새로 조정으로부터 왔고 또 자기의 절제를 받지 말라고 명령받았음을 안 까닭으로, 비록 그의 행동이 옳지 않은 줄 알면서도 감히 충고하지 않았다.

별장 유극량은 나이가 많고 전투에도 익숙한지라, 이 모양을 보고 가벼이 진격하는 일이 마땅치 않음을 말하였다. 그러자 신할은 그를 베려고 하였다. 유극량은 분개해서 말했다.

"내 어려서부터 군사가 되어 싸움터에 나섰으니 어찌 죽음을 피할 생각을 하겠소? 그렇게 말씀드리는 까닭은 나랏일을 그르칠까 염려해서입니다."

말을 마친 유극량은 자기 군사를 거느리고 앞장서 강을 건넜다. 우리 군사가 막 험한 곳으로 들어가려 하니 과연 산 뒤에 매복해 있던 적의 정병이 일시에 달려들어 왔다. 우리 군대는 모두 무너져 달아나기 시작했다. 유극량은 말에서 내려 땅에 주저앉으며 탄식했다.

"여기가 바로 내가 죽을 땅이구나."

활을 당겨 적 몇 사람을 쏘아 죽이던 유극량은 곧 왜적에게 목숨을 잃고 말았다. 신할도 또한 죽었다. 우리 군사들은 달아나서 강 언덕까지 왔으나 건널 수가 없자, 바위 위에서 스스로 몸을 던져 강물에 빠졌는데 마치 바람에 불려 어지럽게 날리는 나뭇잎과 같았다. 미처 강물에 뛰어들지 못한 군사는 뒤에서 휘둘러 내려찍는 적병의 긴 칼을 엎드려 받을 뿐 감히 피하지 못하였다.

강 북쪽에서 이 모습을 바라보던 김명원과 한응인은 크게 놀라 아무 말도 못하고 있었다. 이때 군중에 있던 상산군 박충간이 말을 돌려 달아나니 그를 김명원으로 잘못 안 군사들이 부르짖었다.

"도원수(김명원)가 달아난다."

강여울을 지키던 군사들은 그 소리에 응하여 일제히 흩어지기 시작했다.

김명원과 한응인은 행재소로 돌아왔으나 조정에서는 문책하지도 않았다. 경기 감사 권징이 가평군으로 피해 들어가자 왜적은 마음대로 서쪽으로 밀려 들어와서 이를 다시 막아낼 수가 없었다.

21 왜적이 함경도로 들어오고 두 왕자가 잡히다

왜적이 함경도로 들어오면서 두 왕자도 적에게 사로잡혔다.

왕자를 수행하던 김귀영·황정욱·황혁과 함경 감사 유영립柳永立과 북병사 한극함韓克諴 등도 모두 왜적에게 잡혔으며, 남병사 이혼은 갑산으로 달아났다가 우리 백성들에게 죽음을 당하였다. 이리하여 남북의 군현이 모조리 적의 수중에 들어가고 말았다.

이때 왜학 통사 함정호咸廷虎란 사람이 서울에 있다가 적장 가토 기요마사에게 잡혀 북도北道(함경북도)까지 들어갔다. 그는 왜적이 물러갈 때 도망쳐 서울로 돌아왔는데, 나를 보고 북도의 사정을 자못 상세히 말해 주었다.

가토 기요마사는 적장 중에서 가장 용맹스럽고 전투에도 능했다. 그가 고니시 유키나가와 함께 임진강을 건너서 황해도 안성역에 이르러 보니 길이 두 갈래로 나뉘어 있었다. 두 적장은 각각 갈 길을 의논하였으나 결정을 짓지 못하고 제비를 뽑아, 고니시 유키나가는 평안도로 가고 가토 기요마사는 함경도로 가게 되었다.

이에 가토 기요마사는 안성의 백성 둘을 사로잡아 길잡이를 시켰다. 두 사람이 말하였다.

유영립 조선왕조 선조 대 문과에 급제하여 종성 부사를 지내고, 임진왜란 때 함경도 관찰사로 있다가 왜적이 북도로 들어오자 사로잡혔다가 도망하였다. 대간의 탄핵으로 파직되었으나 류성룡의 변호로 곧 복직되어 병조참판을 역임하였다(1537~1599).

한극함 조선왕조 선조 대의 무신(?~1593). 경원 부사를 거쳐 임진왜란이 발발하자 함경북도 병마절도사로 임명되었다. 이때 왜적을 맞아 해정창에서 싸우던 중 불리해지자 두 왕자를 놓아둔 채 도주했다가, 붙들려 가토 기요마사의 포로가 되었다. 재차 도망한 일로 인해 처형당한다.

143

"저희는 이곳에서 나서 살았으므로 북도의 길을 알지 못합니다."

이 말을 들은 가토 기요마사가 즉시 한 사람을 베어 죽이니 남은 한 사람은 겁에 질려 인도해 나아갔다.

왜적은 곡산 땅으로부터 노리현을 넘어서 철령(강원도 회양과 함경남도 안변 사이의 큰 고개)의 북쪽으로 나왔다. 그들은 하루에 수백 리를 가는데 그 기세가 마치 바람이 비를 몰고 가는 듯했다.

북도 병사 한극함은 6진의 군사를 거느리고 적을 해정창(함경북도 길주에 있는 지명)에서 만났다. 북도의 군사들은 말타기와 활쏘기를 잘하며, 지역 또한 평탄하고 넓은 까닭에 좌우로 말을 달리면서 활을 쏘니, 적은 능히 지탱하지 못하고 창고 안으로 쫓겨 들어갔다.

날이 저물게 되자 군사들은 말했다.

"좀 쉬다가 적이 나오거든 내일 다시 싸웁시다."

그러나 한극함은 듣지 않고 군사를 지휘하여 적을 포위하였다. 적은 창고 안에서 곡식 섬을 성처럼 쌓고 화살을 피하면서 조총을 쏘아 댔다. 우리 군사는 겹겹이 늘어서 있다가 총알 한 방에 3, 4명씩 쓰러지고 보니 드디어 얼마 지나지 않아 무너져 내렸다.

그제야 한극함은 군사를 거두고 물러서서 고개 위에 진을 치고 날이 밝기를 기다렸다. 밤사이 적은 가만히 나와서 우리 군사를 둘러싸고 흩어져 풀숲에 매복하였다.

6진(六鎭)　조선왕조 세종 대에 설치한 여섯 곳의 대진(大鎭). 김종서 장군이 여진의 침구에 대비하여 두만강 변을 중심으로 세웠으며 종성, 온성, 회령, 경원, 경흥, 부령을 이른다.

아침에는 안개가 자욱하게 끼어서 지척을 분별하지 못할 정도였다. 우리 군사는 적이 산 밑에 있는 줄로 생각하며 안심하고 진군해 나갔다. 그런데 갑자기 한 방의 대포 소리가 나더니 적병이 사방에서 큰소리를 지르며 뛰어나오니, 우리 군사들은 어찌할 줄 모르고 흩어지기 시작했다. 무너져 내린 우리 장병은 적들이 없는 곳을 향하여 도망하다가 모두 진흙구덩이에 빠져 있었다. 적들이 뒤쫓아 와서 칼로 베니 죽은 사람의 수효를 헤아릴 수가 없었다. 한극함은 도망하여 종성(옛 6진의 하나)으로 들어갔다가 적에게 사로잡혔다.

임해군과 순화군은 함께 회령부에 이르렀다. 순화군은 처음에 강원도에 있었는데, 적병이 강원도로 들이닥치자 북도로 피했던 것이다. 왜적은 왕자를 끝끝내 쫓아왔다. 이때 회령부의 아전 국경인鞠景仁은 자기 무리를 거느리고 반란을 일으켜 먼저 왕자와 종신을 결박해 놓고는 왜적을 맞아들였다. 이를 본 적장 가토 기요마사는 그 결박을 풀어 준 다음 군중에 머물러 두었다가 나중에 함흥으로 옮겨 머물도록 했다.

당시 칠계군 윤탁연은 도중에 병이 났다는 핑계를 대고는 홀로 빠져나와 별해보에 깊숙이 틀어박혀 있었다. 동지 이기는 왕자를 따라가지 않고 강원도에 머물러 있었으므로 적에게 잡히지 않았다. 유영립은 적에게 며칠 동안 구류되어 있었으나, 적들은 그가 문관이라고 해서 감시를 좀 허술하게 하였다. 유영립은 틈을 노려 적굴을 빠져나와 임금이 계신 곳으로 돌아왔다.

22 이일이 평양으로 쫓겨 오다

이일이 평양에 이르렀다.

이일은 충주에서 패전한 뒤 강을 건너 강원도 경계를 옮겨 다니다가 겨우 이곳(평양) 행재소에 당도했다. 이때 여러 장수들이 서울로부터 남하하여 혹은 도망하고 혹은 죽고 하여 한 사람도 임금을 호종할 자가 없었다. 게다가 장차 적군이 도착할 것이라는 소식이 들려오자 민심은 더욱 산란했다. 비록 이일이 싸움에 패하여 도망 온 형편이기는 했으나 그는 무장들 중에서 평소 명망이 높았던 터라, 그가 왔다는 말을 듣고 기뻐하지 않는 사람이 없었다.

이일은 이미 여러 번 싸움에 패하여 여기저기 숨어 지냈다. 평량자(패랭이의 옛말)를 쓰고 흰 베적삼을 걸치고 짚신을 신은 그의 모양은 몹시 수척하여, 사람들로 하여금 탄식을 자아내게 했다. 나는 그를 보고 말하였다.

"이곳 사람들이 그대에게 의지하려 하는데, 이와 같은 행색으로 어떻

행재소(行在所) 임금이 대궐 밖에 나가 멀리 거동할 때 임시로 거처하는 곳. 행조(行朝)라고도 불렀다.

게 사람들의 마음을 수습할 수 있겠는가?"

그러곤 행장을 뒤져 남색 비단 첩리를 찾아 그에게 주었다. 이에 다른 재상들도 나서 종립도 주고, 은 정자와 채색 갓끈도 주어 그 자리에서 바꿔 입히니 옷차림은 일단 새로이 갖추었다. 그러나 가죽신을 벗어주는 사람은 없었으므로 짚신을 신은 채로 있었다. 나는 웃으면서 말하였다.

"비단옷에 짚신이라니 참으로 격이 맞지 않구려."

좌우에 있던 사람들도 모두 쳐다보면서 크게 웃었다.

그때 갑자기 벽동에 사는 토병(일정 지역에 붙박이로 사는 군사) 임욱경任旭景이 달려와 보고하였다.

"왜적이 벌써 봉산에 들어왔습니다."

나는 급히 좌상 윤두수에게 말하였다.

"왜적의 척후병이 틀림없이 대동강 건너에 와 있을 것이오. 이 강 사이에 있는 영귀루詠歸樓 밑은 강물이 두 갈래로 나뉘어서 흐르고 있소. 한 줄기는 물이 얕아 사람이 건널 만한데, 만일 왜적이 우리 백성을 잡아 앞세우고 몰래 그 길로 건너온다면 성은 위태로워질 것이오. 이 일을 급파하여 물이 얕은 여울목을 얼른 지키도록 하시오."

윤 좌상도 "그렇게 하는 것이 좋겠습니다"라고 말하므로, 곧 이일을 파견하였다. 이때 이일이 거느리고 있는 강원도 군사는 겨우 수십 명에

첩리(帖裏) 깃이 길고 허리에 주름을 잡은 옷으로 무관이 입는 공복(公服)의 하나이다. 철릭이라고도 한다.

종립(騣笠) 말총으로 만든 갓.

정자(頂子) 전립 등의 모자 위에 꼭지처럼 만들어 달던 꾸밈새. 무관이나 사대부의 품계에 따라 금, 은, 옥, 돌 등으로 구별했다. 증자(鏳子)라고도 불렀다.

불과하여 군사가 너 있어야만 했다. 이일은 함구문(평양성 성문의 하나)에 앉아 군사를 점고하면서 바로 떠나지 않았다. 나는 사세가 급한 것을 생각하여 사람을 보내 살펴보게 하였더니 그는 그대로 함구문 위에 있었다. 내가 연달아 윤 좌상에게 독촉해서야 이일은 비로소 떠나갔다.

그는 성 밖으로 나가기는 하였으나 길을 가르쳐 주는 사람이 없었던 까닭에, 잘못 강서 쪽으로 들어서서 평양 좌수 김내윤金乃胤을 만나게 되었다. 그의 인도를 받아 겨우 만경대萬頃臺 아래로 달려가니, 거기는 성으로부터 겨우 10여 리쯤 떨어진 곳이었다.

이일이 강의 남쪽 언덕을 바라보니 적병 수백 명이 이미 모여 있고, 강 가운데 작은 섬에 사는 백성들은 이를 보고 놀라 소리를 지르며 달아나고 있었다. 이일은 급히 무사 10여 명으로 하여금 섬 안으로 들어가서 활을 쏘게 하였으나, 군사들은 겁을 내며 나아가지 못했다. 이일이 칼을 빼어 들고 베려 하자 그제야 군사들이 앞으로 나아갔다.

왜적은 어느새 강을 건너 기슭으로 가까이 다가오고 있었다. 우리 군사들이 급히 활을 쏘아 연달아 6, 7명을 거꾸러뜨리니 비로소 왜적은 물러갔다. 이일은 그대로 머물러 나루터의 어귀를 지켰다.

23 명나라 사자가 오고, 평양성 수비가 논란되다

명나라 요동 도사가 진무 임세록을 우리나라로 보내서 왜적의 정세를 탐지하게 하였다.

이 소식을 들은 임금께서는 명나라 사자를 대동관大同館에서 접견하였다. 나는 5월에 관직을 파면당하였다가 6월 1일에 복직되고, 이날 바로 임세록을 접대하라는 명령을 받았다.

당시 요동에서는 왜적이 우리나라를 침략하였다는 말을 들은 지 얼마 되지 않은 때였다. 그런데 또 서울이 함락되고 임금이 서쪽 지방으로 피란하였다고 들리더니 이내 왜병이 평양에 닿았다는 소식을 접하자 몹시 의심하기까지 했다. 왜적의 변고를 제아무리 급히 당한다 하더라도 이토록 빠를 수는 없다고 생각했기 때문이다. 어떤 사람은 "조선이 왜적의 앞잡이가 되어 진격해 온다"고도 말하였다. 임세록은 그러한 상황을 탐지하기 위해 파견된 것이었다.

나는 임세록을 안내하여 연광정 練光亭(평양 대동강가에 있는 누각)으로 올라가서 왜적의 형세를 살펴보았다. 마침 한 왜적이 대동강의 동쪽 숲 사이로부터 잠깐 나타났다가 숨더니 조금 뒤에 2, 3명의 왜적이 계속 나와서 앉았다 섰다 했다. 그 태도가 태연하고 한가롭기가 마치 나그네가 길을 가다가 쉬는 모습과 같았다.

나는 임세록에게 그들을 가리켜 보이면서 말하였다.

"저들이 왜적의 척후입니다."

임세록은 정자 기둥에 기대어 바라보면서 믿기지 않는다는 기색을 보였다.

"왜적의 척후가 저렇게 적단 말이오?"

"왜적은 교묘하고 간사하여 비록 대군이 뒤에 있더라도 먼저 와서 정탐하는 자는 언제나 두세 명에 지나지 않습니다. 만약 그 적은 것만을 보고 소홀히 여기다가는 반드시 왜적의 꾀에 빠지고 맙니다."

나의 설명에 임세록은 고개를 끄덕였다.

"그렇겠습니다."

그러곤 급히 본국에 회답하기 위해 말을 달려 떠나갔다.

조정에서는 좌의정 윤두수에게 명령하여 도원수 김명원과 순찰사 이원익 등을 거느리고 평양을 지키도록 했다.

이보다 수일 전의 일이다. 임금께서 평양성을 떠나려 한다는 소문을 듣자 성안 백성들 또한 저마다 도망하여 온 마을이 텅 비게 되었다. 임금께서는 세자에게 명하여 대동관 문 앞으로 나가 성안의 어른들을 모아 놓고 평양성을 굳게 지키겠다는 뜻을 전하게 하였다. 그러나 그들은 앞으로 나오며 말하였다.

"다만 동궁(왕세자)의 말씀만 듣고서는 백성들의 놀란 마음이 진정되지는 못할 것입니다. 반드시 성상께서 친히 말씀해 주시길 바랍니다."

다음 날 임금께서는 할 수 없이 대동관 문으로 나가시어 승지로 하여금 전날 동궁이 말한 바대로 이르니, 그제야 사람들이 엎드려 절하고 통곡하면서 명령을 받들고 물러갔다. 드디어 사람을 나누어 산골짝에 숨어 있던 노약자들을 불러들이니, 성안은 전과 같이 백성들로 가득 찼다.

그러나 왜적은 이미 대동강 변에 나타나기 시작했고, 재신 노직 盧稷 등은 종묘사직의 위패를 받들고 아울러 궁인을 호위하며 먼저 성을 나왔다. 이를 본 성안의 아전과 백성들이 난동을 일으켰다. 칼을 빼어 들고 그 길을 막고 나서며 때리니 신주가 땅에 떨어지기도 하였다. 그들은 재신들을 지목하여 크게 꾸짖었다.

"너희들은 평일에는 앉아서 나라의 녹만 먹다가 이제 와서는 나랏일을 그르치고 백성마저 속이는구나!"

나는 마침 연광정에서 임금님이 계시는 곳으로 달려가다가 부녀자와 어린아이에 이르기까지 분노한 얼굴로 소리 질러 외치는 모습을 보게 되었다.

"성을 버리고 가시려면 무슨 까닭으로 우리들을 속여서 성안으로 들어오게 했소? 우리들만 적의 손에 넘겨 어육魚肉(으깨어져 결딴난 상태)을

만들려는 속셈이 아니고 무엇이오?"

궁문에 이르니 난민들이 모두 팔소매를 걷어 올리고 무기와 몽둥이를 든 채 거리에 가득 차 있었다. 사람을 만나는 대로 치며 어지럽혔으나 금할 재간이 없었다. 성문 안에 있던 여러 재신들도 얼굴빛이 하얗게 변하여 어찌할 바를 몰라 하며 일어서 있었다. 난민들이 궁문 안으로 몰려들어올까 봐 염려되었다. 나는 궁문 밖의 섬돌 위에 올라 바라보다가, 그중 나이 좀 먹고 수염이 많은 사람 하나를 손짓하여 불렀다. 알고 보니 그는 그 지방 관리였다.

나는 조용한 말로 그를 타일렀다.

"그대들이 힘을 다하여 성을 지키려 하고 임금을 성 밖으로 나가지 않도록 하니 나라를 위하는 충성이 지극하구나. 다만 이렇듯 난을 일으키고 더구나 궁문에까지 와서 소란을 떤다면 이는 심히 불공한 일이다. 조정에서도 마침 이곳을 굳게 지킬 것을 계청하여 임금께서 이미 허락하셨는데, 무슨 일로 이다지 소란을 피운단 말이냐? 그대의 모습을 보니 배운 사람 같으니 내 말 뜻을 여러 사람들에게 잘 전해서 물러가도록 만들어라. 그렇지 못하다면 그대들이 지은 중죄를 용서하지 않을 것이다."

그러자 그 사람은 가졌던 몽둥이를 버리고 손을 모아 말하였다.

"소인들은 나라에서 성을 버리려 한다는 말을 듣고 분한 마음에 이와 같은 망령된 짓을 하였습니다. 지금 말씀을 듣자오니 소인은 비록 우매

하고 용렬하오나 가슴속이 시원히 열리나이다."

그 사람은 모였던 무리를 지휘하여 쫓아 돌려보냈다.

이 일이 있기 전에 조정의 신하들은 적병이 곧 가까워 온다는 말을 듣고 모두 나가 피란하기를 청하였다. 그중 사헌부와 사간원, 홍문관에서는 날마다 대궐문 앞에 엎드려 청하였다. 인성 부원군寅城府院君 정철은 더한층 피란하자는 주장을 했었다.

그때 나는 이렇게 말하였다.

"오늘의 상황은 먼저 서울을 떠나올 때와는 다릅니다. 서울에서는 군대와 백성이 모두 무너져 버렸으므로 지키려고 해도 지킬 방도가 없었습니다. 하지만 이 평양성은 앞에 강물이 가로막혀 있고 백성의 마음도 자못 굳건하며, 또 중원 지방에 가까워 만약 며칠 동안만 굳게 지킨다면 명나라 군사가 반드시 와서 구원할 것이옵니다. 그러면 이에 힘입어서 왜적을 물리칠 수 있지만 여기를 떠나 의주로 가 버린다면 다시 의지할 만한 지세가 없사오니, 반드시 나라가 망하는 데 이를 것입니다."

좌의정 윤두수도 나와 의견이 같았다. 나는 다시 정철에게 말하였다.

"평소에 나는 생각하기를 공은 강개해서 나라를 위하는 일이라면 어려운 일을 피하지 않을 줄 알았더니, 오늘날 이런 주장을 펼 줄은 뜻하지 못했습니다."

곁에서 좌상 윤두수는 문산文山(송나라 때의 충신 문천상의 호)의 시를 한 편 읊었다.

"내 칼을 빌어 아첨하는 신하를 베고 싶어라."

이에 정철은 크게 노하여 옷소매를 뿌리치고 나가 버렸다. 평양 사람들이 이날 내 말을 듣고 순순히 물러간 까닭도 내가 성을 지키자고 주장한 바를 들었기 때문이다.

저녁에 나는 감사 송언신宋言愼을 불러서 물었다.

"어찌 난민을 진정시키지 못했는가."

책망을 들은 송언신이 주동자 셋을 결박하여 대동문(평양 내성의 동문) 안에서 목 베어 죽이니, 나머지 무리는 다 흩어져 갔다.

그때 임금께서는 이미 성을 나가기로 결정하였으나 어디로 향할지에 대해서는 알지 못하였다. 조신들은 다만 함경북도가 외진 곳에 있고 길이 험하니 가히 난리를 피할 만하다고 말할 뿐이었다.

적병은 벌써 함경도를 침범하여 길을 통할 수 없었으나, 이 변고를 보고하는 자가 없었기 때문에 조정에서는 알지 못하였다.

동지 이희득李希得은 일찍이 영흥 부사로 있으면서 어진 정사를 베풀어 민심을 얻은 바 있었다. 그래서 함경도 순검사로 삼고, 병조 좌랑 김의원金義元을 종사관으로 삼아 북도로 가게 했다. 내전內殿(왕비를 높여 부르는 말) 및 궁빈 이하는 먼저 북도로 향해서 떠나도록 했다. 나는 굳게 간쟁하였다.

"임금께서 서쪽으로 피란하신 것은 본래 명나라에 구원병을 청하여 나라를 다시 일으키려 하였기 때문입니다. 우리가 지금 명나라에 구원병을 청하여 놓고 오히려 북도로 깊이 들어간다면 중간에서 적병이 길을 가로막아 명나라와 소식을 통하기가 어려워질 것이옵니다. 이러고서 나라의 회복을 바랄 수 있겠습니까? 또 지금 왜적이 여러 도로 흩어져 나갔다 하는데 어찌 북도에는 적병이 없으리라고 장담할 수 있겠습니까? 만약 그곳으로 들어가셨다가 불행하게도 적병이 뒤따라 이른다면 달리 갈 길이 없고, 북쪽 오랑캐 땅밖에는 갈 곳이 없사오니 어느 곳에 의지하겠습니까? 목하 조신의 가족들이 많이들 북도에 피란해 있는 까닭에 각각 사사로운 생각으로 북도로 향하자고 말하는 듯합니다. 신의 늙은 어머니 역시 피란을 떠났다고 하온데 비록 그 계시는 곳은 알지 못하오나 필시 강원도나 함경도에 흘러들어 갔을 것입니다. 신 또한 사사로운 마음만 생각하면 어찌 북쪽으로 가고 싶지 않겠습니까? 하오나 국가의 앞날을 생각하여 감히 간곡하게 여쭙나이다."

나는 목이 메어 흐느껴 울었다. 임금께서 측은한 빛으로 말씀하셨다.

"경의 어머니는 어떻게 지내시는지, 다 나의 탓이로다!"

내가 물러나온 뒤에 지사 한준韓準이 홀로 임금을 뵙고는 북도로 향하는 것이 옳다고 힘써 말하였다. 이에 중전께서도 드디어 함경도를 향하여 떠나고 말았다.

그때 왜적은 대동강에 이른 지가 벌써 3일이나 되었다. 우리 일행이 연광정에 있으면서 건너편을 바라보니, 왜적 하나가 나무 끝에 작은 종이를 달아매어 강가의 모래 위에 꽂고 돌아갔다. 우리는 화포장 김생려金生麗에게 작은 배를 타고 가서 이를 가져오게 하였다. 왜적은 무기도 지니지 아니하고 김생려에게 악수를 청하며 극히 친절하게 굴면서 그 종이를 건네주었다. 이렇게 하여 쪽지를 가져왔으나 좌상은 펼쳐 보려고 하지 않았다. 나는 말하였다.

"열어 본들 무어 해로울 게 있겠소."

펴 보았더니 거기에는 이런 글이 적혀 있었다.

'조선국 예조판서 이공李公 각하께 드립니다.'

이는 이덕형에게 보내는 서신으로 야나가와 시게노부와 겐소가 써 보낸 것이었고, 그 내용은 이덕형을 만나 강화를 의논하고자 하는 것이었다.

이덕형은 조각배를 타고 가서 야나가와 시게노부와 겐소를 대동강 가운데서 만났는데, 서로 위로하고 안부를 묻는 것이 평일과 같았다. 겐소가 먼저 말하였다.

"일본이 길을 빌어 중국에 조공을 하고자 하였는데, 조선이 이를 허락하지 않아서 일이 이 지경에 이르렀습니다. 지금이라도 늦지 않았으니 길 하나만 열어 우리로 하여금 중국에 통할 수 있게 한다면 아무 일도 없을 것입니다."

이덕형은 전날 양국 간 약속을 저버린 것을 책망하고 말하였다.

"우선 그대들의 군사를 물리고 나서 강화를 의논합시다."

그렇지만 그들의 말이 자못 무례하므로 더는 회담하지 못한 채 헤어지고 말았다. 이날 저녁 왜적 수천 명이 몰려와서 대동강 동쪽 기슭 위에 진을 쳤다.

24 임금이 평양성을 떠나다

6월 11일, 마침내 임금께서 평양을 떠나 영변으로 향하셨다.

대신 최흥원·유홍·정철 등이 호종하고, 좌상 윤두수·도원수 김명원·순찰사 이원익은 머물러 평양성을 지켰다. 나 또한 명나라 장수를 접대하기 위하여 함께 머물렀다. 이날 적군이 성을 공격하였다. 좌상, 도원수, 순찰사와 나는 연광정에 있었고, 평안 감사 송언신은 대동성의 문루를 지켰다. 병사 이윤덕李潤德은 부벽루浮碧樓 위쪽의 강여울을 지키고, 자산 군수 윤유후尹裕後 등은 장경문을 지켰다. 성안의 군사는 장정

157

을 합하여 3친, 4천 명 정도였다. 이들을 성첩에 나누어 배치하였으나 대오가 분명하지 못하여 사람의 어깨와 등이 서로 부딪칠 만큼 빽빽한 데도 있고 너무 드문드문한 데도 있었다. 을밀대 근처에는 옷가지를 소나무 가지에 걸어놓고 적을 속이기도 했는데 이를 '의병疑兵'이라고 말하였다.

대동강 건너 적병을 바라보니 역시 그다지 많아 보이지는 않았다. 동대원 언덕 위에는 일一 자처럼 한 줄로 진을 치고 붉은 깃발과 흰 깃발을 세워 놓으니, 마치 우리나라의 만장挽章 모양과 같았다.

왜적은 10명의 기병을 내어 양각도를 향해 강물 속으로 들어섰다. 물은 말의 허리까지 찼다. 그들은 모두 말고삐를 잡고 벌려 서서 일제히 강을 건너오려는 자세를 취했다. 나머지 적들은 강 위에서 한두 명 혹은 서너 명씩 짝을 지어 큰 칼을 메고 왔다 갔다 했다. 칼날이 햇빛에 비쳐 번개처럼 번쩍거렸다. 이를 보고 어떤 사람은 말하였다.

"저건 진짜 칼이 아니라 나무를 깎아 만든 칼에 백랍을 칠해서 눈을 속이는 것입니다."

그러나 멀어서 잘 분별할 수가 없었다. 또 예닐곱 명의 왜적이 조총을 가지고 강변 가까이 오더니 평양성을 향하여 총을 쏘았다. 매우 큰 소리를 내며 탄환이 강을 지나 성안으로 들어왔고 멀리 오는 것은 대동관까지 날아와서 기와 위에 쏟아졌다. 수천 보의 거리를 날아와 어떤 것은

현자총(玄字銃) 임진왜란 때에 불을 달아 쏘는 화살(화전) 끝에 화약 주머니를 매달아 쓰던 작은 대포이다. 현자총통(玄字銃筒)을 말한다.

158

성루 기둥에 맞아 깊이가 몇 치나 틀어박혔다. 그중에 붉은 옷을 입은 왜적 하나가 연광정 위에 모여 앉아 있는 우리가 장수인 줄 알고 조총을 겨누며 차츰차츰 다가오더니 모래벌판까지 이르러 쏘아 댔다. 정자 위에 있던 두 사람이 맞았으나 거리가 먼 까닭으로 중상은 아니었다.

나는 군관 강사익姜士益을 불러 편전을 쏘게 하였다. 화살이 강 건너 모래벌판 위까지 날아가자 적들은 이리저리 피하면서 물러갔다. 이를 본 원수 김명원은 활 잘 쏘는 사람을 뽑아서 날랜 배를 타고 강 가운데로 나가 왜적을 쏘도록 했다. 배가 점점 저편 언덕에 가까워지자 적들은 물러나 피하였다. 우리 군사들이 배 위에서 현자총을 쏘자 불화살이 쭉쭉 뻗어 강을 넘어 박혔고, 왜적의 무리들은 이를 쳐다보며 요란스럽게 비명을 지르면서 흩어졌다. 불화살이 떨어진 후에는 다투어 주어 가며 이를 구경하였다.

이날 병선을 정비하지 않았다는 이유로 공방 아전 한 사람을 베어 죽였다.

이즈음 오랫동안 비가 오지 않아서 강물이 날마다 메말라 갔다. 이에 재신을 나누어 단군·기자·동명왕 사당에 보내 비를 빌었으나, 그래도 비가 내리지 않았다. 나는 좌상에게 일러 말하였다.

"이곳은 강물이 깊고 배도 없어서 왜적들이 건너지 못하고 있소. 하지만 상류엔 얕은 여울이 많으니 머지않아서 적들은 반드시 그리로 건

편전(片箭) 짧고 작은 화살로 살촉이 날카로워서 갑옷이나 투구에 잘 박혔다.

공방(工房) 승정원에 속한 육방(六房: 이방, 호방, 예방, 병방, 형방, 공방) 가운데 공예, 건축, 토목 공사 따위에 관한 일을 맡아보던 부서. 공방아전을 일컫는 말로도 쓰였다.

너올 것이오. 강을 건너오게 되면 성을 지킬 도리가 없으니 엄중히 방비해야 하지 않겠소?"

원수 김명원은 워낙 성미가 느긋한지라 태연히 말하였다.

"이윤덕에게 명령하여 벌써부터 지키게 하였습니다."

나는 다시 말하였다.

"이윤덕만 의지하고 있을 수는 없는 일이오."

나는 옆의 이원익을 가리키면서 말했다.

"우리가 한자리에 모여 있어 보았자 아무런 도움이 되지 않으니, 공이 나가서 강여울을 지키는 것이 어떻겠소?"

이원익이 대답하였다.

"가라고 명령만 하신다면 나아가 힘을 다하겠습니다."

그제야 윤 좌상도 이원익에게 명령하였다.

"공이 가 보는 것이 좋을 듯하오."

이원익은 자리에서 일어나 나갔다.

나는 당시 임금의 명령을 받아 다만 명나라 장수만을 접대할 뿐, 군사에는 참여하지 못하게 되어 있었다. 그러나 가만히 생각하니 패망할 것이 분명했다. 하루라도 빨리 명나라 장수를 중도에서 맞아 지원을 받아야만 구제될 것 같았다. 그래서 날이 저물자 종사관 홍종록洪宗祿·신경진辛慶晉과 더불어 성을 떠나 밤이 깊어서야 순안에 도착하였다. 도중에 이양원과 종사관 김정목金廷睦을 만났다. 그들은 회양으로부터 오는 길이라 하면서 적병이 벌써 철령에 이르렀다고 알려 주었다. 다음 날 숙천을 지나 안주에 도착해서 요동 진무 임세록林世祿을 또 만났다. 나는 공문을 접수하여 임금께 보냈다. 이튿날에 임금의 행차가 이미 영변을 떠나 박천으로 향하였다는 말을 듣고, 나는 박천으로 달려갔다. 임금께서는 동헌(지방 관아에서 공사를 처리하던 중심 건물)에 나오시어 나를 불러 물으셨다.

"평양성은 지킬 만하던가?"

나는 대답하였다.

"그곳 주민들의 마음이 자못 굳건하여 지킬 것도 같사오나, 내버려 두어서는 안 됩니다. 한시바삐 구원병을 보내야 하겠기로 신이 이곳까지 와서 명나라 군사를 속히 맞이하려는 계획입니다. 그러나 이제까지 구원병이 오지 않으니 참으로 걱정되는 일이옵니다."

임금께서는 손수 윤두수의 장계를 가져다가 내게 보이며 말씀하셨다.

"어제 이미 늙은이와 어린아이들을 성 밖으로 내보냈다고 하니 어떻게 성을 지킬 수 있겠는가?"

나는 다시 대답했다.

"실로 성상께서 생각하시는 바와 같습니다. 신이 그곳에 있을 때에는 아직 이런 일을 당하지는 않았사옵니다. 그곳의 형세를 보면 왜적은 반

진무(鎭撫)　조선 초기 여러 군영에 두었던 군사 실무직으로 정3품 당하관부터 종6품 참상관 가운데 임명되었다.

드시 얕은 여울로 해서 건너올 것이오니, 마름쇠(끝이 뾰족한 쇠못)를 물 속에 늘어놓아 방비하면 좋을 듯하나이다."

임금께서 즉시 이 고을에 마름쇠가 있는지를 알아보도록 하시니 수천 개에 이르렀다. 임금께서 명령하셨다.

"빨리 사람을 모아 평양으로 보내게 하라."

나는 또 아뢰었다.

"평양 서쪽의 강서, 용강, 증산, 함종 등 여러 고을에는 곡식도 많고 주민도 많이 있습니다. 만일 적병이 가까이 왔다는 소식만 들어도 그들은 필경 놀라서 흩어질 것이오니, 급히 시종 한 사람을 보내어 인심을 수습하도록 하옵소서. 그리고 군사를 거두어 평양을 구원하도록 하는 것이 옳겠나이다."

"누구를 보내면 좋겠는가?"

"병조 정랑 이유징李幼澄이 계교가 뛰어나니 보낼 만하다고 생각되나이다."

나는 대답을 마치고 나서 말을 이었다.

"신은 사세가 급박하여 지체할 수가 없사옵니다. 밤새워 달려가서 명나라 장수를 맞아 구원군이 올 때를 의논하겠나이다."

물러나온 나는 곧 이유징을 불렀다. 임금과 나눈 말을 그에게 전하니 이유징은 깜짝 놀라면서 반문했다.

"그곳은 적의 소굴인데 어떻게 간다는 말씀입니까?"

나는 꾸짖어 말하였다.

"나라의 녹을 먹고 있으면서 난리를 피하지 않는 것이 신하된 자의 도리요. 지금 나랏일의 위급함이 이와 같으니 비록 끓는 물이나 불속이라도 뛰어들어야 할 때에 이만한 일을 가지고서 피하려 생각하는가?"

이유징은 아무 말 못하면서도 원망하는 기색을 보였다. 나는 이미 임금에게 하직하고 나온 터였다. 대정강(대령강의 옛 이름)가에 이르니 해는 벌써 서산으로 기울었다. 고개를 돌려 광통원 쪽을 바라보니 들판에 흩어진 군사들이 잇달아 오고 있었다. 나는 평양성이 함락된 것은 아닌지 걱정이 되어 군관을 시켜 달려가서 불러오도록 했다. 군관들은 군사 19명을 데리고 왔는데, 이들은 의주와 용천 등의 군사로서 평양에 가서 강여울을 지키던 사람들이었다. 그들은 말하였다.

"어제 왜적들이 왕성탄으로 해서 강을 건너왔습니다. 강가를 지키던 군사들이 다 무너지고 병사 이윤덕은 도망쳤습니다."

나는 크게 놀랐다. 도중에 편지를 써서 군관 최윤원崔允元을 파견해 임금께 급히 알리게 하였다. 밤에 가산군으로 들어갔다. 이날 밤에 왕비께서는 박천에 이르셨다. 북으로 향하시다가 적병이 벌써 북도로 들어갔다는 소식을 접한 까닭으로 더 앞으로 나가시지 못하고 돌아온 것이다. 그때 통천 군수 정구鄭逑가 사자를 파견하여 음식을 보내왔다.

정구 조선왕조 중기의 문신(1543~1620). 임진왜란 때 의병을 일으켜 싸웠고, 강릉 부사·강원 감사·대사헌 등의 벼슬을 지냈다. 산수(算數), 병진(兵陣), 의학, 풍수 등에 능통하며 『심경발휘(心經發揮)』 『역대기년(歷代紀年)』 등 많은 저서를 남겼다.

25 왜적이 평양성에 들어오다

마침내 평양성이 함락되었다.

임금께서 가산으로 옮겨 가시고, 동궁께서는 종묘사직의 신주를 받들고 박천을 거쳐 산골로 들어가셨다.

대동강의 모래 위에 주둔하던 적병은 10여 곳으로 나누어 풀을 엮어서 진을 치고 있었는데, 여러 날이 지나도록 강을 건너지 못하였고 경비도 자못 태만해 있었다. 김명원은 성 위에서 이 모양을 바라보고 가히 밤을 타면 엄습할 수 있으리라 생각하였다. 날랜 군사를 뽑아서 고언백高彦伯 등에게 거느리게 하여 부벽루 밑 능라도에서 몰래 배를 타고 군사를 건너도록 했다.

원래는 삼경(밤 11~1시 사이)에 거사하기로 하였으나 시간이 늦어져 강을 다 건너고 보니 벌써 동이 트기 시작했다. 적의 여러 막사를 살펴보니 아직 일어나지 않았으므로, 드디어 제1진이 돌격하니 적들이 놀라서 소란하여졌다.

우리 군사는 활로 적을 많이 쏘아 죽였고 이 싸움에 적의 말 300여 필도 빼앗았다. 그러나 그중에 적진에 앞장서 힘껏 싸우던 사병 임욱경을 잃고 말았다.

얼마 안 되어 여러 곳에 주둔하던 적들이 한꺼번에 몰려들므로 우리 군사는 물러서 배로 달려왔다.

그러나 배 위에 있던 사람들은 적들이 뒤에 육박해 오는 모습을 보고 중류에 있으면서 감히 물가로 가서 배를 대지 못하였다. 적에게 밀려 물에 빠져 죽은 사람이 많았고 나머지 군사들은 왕성탄으로 해서 어지럽게 강을 건너왔다.

이를 본 적들은 비로소 강물이 얕다는 사실을 알고, 이날 저물 때 많은 무리를 휘몰아 얕은 여울을 따라 강을 건넜다. 여울을 지키던 우리 군사들은 감히 화살 한 대도 쏘아 보지 못하고 흩어져 달아났다. 왜적은 대동강을 건너와서는 혹 성안에 수비대가 있을 것을 의심해 서둘러 전진하지 않았다.

이날 밤에 윤두수와 김명원은 성문을 열어 성안 백성들을 모두 나가게 하고, 군기와 화포는 풍월루風月樓 연못 속에 던져 버렸다. 그런 후 윤두수는 보통문普通門(평양에서 북으로 통하는 중요 관문)으로 빠져나와 순안으로 갔다. 적병은 뒤쫓지 않았다. 종사관 김신원金信元은 혼자서 대동문을 나와 배를 타고 물길을 따라 강서로 향했다.

그 이튿날 성 밖에 이른 왜적은 모란봉으로 올라가서 오랫동안 성안을 바라보다가 성이 비어 있는 것을 알고는 곧 평양성으로 들어갔다.

먼저 임금께서 평양성에 이르렀을 때, 조정에서는 모두들 식량을 걱정하여 여러 고을의 선세田稅를 가져다가 평양으로 옮겨 두었었다. 이제 성이 함락되자 창고에 있던 곡식 10만 석이 그대로 적의 소유가 되고 말았다.

이때 내가 올린 장계가 박천에 이르렀고, 또 순찰사 이원익과 종사관 이호민李好閔 역시 평양으로부터 와서 적이 강을 건너온 상황을 전하였다. 이 말을 들은 임금과 왕비께서는 밤에 길을 떠나 가산으로 향하셨다. 세자에게는 명하여 종묘사직의 신주를 받들고 다른 길을 경유해 사방에 있는 군사를 거두어 나라의 부흥을 도모하게 하셨다. 여기에 신료들을 나누어 수행하도록 했다.

영의정 최흥원이 어명을 받들고 세자를 수행하게 되었다. 우의정 유홍은 자기도 세자를 수행하겠노라고 청하였으나 임금께서는 대답하지 않으셨다. 임금의 행차가 나갈 때에도 유홍은 길가에 엎드려 하직하고 가려 하였다. 내관이 여러 번 우의정 유홍이 하직하기를 청한다고 아뢰었으나 임금은 끝내 아무런 대답을 하지 않으셨다. 유홍은 할 수 없이 동궁의 뒤를 따라갔다.

당시 윤두수는 평양성에서 아직 돌아오지 못했던 까닭에 임금이 계신 곳에는 대신은 아무도 없고, 오직 정철만이 옛 재상의 몸으로 모시고 따랐다. 임금께서 가산에 이르니 때는 오경(새벽 3~5시 사이)이 되었다.

이호민 조선왕조 중기의 공신(1553~1634). 임진왜란 때 임금을 의주까지 모시고 요동으로 간
뒤 명나라 군사를 청하여 와 평양 싸움을 승리로 이끄는 데 공이 컸다. 부제학, 예조판서, 대제
학, 좌찬성 등을 지냈다.

26 임금은 정주·선천으로 향하고 민심도 어지러워지다

임금의 행차가 정주에 이르렀다.

임금께서 평양성을 나온 뒤로는 인심이 흉흉해졌다. 지나는 곳마다 난민들이 창고로 들어가 곡물을 약탈하는 일이 빈번하여 순안, 숙천, 안주, 영변, 박천의 창고가 차례로 털렸다.

임금께서 가산을 출발하는 날에 가산 군수 심신겸沈信謙이 나에게 말하였다.

"이 고을에는 양곡이 자못 넉넉하고 관청에도 백미 1천 석이 있습니다. 이것으로 명나라 군사를 먹이려 했던 것인데 불행히도 일이 이 지경에 이르렀습니다. 공께서 조금만이라도 머물러 민심을 진정시킨다면 고을 사람들이 감히 움직이지 못할 것이나, 그렇지 않다면 난동이 일어날 것입니다. 그렇게 되면 소인도 여기에 머무를 수가 없고 부득이 해변을 향해 몸을 피하는 수밖에 없습니다."

심신겸은 이미 부하들에게 명령할 수가 없는 상황이었다. 당시 나는 군관 6명과 도중에서 거둬 모은 패잔병 19명을 데리고 있었는데 이들은 나를 따르기를 스스로 약속하여 각각 활과 화살을 휴대하고 있었다. 심신겸은 이 힘에 의지하여 자신을 보호하려고 하는 듯했다.

167

나는 차마 그대로 떠날 수가 없어서 얼마 동안 대문에 앉아 있으려니,
날은 벌써 한낮이 지났다. 다시 생각해 보자 임금의 명령도 없이 마음대
로 머물러 있는 것도 도리에 어긋난 일이었다. 할 수 없이 심신겸과 헤
어져 길을 떠났다. 효성령에 올라 가산을 바라보니 고을 안은 이미 어지
러워져 있었다. 심신겸은 창고의 곡식을 다 내버리고 도망하고 말았다.

다음 날 임금께서는 정주를 떠나 선천으로 향하시면서 나에게 정주에
머물러 있으라고 명령하셨다. 그러나 고을 사람들은 사방으로 흩어져
피란한 상황이었다. 성안에 남아 있는 늙은 아전 백학송白鶴松 등 몇 사
람과 떠나는 임금을 전송하니 눈물이 흘렀다.

눈물을 닦고서 연훈루延薰樓 아래 앉아 있는데, 군관 몇이 좌우의 섬
돌 밑에 남아 있고 도중에 얻은 패잔병 19명도 말을 길가의 버드나무에
매어 놓고 둘러앉아 있었다. 저녁이 될 무렵에 남문을 바라보니 몽둥이
를 든 사람들이 밖으로부터 연달아 들어와 왼쪽 방면을 향해 가고 있었
다. 군관을 시켜 살펴보게 하였더니 창고 밑에 모여든 사람이 벌써 몇백
명이나 된다고 하였다.

내가 거느린 군사는 적고 약한데, 그대로 두었다가는 난민이 더 많아
져 제어할 도리가 없을 것 같았다. 그렇다면 먼저 나서서 흩어지도록 하
는 편이 옳겠다는 생각이 들었다. 다시 성문을 보니 또 10여 명이 연달
아 오고 있었다. 나는 급히 군관 19명을 불러 그들을 잡아오게 하였다.

군관들은 군중을 뒤쫓아 가서 9명을 잡아 왔다.

나는 그들의 머리를 풀어헤치고 손을 뒤로 돌려 묶고 벌거벗게 한 다음에 창고 옆 길가로 끌고 다니게 했다. 10여 명의 군사가 그 뒤를 따라가면서 큰소리로 외쳤다.

"창고를 약탈하는 도적놈들을 사로잡아서 곧 목 베어 죽일 것이다."

이 광경을 본 성안 사람들은 뿔뿔이 흩어져 달아나 버렸다. 이렇게 해서 경주 창고에 있는 곡식은 겨우 보전되었고, 용천·선천·철산 등 여러 고을도 창고를 덮치려는 사람들이 없어졌다.

정주 판관 김영일金榮一은 무인으로, 평양에서 도망쳐 와서 처자를 바닷가에 피란시켜 두고 창고의 곡식을 훔쳐 보내려고 하였다. 나는 이 말을 듣고 그를 잡아들여 죄를 하나하나 들춰내었다.

"너는 무장의 몸으로 싸움에 패하고도 죽지 않았으니 그 죄만으로도 목숨을 부지하기가 어렵거늘, 하물며 나라의 곡식을 훔쳐내려 하느냐? 이 곡식은 장차 명나라 구원병을 먹이려는 것이지 네가 사사로이 가져다 먹을 것이 아니다."

그러고는 곤장 60대를 때렸다.

조금 뒤에 윤 좌상, 김 원수와 무장 이빈李薲 등이 평양으로부터 정주에 이르렀다. 임금께서는 정주를 떠나시면서 좌상이 오거든 정주에 머물러 있도록 하라고 명령하셨기에, 나는 그에게 임금의 명령을 전하였

이빈 조선왕조 선조 대의 무신(1537~1603). 임진왜란 당시 순변사로 임명되어 남원을 지켰으나, 진주성을 방어하지 못하였다는 탄핵을 받고 물러났다. 경상도 순변사로 복직되었다가 상부와의 대립으로 다시 물러났으며, 왜란 평정 뒤 포도대장에 임명되었으나 연로하다는 이유를 들어 사퇴하였다.

다. 그러나 윤두수는 대답도 하지 않고 바로 임금이 계신 곳으로 향하였다. 나 역시 김명원과 이빈 등을 머물러 정주를 지키게 하고 임금의 행렬을 뒤쫓아 용천으로 떠났다.

이때 여러 고을의 백성들은 평양성이 함락되었다는 소식을 듣고 왜적을 피해 모두들 산골짝으로 숨어 버려 길에는 한 사람도 보이지 않았다. 강변의 여러 고을과 강계 등지도 다 그러하다고 들렸다.

곽산산성 밑에 이르러 보니 길이 두 갈래로 되어 있었다. 나는 하졸에게 물었다.

"이 길은 어디로 가는 길이냐?"

"구성으로 향하는 길입니다."

그 대답에 나는 말을 세우고 종사관 홍종록을 불러 말하였다.

"길가의 창고가 하나같이 비어 있으니, 명나라 구원병이 비록 온다고 하더라도 무엇으로 식량을 대겠는가. 이 부근에서는 오직 구성 땅 창고만이 넉넉한 모양이나, 그곳도 아전과 백성들이 다 흩어졌다고 들리니 곡식을 옮겨 낼 계책이 없구나. 그대는 오랫동안 구성에 있었으니, 그 지방 사람들은 그대가 왔다는 말을 들으면 산골짝 안에 숨어 있던 자라도 반드시 나와서 왜적의 형세를 들으려 할 것이다. 그대는 급히 구성으로 가서 주민들을 보거든 '왜적은 아직 평양성을 나오지 않고 있는데, 명나라 구원병이 크게 오고 있어서 수복될 날이 멀지 않았다. 다만 군량이 부족하여 걱정이니, 너희가 신분을 논함 없이 힘을 다하여 군량을 옮긴다면 뒷날에 반드시 큰 상이 있을 것이다' 하고 타이르게. 이와 같이 마음을 합하면 아마도 군량을 정주와 가산까지 운반할 수 있을 것이네."

홍종록은 감개하여 승낙하고는 길을 떠나갔고, 나는 용천으로 향하였다. 본래 홍종록은 기축년 옥사에 관련되어 구성에 귀양을 가 있었는데, 임금께서 평양에 오신 뒤에 거두어 용서하여 사옹 정으로 삼았다. 그는 사람됨이 충직하고 성실하여 자신을 잊고 나라의 일을 위해서는 순국할 마음으로 험한 곳을 마다하지 않았다.

27 임금이 의주에 이르고, 명나라 구원병을 오게 하다

임금께서 의주에 이르셨다.

명나라 참장參將 대모戴某와 유격장遊擊將 사유史儒가 각각 군사를 거느리고 평양으로 향하던 중 임반역에 이르러 평양성이 벌써 함락되었다는 말을 듣고는 의주(평안북도 서북단에 있는 지명)로 돌아와 주둔하고 있었다. 이때 명나라 조정에서 군사들에게 은 2만 냥을 내주어 명나라 관원이 가지고 의주에 도착하였다.

기축옥사(己丑獄事) 조선왕조 선조 대인 1589년(선조 22) 정여립의 모반을 계기로 일어난 옥사.
사옹 정(司饔正) 궁중의 음식에 관한 일을 맡아보던 사옹원의 으뜸 벼슬.

이보다 앞서 요동에서는 우리나라에 왜적의 변고가 있다는 말을 듣고 곧 조정에 보고하였으나, 조정의 의논은 한결같지 않았다.

심지어는 우리가 왜적의 길잡이가 되었다는 의심까지 있었다. 유독 병부상서 석성石星만이 우리나라에 대한 지원을 강하게 주장하였다.

당시 우리나라에서 사신으로 가 있던 신점申點은 옥하관(북경에 간 조선 사신이 묵던 숙소)에 있다가 석성의 부름을 받았다. 석성이 요동에서 보내온 변고에 대한 문서를 내어 보이자 이를 읽은 신점은 소리 내어 울었다. 그러고는 일행과 함께 아침저녁으로 통곡하면서 구원병을 보내 달라고 청하였다. 병부상서 석성은 이를 임금(신종)에게 알려 두 개 부대를 내어 보내 우리 임금을 호위하게 하고, 그 경비로 은까지 하사하도록 했던 것이다.

신점이 통주로 돌아올 무렵 우리 조정에서 보낸 고급사告急使 정곤수鄭崑壽가 뒤이어 이르렀다. 병부상서 석성은 그를 방으로 들여 친히 상황을 물으면서 눈물을 흘렸다고 한다. 연달아 파견된 사신들이 요동에 이르러 위급함을 알리며 구원병을 보내 달라고 청하고, 또 합병할 것을 청하였다. 왜적이 평양성을 함락시키고 보니 그 형세가 강대해서 아침저녁 사이에 압록강까지 다다를 듯이 생각되어 위급하게 서둘렀던 것이다.

그런데 다행스럽게도 왜적은 평양성에 들어와서는 몇 날이 되도록 움직이지 않았다. 순안과 영유가 평양에서 지척 사이인데도 오히려 침범

석성 　명나라 신종 대의 문신(1538~1599). 병부상서로서 임진왜란이 발발하자 우리나라에 구원병을 보내는 데 적극적으로 힘썼다. 그러나 심유경을 시켜 일본과 강화하려다 실패하였고 정유재란이 일어나자 파면되었다가 마침내 옥사했다.

정곤수 　조선왕조 선조 대의 문신(1538~1602). 상주 목사, 강원도 관찰사, 우승지, 병조참판을 지내고 임진왜란 때는 명나라에 구원병을 청하는 데 성공했다. 돌아와 판돈령부사가 되었으며 예조판서를 거쳐 좌찬성에 이르렀다.

하지 않았다. 이로 해서 인심이 차츰차츰 안정되고, 남은 군사를 거두어 수습하는 한편으로 명나라 구원병을 맞아들여 마침내 나라를 회복하는 공을 이루게 되었다. 이는 실로 하늘의 도움이지 사람의 힘으로는 미칠 바가 아니었다.

28 명나라 구원병 5천 명이 먼저 달려오다

7월에 요동 부총병 조승훈이 군사 5천 명을 거느리고 지원하러 온다는 기별이 이르렀다.

이때 나는 치질로 괴로움이 심하여 자리에 누워 일어날 수가 없었으므로, 임금께서는 좌상 윤두수로 하여금 마중을 나가 군량을 보살피라고 하셨다. 나는 종사관 신경진을 시켜 임금에게 아뢰었다.

"행재소에 있는 현직 대신이라고는 윤두수 한 사람만이 남아 있을 뿐이니 그가 나가서는 안 될 것이옵니다. 명나라 장수의 접대는 저의 소임이오니, 비록 병이 들었다 해도 제가 나가겠나이다."

임금께서도 이를 허락하셨다.

7월 7일에 엉금엉금 기다시피 행궁(임금이 거둥할 때 머물던 별궁)으로 나

173

아지다. 임금께서 불러 보시므로 아뢰었다.

"명나라 군사가 지나고 있는 소관 남쪽으로부터 정주와 가산까지는 5천 명의 군사가 하루 이틀 먹을 식량은 준비할 만합니다. 하오나 안주, 숙천, 순안의 세 고을은 저장해 놓은 양식이 없사오니, 명나라 군사가 여기를 지날 때는 마땅히 3일 동안 먹을 식량을 미리 준비해서 안주 이남에서 먹도록 해야 합니다. 만약 구원병이 평양에 이르러 그날로 즉시 수복한다면 성안에 양식이 많으므로 보급하는 데 문제가 없으며, 비록 성을 포위하고 여러 날이 된다고 하더라도 평양의 서쪽 세 고을에 있는 곡식을 운반하여 공급하면 군량이 모자라지 않을 것입니다. 이러한 사정을 짐작하시어 이곳에 있는 여러 대신들로 하여금 명나라 장수와 의논하여 편리한 대로 처리하도록 하옵소서."

임금께서도 그 말에 수긍하셨다. 그 앞을 물러나오니, 임금께서는 안에 분부하여 웅담과 납약(청심환 같은 약제)을 내려 주셨다. 내의원의 용운龍雲이라는 사람은 성문 밖 5리까지 나를 전송하면서 통곡하였다. 내가 전문령을 넘도록 울음소리가 그대로 들렸다.

이날 저녁 소관역에 이르니 아전과 군사들이 다 도망하여 그 그림자도 보이지 않았다. 군관을 보내 촌락을 수색하게 하였더니 몇 사람을 데리고 왔다. 나는 타일러 말하였다.

"나라에서 평소 그대들을 기르는 까닭은 오늘 같은 날에 쓰려는 때문

내의원(內醫院) 임금이 복용하는 약을 만드는 일을 맡아보던 관청.

인데 어떻게 도망하여 피한다는 말이냐? 바야흐로 명나라 구원병이 이르렀으니, 나랏일이 정말로 급한 이때야말로 그대들이 수고를 다해 공을 세울 시기이다."

나는 공책 한 권을 꺼내어 그곳에 모인 사람의 성명을 써서 보이며 말하였다.

"뒷날 마땅히 이것으로써 그대들 공과 죄의 등급을 매겨 임금께 아뢰어 상도 주고 벌도 줄 것이다. 여기에 기록되어 있지 않은 사람은 일일이 조사하여 벌을 줄 것이니 한 사람도 죄를 면하지 못할 것이다."

얼마 안 되어 사람들이 잇달아 찾아와 말하였다.

"소인들은 볼일이 있어서 잠시 나갔던 터입니다. 어찌 감히 할 일을 피하오리까? 원컨대 저희들 이름을 책에 써넣어 주소서."

그들을 보면서 나는 이곳의 인심을 수습할 수 있겠다고 생각하였다. 나는 이 내용을 적은 공문을 각처로 보내 이와 같은 예를 참고하여 시행하도록 했다.

이 명령을 들은 사람들은 다투어 모여들어서 땔나무와 말 먹일 풀을 운반하고, 집을 짓고, 음식을 장만하는 등 며칠 동안에 모든 일이 차츰 수습되어 나갔다. 나는 난리를 만난 백성들은 다급하게 부리기보다는, 타일러야 할 것으로 판단하여 한 사람도 매질하지 않았다.

그 길로 나아가 정주에 이르러 보니, 홍종록이 구성 사람들을 모두 일으켜 말 먹일 콩과 좁쌀을 운반하여 정주와 기산에 날라 놓은 것이 2천여 석이나 되었다.

나는 오히려 구원병이 안주에 온 이후가 걱정이었다. 그런데 마침 충청도 아산 창고에 있는 세미稅米(조세로 바치던 쌀) 1천200석을 배에 싣고 행재소로 향하던 중 정주 입암에 이르러 정박하고 있었다. 나는 몹시 기뻐 즉시 행재소로 달려가서 임금께 아뢰었다.

"먼 곳에 있는 곡식이 마치 기약한 듯이 이르렀사오니, 이는 하늘이 저희를 중흥케 하려는 것 같습니다. 청컨대 이 곡식을 가져다가 군량을 보충하게 해 주시옵소서."

승낙을 얻은 나는 수문장 강사웅姜士雄을 입암으로 보내 200석은 정주로, 200석은 기산으로, 800석은 안주로 나누어 옮기게 하였다. 안주는 왜적이 있는 곳과 가까우므로 일단은 배를 물속에 머물러 기다리도록 했다.

이 무렵 선사포 첨사 장우성張佑成은 대정강에 부교(배다리)를 만들고, 노강 첨사 민계중閔繼中은 청천강에 부교를 만들어 명나라 군사들이 건널 수 있도록 준비하였다. 나는 먼저 안주로 가서 정세를 살폈다. 이때 왜적은 평양성으로 들어가 오래도록 나오지 않고 있었다. 순찰사 이원익은 병사 이빈과 함께 순안에 주둔하고, 도원수 김명원은 숙천에 있었으며 나는 안주에 있었다.

29 명나라 구원병이 평양성을 치다가 실패하다

7월 19일에 조승훈은 평양성을 치다가 불리하여 퇴각했으며 사유는 전사하였다.

이보다 먼저 조승훈祖承訓이 의주에 이르자 사유가 부대의 선봉이 되었다. 조승훈은 요동의 용맹스러운 장수로 여러 번 북쪽 오랑캐와 싸워 공을 세웠기에, 이번 행군에도 왜적을 반드시 물리칠 수 있다고 장담하였다. 그는 가산에 이르러 우리나라 사람에게 물었다.

"평양성에 있는 왜적이 아직 달아나지는 않았는가?"

"아직 물러가지 않았습니다."

조승훈은 술잔을 들고 하늘을 우러러보며 빌었다.

"적군이 아직 있다고 하니, 반드시 하늘이 나로 하여금 큰 공을 이루도록 하심이다."

이날 삼경에 그는 군사를 순안에서 출발시켜 평양성을 공격하였다. 마침 큰비가 와서 성 위에는 지키는 군사가 하나도 없었다. 명나라 군사가 칠성문을 통해 성안으로 들어가니, 길이 좁고 꼬불꼬불하여 말을 달릴 수가 없었다. 게다가 왜적들이 험한 곳에 숨어서 어지럽게 조총을 쏘아 대니, 사유는 총알을 맞아 그 자리에서 죽었고 군사와 말들도 많이 죽었다. 조승훈은 할 수 없이 군사를 후퇴시켰다. 적은 급히 쫓아오지는 않았지만, 뒤에 있는 군사들로 진흙구덩이에 빠져 도망치지 못한 자는 모두 적에게 죽음을 당하고 말았다.

조승훈은 남은 군사를 이끌고 순안과 숙천을 지나 밤중에 안주성 밖에 이르렀다. 그는 말을 세우고 통역관 박의검朴義儉을 불러 말하였다.

"우리 군사가 오늘 왜적을 많이 죽였으나 불행하게도 유격대장이 죽고, 날씨도 이롭지 못하여 능히 왜적을 섬멸시키지 못하였다. 허나 군사를 더 보충해 다시 쳐들어갈 것이다. 너희 재상에게 말하여 동요치 말게 하고, 부교도 철거하지 않도록 하라."

이야기를 마친 그는 말을 달려 두 강(대정강과 청천강)을 건너 군사를 공강정控江亭에 주둔시켰다.

조승훈은 싸움에 패하자 겁을 먹고 적병이 뒤쫓아 올까 하여 앞에 두 강으로 가로막고자 이토록 빨리 서둘렀던 것이다. 나는 신 종사(신경진)를 보내 위로하고, 또 양식과 음식을 실어 보냈다.

조승훈이 공강정에 머무른 이틀 동안은 날마다 큰비가 내려 들판에서 노숙하는 군사들의 옷이 다 젖었다. 모두 조승훈을 원망하였고, 그런 지 얼마 안 되어 그는 요동으로 돌아가 버렸다. 나는 인심이 동요될까 염려하여 그대로 안주에 머무르면서 임금에게 아뢰고, 후군이 오기를 기다리기로 했다.

30 이순신이 거북선으로 왜적을 격파하다

전라 수군절도사 이순신이 경상 우수사 원균, 전라 우수사 이억기 등과
함께 적병을 거제도 바다 가운데서 크게 격파하였다.

처음에 바다를 건너 육지로 올라온 왜적을 본 원균은 왜적의 형세가
큰 데 놀라 감히 나가서 싸우지 못하고, 오히려 그 전선 100여 척과 화
포 및 군기 등을 바닷속에 던져 버렸다. 그런 다음 수하의 비장 이영남
李英男, 이운룡 李雲龍 등만 데리고 네 척의 배에 나누어 타고 달아나 곤양
의 바다 어귀에 상륙해 왜적을 피하려고 했다. 이에 그 수하의 수군 만
여 명이 다 무너져 버렸다. 이를 본 비장 이영남이 간하였다.

"공은 임금의 명령을 받아 수군절도사에 올랐으면서 지금 군사를 버
리고 육지로 피해 간다면 뒷날 조정에서 죄를 물을 때 무슨 말로 해명하
시겠습니까? 그보다는 전라도에 구원병을 청하여 왜적과 한번 싸워 보
고, 이기지 못하겠거든 그 연후에 도망하여도 늦지는 않을 것입니다."

이 말을 들은 원균은 그것이 옳겠다고 여겨 이영남을 이순신에게 보
내 구원병을 청하게 하였다. 이순신은 이를 거절했다.

"각각 책임진 분계(지역의 경계)가 있으니, 조정의 명령이 아니면 어찌
함부로 경계를 넘어갈 수 있으리오?"

이영남 조선왕조 선조 대의 무관(?~1598). 임진왜란 때 가리포 첨사로 원균을 도와 왜적을 쳤
고, 뒤에 이순신을 따라 진도에서 왜적을 물리쳐 공을 세웠다. 정유재란의 노량해전에서 적을
섬멸하다가 전사했다.

이운룡 조선왕조 선조 대의 무관(1562~1610). 임진왜란 당시 옥포 만호로서 원균이 패전한 뒤
이순신을 도와 왜적을 물리치는 공을 세웠다. 그 일로 좌수사에 오른다.

수군절도사(水軍節度使) 수군의 관아인 진수부(鎭守府)에 딸린 정3품의 외직 무관 벼슬. 각 도 수군
을 총지휘하기 위하여 두었던 벼슬이다. 병마절도사와 수군절도사로 나뉜다.

원균은 무릇 대여섯 차례나 이영남을 보내어 원군을 청하였고, 그때마다 뱃머리에 앉아서 통곡하였다. 얼마 뒤에 이순신은 판옥선 40척을 거느리고 이억기李億祺와 함께 거제로 나와 원균의 군사와 합세하였다. 견내량에 나아가 왜적의 배와 마주치자 이순신은 말하였다.

"이곳은 바다가 좁고 물이 얕아서 마음대로 돌아다니기 어려우니 거짓으로 물러가는 척하며 적을 유인하여, 넓은 바다로 나가 싸우는 것이 좋겠습니다."

그러나 원균은 분함을 못 이기고 바로 앞으로 나가 싸우려고 덤볐다. 이순신은 다시 말하였다.

"공은 병법을 모릅니다그려. 그렇게 하다가는 반드시 패하고 맙니다."

이순신이 드디어 깃발을 흔들며 배들을 지휘해 물러나니 왜적들은 크게 기뻐하며 앞을 다투어 따라 나왔다. 이윽고 배가 너른 바다로 나온 순간 이순신이 북소리를 한 번 울리자, 모든 배들이 일제히 뱃머리를 돌리고 열을 지어 벌여 섰다. 적선과의 거리는 수십 보밖에 되지 않았다.

이보다 먼저 이순신은 거북선을 창조하였다. 이 배는 판자로 위를 덮어 그 모양이 마치 거북과 같았다. 싸우는 군사와 노 젓는 인부들은 배 안에 들어가 활동했으며, 사방에는 화포를 싣고 이리저리 드나드는 모습이 베 짜는 북梭(베틀의 부속품)이 드나들 듯 마음대로였다.

판옥선(板屋船) 조선시대 대표적인 전투선으로 명종 대에 개발되어 임진왜란 당시 크게 활용하였다. 널빤지로 지붕을 덮은 2층 구조로 배가 높아 적들이 기어오르지 못했기 때문에 왜적의 특기인 백병전을 전개할 수 없었다. 배의 높이는 또한 활을 쏘기에도 유리했고, 함포의 명중률도 높았다. 노 젓는 병사는 아래층에, 공격 담당 병사는 위층에 배치해 빠른 대처가 가능하다는 장점도 있었다.

이억기 조선왕조 선조 대의 무장(1561~1597). 함흥 부사를 지내고, 임진왜란 당시 전라 우수사로 이순신과 함께 왜적을 크게 파하였다. 정유재란 때 한산도에서 왜적과 싸우다 전사하였다.

이순신은 적선과 만나자 대포를 쏘아 이들을 공격했는데 여러 배가 일시에 합세하여 공격하니 연기와 불꽃이 하늘에 가득한 속에서 적선이 수없이 파괴되었다. 이때 적장이 탄 높이가 두어 길이나 되고 그 위의 망대는 붉은 비단으로 둘러싸인 누선(다락이 있는 배)도 우리 대포에 맞아 부서지고 배에 탔던 적들은 모두 물에 빠져 죽었다.

그 뒤에도 왜적들은 연달아 패하였고 드디어는 도망하여 부산과 거제로 들어가서는 다시 나오지 못하였다.

어느 날 이순신이 싸움을 독려하다가 날아오는 총알이 그의 왼쪽 어깨를 맞혔다. 피가 발꿈치까지 흘러내렸으나 이순신은 아무 말도 아니하였다. 싸움이 끝난 뒤에야 비로소 칼로써 살을 베고 총알을 꺼내었다. 두어 치(한 치=3.03센티미터)나 깊이 박혀 보는 사람들은 낯빛이 까맣게 질렸으나, 이순신은 말하고 웃는 모습이 태연하여 여느 때와 다름없었다.

첩보가 알려지자 조정에서는 크게 기뻐하여 임금께서는 이순신에게 일품 벼슬을 주려 하였으나 간하는 사람이 너무 지나친 일이라고 반대하므로 이순신은 정헌대부로 승급시키고, 이억기와 원균은 가선대부로 높였다.

이보다 앞서 적장 고니시 유키나가는 평양에 이르러 우리에게 글을 보냈다.

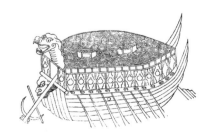

거북선 임진왜란 때 이순신이 창조하여 왜적을 격멸시킨 전투용 공격선. 세계 최초의 철갑선으로, 등에는 창검과 송곳을 꽂아 적이 오르지 못하게 하였고 앞머리와 옆구리 사방에는 화포를 설치하였다. 귀선(龜船)이라고도 한다.

'일본의 수군 10만여 명이 또 서해로부터 올 것입니다. 그러면 장차 대왕의 행차는 어디로 가시겠습니까?'

적은 본래 수군과 육군이 합세하여 서쪽으로 내려오려고 했었다. 그런데 이순신과의 싸움에 패하여 그 한 팔이 끊어져 버렸다. 그래서 고니시 유키나가가 비록 평양성을 빼앗았다 할지라도 그 형세가 외로워서 감히 전진하지 못했다.

그로 인해 나라에서는 전라도와 충청도를 확보할 수 있었고 아울러 황해도와 평안도 연안 일대를 보전함으로써 군량을 조달하고 전령을 전할 수가 있었다. 그리하여 나라의 중흥을 도모하였던 것이다. 그리고 요동과 천진 등지도 적의 침해를 당하지 않은 까닭에 명나라 군사가 육로로 와서 왜적을 물리치게 되었으니, 이것이 다 이순신이 한 번 싸움에 승리한 공이었다. 아아, 이 어찌 하늘의 도움이 아니겠는가? 이 뒤로도 이순신은 삼도三道의 수군을 거느리고 한산도에 주둔하여 왜적이 서쪽으로 침범하려는 길을 막았다.

31. 조호익의 충의

전 의금부 도사 조호익이 강동 지역에서 군사를 모아 왜적을 토벌하였다.

조호익 조선왕조 선조 대의 문신으로 이황의 문인이다(1545~1609). 부모상을 당해 있던 중 경상도 도사 최황이 무리한 일을 시키자 거부하여 평안도로 유배당하였다. 그곳에서 후진을 양성하던 중 임진왜란이 발발하자 류성룡이 왕께 청하여 석방되었고, 의병을 모집해 전공을 세워 녹피(사슴 가죽)를 하사받았다. 1604년(선조 37)에 선산 부사가 되었으나 병으로 사임하고 영천군에서 학문에 힘쓰다가 그곳에서 세상을 떠났다.

조호익曹好益은 창원 사람으로 지조와 덕행이 있었는데, 남에게 무고를 당하여 온 가족이 강동으로 이사했었다. 집안이 빈곤하여, 아이들을 가르쳐 20년 동안을 겨우 연명하며 살았다. 그렇지만 그의 지조는 더욱 굳건하였다.

　임금의 행차가 평양에 이르자 그는 죄를 용서받고 의금부 도사로 임명되었다. 평양성이 왜적에게 포위당하자 조호익은 강동으로 가서 군사를 모집해 평양을 구원하려고 했다. 그러나 조금 뒤에 평양성이 함락되고 군사와 백성이 모두 흩어져 버리자, 조호익은 행재소로 돌아가다가 나를 양책역에서 만났다. 나는 그에게 말하였다.

　"명나라 구원병이 곧 올 것이니 자네는 의주로 가지 말고 강동으로 돌아가서 그대로 군사를 모집하게. 그래서 명나라 군사와 평양에서 합쳐 치도록 하는 것이 좋겠네."

　조호익은 그 의견을 따랐다. 나는 그 사유를 적어 장계를 올리고, 군사를 일으킬 수 있는 공문을 만들어 조호익에게 주고 또 군기도 나누어 주었다. 조호익은 그 길로 강동에 가서 군사를 수백 명이나 모으고 상원에서 진을 쳐 수많은 왜적을 맞아 베어 죽였다.

　조호익은 서생으로서 활을 쏘고 말을 달리는 무예에는 익숙하지 못하였으나, 오직 충성과 의리로써 군사들의 마음을 격려하였다. 그가 동짓날에 군사를 거느리고 멀리 행재소를 향해 네 번 절하고는 밤새도록 통곡하니, 군사들도 모두 따라 눈물을 흘렸다.

32 전주 방어전과 의병 정담 등의 용맹함

왜적이 전라도를 침범하자, 김제 군수 정담과 해남 현감 변응정이 힘을 다
하여 싸우다가 전사하였다.

왜적이 경상 우도에서 전주 지경으로 들어오자, 정담鄭湛과 변응정邊
應井 등이 이를 웅치(전라북도 전주와 진안 사이의 고개)에서 막았다. 그들은
목책을 만들어 산길을 가로질러 끊고서 장병들을 독려하며 종일토록 싸
워 헤아릴 수 없이 많은 적병을 쏘아 죽였다. 왜적은 물러가려 하다, 마
침 날이 저물고 화살이 다 떨어진 때에 다시 쳐들어왔다. 두 사람은 이
를 막다가 함께 전사하고 드디어는 군사들도 모두 무너져 내렸다.

그 이튿날 왜적이 전주에 이르니 관리들은 달아나려고 했다. 고을 사
람으로 전에 전적 벼슬을 지낸 이정란李廷鸞이 성안으로 들어가 아전과
백성들을 일으켜 굳게 지켰다.

왜적의 정예부대가 웅치에서 많이 죽었으므로 기세가 떨어져 있었고,
또 전라 감사 이광이 가짜 병사를 만들어 낮에는 깃발을 많이 벌여 세우

정담　조선왕조 선조 대의 무신이자 의병장(?~1592). 김제 군수로 있던 중 임진왜란을 맞자 의병
　　　을 모아 거느리고 웅치에서 왜적을 쳐부수다가 전사하였다.

변응정　조선왕조 선조 대의 무관(1557~1592). 임진왜란이 발발하자 해남 현감으로서 전공을
　　　세워 수군절도사가 되었으며, 이후 정담과 함께 웅치에서 왜적을 쳐부수다가 전사하였다.

이정란　조선왕조 중기의 문신(1529~1600). 해남 현감과 도사를 지내고, 임진왜란 때 전주에서 의
　　　병을 모아 전주를 지키는 데 공을 세웠다. 이로써 태상시 첨정이 되고 이후 공주 목사를 지냈다.

고 밤이면 횃불을 온 산에 가득히 놓으니, 왜적은 몇 번 와서 살피다가 감히 공격하지 못하고 물러가 버렸다.

왜적은 돌아가다가 웅치에 이르자 전사한 우리 군사들의 시체를 거두어 길옆에 묻어 몇 개의 큰 무덤을 만들었다. 그리고 그 무덤 위에 나무를 세워 '조선국의 충간스런 마음과 의로운 용기를 기리노라'고 써 놓았다. 우리 군사들이 힘써 싸운 일을 가상히 여긴 것이었다.

이로 말미암아 오직 전라도만은 온전하였다.

33 평양성을 공격해 보다

8월 1일에 순찰사 이원익과 순변사 이빈 등이 군사를 거느리고 나가 평양성을 공격하였으나 불리하여 물러났다.

이때 이원익과 이빈은 함께 수천 명의 군사를 거느리고 순안으로 갔다. 별장 김응서金應瑞 등은 용강, 삼화, 증산, 강서 네 고을의 군사를 거느리고 20여 개의 부대로 만들어 평양 서쪽에 진을 쳤다. 김억추金億秋는 수군을 거느리고 대동강 하류에 있으면서 서로 호응할 형세를 취하였다.

이날 이원익 등은 평양성 북쪽으로 군사를 내보냈다가 왜적의 선봉을

김응서 조선왕조 선조 대의 무장으로 임진왜란 때 명나라 이여송과 합류하여 평양성을 탈환하고, 뒤에 경상 병사가 되어 부산을 수복하였다(1564~1624).

민나시 20여 명의 적을 쏘아 죽였다. 그런데 조금 뒤에 왜적이 크게 몰려오니, 우리 군사들은 놀라 무너지고 강변의 용사들도 많이 죽고 상하였다. 우리 군사는 다시 순안으로 되돌아와 진을 치게 되었다.

34. 명나라 심유경의 강화 회담

9월에 명나라 유격장 심유경이 왔다.

먼저 조승훈이 패전하고 돌아가자 왜적들은 더욱 교만해져서 우리 군사들에게 '염소 떼가 한 호랑이를 치는구나'라는 글을 보내오기도 했다. 염소는 명나라 군사를 비유함이고, 호랑이는 자기들을 자랑함이었다. 왜적들이 가까운 시일에 서쪽 방면으로 내려가겠다고 떠들어 대므로 의주 사람들은 다 피란할 짐을 싸 놓고 있는 형편이었다.

심유경沈惟敬은 본래 절강성 사람이었는데, 석 상서(석성)는 평소 그가 일본의 실정을 안다고 하니 유격장군이라는 이름을 빌려 내보냈던 것이다. 그는 순안에 이르러 '조선이 일본에 무슨 잘못이 있기에 일본은 마음대로 군사를 일으켜 난리를 피우는가?' 하는 명나라 황제의 뜻이 담긴 글을 왜적의 장수에게 보내었다.

이때는 왜적에게 변고가 갑자기 일어나서 그 잔인하고 혹독함이 심하니, 감히 그들의 병영을 엿보는 사람이 없었다. 그러나 심유경은 노란 보자기에 편지를 싸서 부하 한 사람을 시켜 보냈다. 편지를 등에 진 부하는 말을 달려 보통문으로 들어갔다. 왜적의 장수 고니시 유키나가는 그 편지를 읽자 이내 '직접 만나서 일을 의논하자'는 회답을 보냈다. 심유경이 즉시 가려고 하자 사람들은 위태로운 일이라며 만류하였으나 심유경은 웃으면서 말하였다.

"저들이 어찌 나를 해칠 수 있겠느냐."

그는 3, 4명의 부하를 데리고 평양성으로 갔다. 고니시 유키나가, 소 요시토시, 겐소 등은 군대의 위세를 성대히 떨치며 나와 평양성 북쪽 10 리 밖의 강복산 밑에 모였다. 우리 군사는 대흥산 꼭대기에 올라가서 그 광경을 바라보았다. 왜적의 수가 매우 많아 창칼이 눈빛처럼 번득이는 진중으로 심유경이 말을 내려 들어갔다. 왜적이 떼를 지어 사면에 둘러 서므로 그가 잡히는 게 아닌가 의심하였다.

날이 저물어 심유경이 돌아왔는데 왜적들은 그를 매우 공손한 태도로 전송하였다. 다음 날 고니시 유키나가는 글을 보내 심유경의 안부를 물 었다.

'대인께서는 시퍼런 칼날 속에서도 얼굴빛 하나 변하지 않으시니 비록 일본 사람이라 하더라도 이에 다 미치지 못할 것입니다.'

이에 신유경은 회답하였다.

'너희는 당나라 때 곽 영공郭公이 있었다는 말을 듣지 못하였는가? 그는 혼자서 회홀(위구르, 흉노족의 후예)의 만군 속으로 들어가면서도 조금도 두려워하지 않았는데, 내 어찌 너희를 두려워하겠는가.'

그러고는 왜적에게 약속하였다.

'내 돌아가서 우리 황제에게 보고하면 마땅히 처분이 있으실 것이니, 50일을 기한으로 하여 일본군은 평양성 북쪽 10리 밖으로 나와 약탈하는 일이 없도록 하고, 조선 군사는 그 10리 안으로 들어가서 싸우지 말도록 하라.'

그러고는 그곳 경계에 나무로 금표(출입 금지를 알리는 푯말)를 세워 놓고 갔으나, 우리는 그 의미를 알 수가 없었다.

35 경기 감사 심대의 죽음

경기 감사 심대가 왜적의 습격을 당하여 삭녕에서 전사하였다.

심대沈岱는 사람됨이 강개하여 왜적의 변고가 일어나자 분함을 참지 못하였으며, 나라의 명을 받들어 싸움터에 출전할 때에도 위험한 곳을

곽 영공   당나라의 명장 곽자의(郭子儀)를 말한다. 그는 현종 때 안녹산의 난리를 평정하였으며, 회
    흘을 회유하고 토번(티베트)을 막는 등 많은 공을 세웠다(697~781).
심대   조선왕조 중기의 문신(1546~1592). 임진왜란이 일어나자 보덕으로서 근왕병 모집에 힘썼
    으며 그 공로로 선조의 신임을 받아 왕 가까이에서 호종하였다. 이후 경기도 감사가 되어 서울
    수복을 꾀하다가 왜적에게 죽음을 당하였다. 왜적이 그의 수급을 참하여 거리에 전시하였는데
    60일이 지나도록 산 사람 같았다고 한다.

피하지 않았다.

이해(1592년) 가을에 심대는 권징을 대신해 경기 감사에 임명되어 임지로 떠나가는 길에 안주를 지나다가 나를 찾아보았다. 백상루百祥樓에서 국난을 이야기하는데, 심대는 강직한 뜻을 보이며 자기가 직접 나가 왜적과 싸우려 하였다. 나는 그를 경계하여 말하였다.

"옛날 사람이 말하지 않았는가? '밭을 가는 일은 마땅히 종에게 물으라'고. 그대는 서생이니 싸움터에 임하는 일은 능숙하지 못할 것일세. 그곳(경기도)에 양주 목사 고언백이라는 사람이 있는데 용맹스러워 잘 싸울 것이니, 그대는 다만 군병을 수습해 주고 고언백으로 하여금 군사를 거느리게 한다면 가히 공을 세울 수 있을 것이네. 스스로 삼가 군사를 거느리고 덤비지는 말도록 하게."

심대는 "예, 예" 하고 대답하였지만 별로 마땅치 않은 눈치였다. 나는 그 홀로 왜적이 있는 곳으로 떠나는 것을 보고 군관으로서 활을 잘 쏘는 의주 사람 장모張某를 보내어 함께 가게 하였다.

심대는 그 뒤 몇 달 동안 임금께 아뢸 일이 있으면 사람을 보내면서 안주에 있는 나에게도 글을 보내 늘 문안하였다. 나는 그럴 때마다 그 사람에게 경기도의 왜적 형세와 감사(심대)의 안부를 물었다. 그 연락병은 다음과 같이 대답하였다.

"경기도는 왜적의 잔학한 피해가 다른 도보다도 심합니다. 왜적들은 매일같이 나와서 불 지르고 약탈을 하여 성한 곳이 없습니다. 이선의 감사와 수령 이하 관원들은 모두 벽지에 몸을 피하여 평복을 입고 몰래 다니거나 혹은 여기저기로 자주 옮겨 거처를 일정치 않게 해 왜적들의 환난을 막았습니다. 그런데 지금 감사께서는 왜적을 조금도 두려워하지 않으시고 오히려 다닐 때마다 먼저 공문을 띄워 알리기를 평일처럼 하고, 깃발을 세우고 나팔을 불며 다니십니다."

나는 이 말을 듣자 몹시 근심이 되어 거듭 글을 써 보내어 조심하라고 당부하였다. 그러나 심대의 행동은 변하지 않았다. 그는 "서울을 회복할 것이다"라는 말을 퍼뜨려 군사들을 모았고, 사람을 성안으로 보내어 내응할 사람을 모집하기도 했다. 사람들은 난리가 진정된 뒤에 왜적에게 협력했다는 죄를 받을까 두려워, 이름을 죽 써 가지고 감사에게 오는데 이런 사람이 하루에도 천여 명을 헤아렸다. 그들은 약속을 받아 오겠다느니, 군기를 옮겨 오겠다느니, 적정을 알려 오겠다느니 하면서 왕래하는 데 거리낌이 없었다. 그중에는 당연히 왜적의 앞잡이가 된 자들도 많이 와서 우리 동정을 살펴 갔다. 이처럼 나고 들며 서로 뒤섞여 날쳤으나 심대는 믿고 의심하지 않았다.

이때에 심대는 삭녕군(지금의 경기도 연천)에 있었는데, 왜적들은 이를 염탐하여 알아내고는 몰래 건너와서 밤에 습격하였다. 심대는 놀라 달아났으나 왜적들이 뒤쫓아 와서 그를 죽였다. 군관 장모도 함께 죽음을 당하였다.

　왜적이 물러간 뒤 경기도 사람들은 그 시체를 거두어 임시로 삭녕군 안에 장사 지냈다. 그러나 며칠 후 왜적이 다시 나와서 그 머리를 베어다가 서울의 종로 거리 위에 매달았는데, 50, 60일이 지나도록 그 얼굴빛이 산 사람과 같았다. 경기도 사람들은 그 충의를 애석하게 여겨 재물을 모아 파수 보는 왜적에게 주고 그 머리를 함에 넣어 강화도로 보냈다가, 왜적이 물러간 다음 그 시신과 함께 고향으로 보내 장사 지냈다.

　심대는 청송靑松 사람으로 자는 공망公望이다. 그 아들 대복大復은 조정에서 심대를 대신해 내린 벼슬을 받아 현감에 이르렀다.

36 원호가 왜적을 쳐부수다

　강원도 조방장 원호가 왜적을 구미포에서 쳐서 섬멸시켰으나, 춘천에서 싸우다가 패하여 죽고 말았다.

　이때 왜적의 대진大陣(대군으로 이루어진 진영)은 충주와 원주에 있었는데, 그 병영이 서울에까지 연달아 있었다. 충주에 있는 적들은 죽산·양지·용인의 길을 왕래하고, 원주에 있는 적들은 지평·양근·양주·광주廣

州 등지를 서쳐 서울에 이르려고 했나.

원호는 여주의 구미포에서 왜적을 쳐서 섬멸시켰다. 이천 부사 변응성 또한 배에 활 쏘는 군사를 싣고 안개 낀 틈을 타 여주의 마탄에서 왜적을 맞아 죽인 것이 자못 많았다.

이로 인해 원주의 길이 드디어 끊어지니 왜적들은 충주의 길을 경유해 다니게 되었고, 이천·여주·양근·지평 고을의 백성들은 왜적의 칼날에서 벗어나게 된 것은 원호의 공이라고 생각하였다.

순찰사 유영길은 원호를 재촉하여 춘천의 왜적도 치게 하였는데, 원호는 적을 물리치고 나자 자못 왜적을 깔보는 마음을 가졌다. 하지만 춘천의 왜적들은 원호가 장차 쳐들어올 것을 알고 복병을 배치하고 기다렸다. 원호는 이 사실을 알지 못한 채 나가다가 왜적의 복병에게 결국 죽음을 당하고 말았다. 이로써 강원도에는 왜적을 막아 낼 사람이 없게 되었다.

37 권응수 등이 영천을 수복하다

훈련부 봉사 권응수와 정대임 등이 의병을 거느리고 영천에 있던 왜적을 쳐서 격파하고 드디어 영천을 수복하였다.

권응수 조선 선조 대의 무장(1546~1608). 임진왜란이 발발하자 의병을 일으켜 영천을 수복하고 의병 대장으로 활약하였다. 뒤에 경상 병마사, 밀양 부사, 오위도총관 등을 지냈다. 좌찬성에 추증되었으며 시호는 충의(忠毅)이다.

정대임 조선 선조 대의 무장(1553~1594). 임진왜란 때 권응수와 의병을 거느리고 영천을 수복하는 데 공을 세웠다. 이후 1594년 무과에 급제하였으나 품계를 받기도 전에 왜적과 싸우다가 전사하고 만다.

권응수權應鉄는 영천 사람으로 담력과 용맹이 있었다. 그는 정대임鄭大任과 함께 향병 천여 명을 거느리고 영천성에서 왜적을 포위하였는데 군사들이 왜적을 두려워하여 앞으로 나아가지 못하였다. 이에 권응수가 그중 몇 사람을 베니, 군사들은 그제야 앞을 다투어 성을 넘어 들어가 공격에 나섰다. 왜적들은 당해내지 못하여 창고 속으로도 도망하고 혹 명원루明遠樓 위로 올라가기도 했다. 우리 군사가 불로써 공격하니 그 시체 타는 냄새가 몇 리 밖까지 풍겼다. 살아남은 왜적 수십 명은 도망하여 경주로 달아나 버렸다.

이로부터 신녕·의흥·의성·안동 등지의 왜적들도 다 한쪽 길로 모이게 되었다. 때문에 경상 좌도의 여러 고을이 보전될 수 있었으니 이는 영천에서 한 번 싸워 이긴 공이었다.

38 박진이 경주를 수복하다

경상 좌병사 박진이 경주를 수복하였다.

박진은 처음에 밀양에서 달아나 산속으로 들어가 있었는데, 조정에서 전前 병사 이각이 성을 버리고 도망하였다 해서 그를 찾아 베어 죽이고

향병(鄕兵) 각 지방 사람들로 편성되어 훈련한 군사로. 여기서는 의병을 말한다.

대신 박진을 병사로 삼았다.

당시 경상도 내는 왜적들로 득실거려 행조(행재소)의 소식이 남쪽 지방에 끊긴 지 이미 오래였고, 사람들의 마음도 동요되어 어찌할 바를 알지 못하고 있었다.

그런 중 박진이 병사가 되었다는 말이 들리자 흩어졌던 백성들이 차츰차츰 모여들고 수령들도 왕왕 산골짜기에서 다시 나와 나랏일을 보게 되니, 비로소 조정이 있다는 사실을 확인할 수 있었다.

권응수가 영천을 수복하자, 박진은 경상도의 군사 만여 명을 거느리고 경주성 밑에 육박하였다. 하지만 왜적들이 몰래 북문을 나와 우리 군사의 뒤를 엄습하므로, 박진은 군사를 거느리고 안강으로 돌아갔다.

박진이 그날 밤 다시 군사를 경주성 밑에 매복시켜서 비격진천뢰를 쏘아 보내니, 왜적들이 있는 객사의 뜰 안에 떨어졌다. 왜적은 그것이 무엇인지를 알지 못하고 모여들어 밀어도 보고 굴려 보기도 하며 구경하였다.

그러다 포가 안으로부터 폭발하여 소리가 천지를 진동시키고 쇳조각이 별처럼 부서져 흩어지니, 이를 맞고 즉사한 사람이 30여 명이나 되고 맞지 않은 사람도 놀라 쓰러졌다가 한참만에야 일어났다. 놀라고 두려워하지 않는 적들이 없었고, 그것이 어떻게 만들어졌는지를 알지 못하였으므로 모두들 귀신이 재주를 부린다고 생각했다. 왜적들은 다음 날

비격진천뢰(飛擊震天雷) 임진왜란 때 화포장 이장손이 만든 무기로 화약, 철편, 뇌관 등을 속에 넣고 겉은 쇠로 싸서 만든 폭발탄이다. 박진이 이 무기로 왜적을 쳐 경주성을 수복하였다.

이 되자 경주성을 버리고 도망하여 서생포로 가 버렸다.

박진은 드디어 경주성으로 들어가서 남아 있는 곡식 만여 석을 얻었다. 이 사실이 임금에게 알려지자 박진을 가선대부로 승진시키고, 권응수는 통정대부로 승진시키고, 정대임은 예천 군수로 승진시켰다.

진천뢰를 날려 공격하는 전법은 옛날에는 없었던 일로, 군기시의 화포장 이장손 李長孫이 창안하여 만들어 낸 무기이다. 진천뢰를 대완구에 넣어 쏘면 능히 500, 600보는 날아가서 떨어지고 잠시 뒤 저절로 터졌기에, 왜적들이 가장 두려워하는 물건이었다.

39 의병이 일어나서 왜적을 무찌르다

그 무렵 각 도에서는 수많은 의병이 일어나서 왜적을 토벌하였다.

전라도에서는 전 판결사 김천일 金千鎰, 첨지 고경명 高敬命, 전 영해 부사 최경회 崔慶會 등이 활약하였다.

김천일의 자字는 사중士重이며, 그가 의병을 거느리고 먼저 경기도에 이르니 조정에서는 이를 가상히 여겨 창의군倡義軍이라는 군호를 내렸다. 그러나 군세 정비에 성공하지 못하고 강화도로 들어갔다.

이장손 조선 선조 대에 군기시의 화포장으로 있으면서 임진왜란이 발발하자 비격진천뢰를 발명하였다. 왜적들이 가장 무서워하는 무기로써, 특히 비격진천뢰의 폭발 시간을 조정할 수 있는 목곡을 발명해 넣음으로써 더욱 효과적으로 사용되도록 했다.

대완구(大碗口) 조선왕조 때의 대형 화포로 본래는 돌이나 쇠를 안에 넣고 화약을 터뜨려 쏘았으나, 이후 진천뢰가 탄알로 사용되었다. 댕구는 대완구의 잘못된 표현이다.

김천일 임진왜란 당시 의병장으로 삼장사(三壯士) 가운데 한 명이다. 전라남도 나주에서 의병을 일으켜 수원성을 거쳐 강화도로 들어가 활약하였으며, 그 뒤 진주성 싸움에서 왜적을 무찌르고경명의 자는 이순而順이며, 고맹영高孟英의 아들로 글재주가 있었다. 그 또한 향병을 거느리고 격문을 여러 군현으로 보내 왜적에 대항하도록 했으며, 왜적과 싸우다가 패하여 전사하였다. 그의 아들 종후從厚가 아버지를 대신하여 군사를 거느리고 '복수군復讐軍'이라고 이름하였다.

최경회는 뒤에 경상 우병사가 되어 진주에서 왜적과 싸우다가 전사하였다.

경상도에서는 현풍 사람 곽재우郭再祐, 고령 사람으로 좌랑을 지낸 김면金沔, 합천 사람으로 장령을 지낸 정인홍鄭仁弘, 예안 사람으로 한림을 지낸 김해金垓, 교서 정자 유종개柳宗介, 초계 사람 이대조李大朝, 군위 교생 장사진張士珍 등이 활약하였다.

곽재우는 곽월郭越의 아들로 자못 재략이 있었다. 그는 여러 번 왜적과 싸웠는데 적들은 모두 그를 두려워하였다. 그가 정진을 굳게 지켜 왜적이 의령의 지경에 들어올 수 없었으니, 사람들은 이것이 다 곽재우의 공이라고 생각했다.

김면은 무장 김세문金世文의 아들로 왜적을 거창의 우척현에서 맞아 여러 번 물리쳤다. 이 사실이 임금에게 알려지자 발탁하여 우병사를 삼았으나, 병으로 싸움터에서 사망하고 말았다.

유종개는 의병을 일으킨 지 얼마 되지 않아 왜적과의 싸움에서 전사

다가 성이 함락되자 자결하였다(1537~1593).

고경명 조선왕조 중기의 문인이자 의병장(1533~1592). 동래 부사를 지내고 임진왜란 때는 종사관 유팽로(柳彭老)와 함께 6, 7명의 의병을 거느리고 행재소로 북상하던 중 벌어진 금산 전투에서 전사하였다. 시호는 충렬(忠烈)이다.

최경회 조선왕조 중기의 문신이자 의병장(1532~1593). 명종 대문과에 급제하여 벼슬하였고, 상중이던 때 임진왜란이 발발하자 의병장으로 각처에서 왜적을 쳐부수었다. 경상 우병사가 되어 진주성에서 왜적을 막다가 전사했다. 삼장사 가운데 한 명으로, 시호는 충의(忠毅)이다.

하였다. 조정에서는 그 뜻을 가상히 여겨 예조참의를 추증하였다.

장사진은 전후에 걸쳐 왜적을 매우 많이 쏘아 죽이니 왜적들도 그를 장 장군이라 부르면서 감히 군위의 경계에는 들어오지 못하였다.

하루는 왜적들이 복병을 설치하고 그를 유인하였다. 장사진은 왜적을 끝까지 쫓다가 곤란 속에 빠져들고 말았다. 그는 큰소리로 부르짖으며 힘써 싸웠지만 화살이 모자랐다. 왜적이 달려들어 장사진의 한 팔을 끊어 내자 그는 남은 팔만으로 계속 싸웠으나 마침내 힘이 다하여 전사하였다. 이 사실이 임금에게 알려지자 수군절도사로 추증하였다.

충청도에서는 승려 영규靈圭, 전 도독관 조헌趙憲, 전 청주 목사 김홍민金弘敏, 서얼 이산겸李山謙, 사인 박춘무朴春茂, 충주 사람 조덕공趙德恭, 내금위 조웅趙雄, 청주 사람 이봉李逢이 활약하였다.

영규는 용맹과 힘이 뛰어나 조헌과 함께 의병을 거느리고 청주를 수복하였으나, 뒤에 왜적과 금산에서 싸우다가 패하여 다 전사하고 말았다.

조웅은 말 위에 서서 달리기를 잘할 정도로 용감하여 왜적을 죽인 것이 자못 많았으나 그 역시 전사하였다.

경기도에서는 전 사간 우성전禹性傳, 전정 정숙하鄭叔夏, 수원 사람 최흘崔屹, 고양 사람 진사 이노李魯, 이산휘李山輝, 전 목사 남언경南彦經, 유학 김탁金琢, 전 정랑 유대진兪大進, 충의위 이질李軼, 서얼 홍계남洪季男, 사인 왕옥王玉이 활약했다.

곽재우 임진왜란 때의 의병장(1552~1617). 1585년(선조 18) 별시 문과에 급제하였으나 왕의 뜻에 거슬린 글귀가 답지에 있었던 이유로 파방되었다. 과거를 포기하고 은거하던 중 왜란이 발발하자 의령에서 의병을 일으켰다. 항상 붉은 옷을 입고 다녀 홍의장군(紅衣將軍)이라 불렸으며 왜적들도 그를 매우 두려워하였다. 정유재란에도 다시 의병장으로 출전하였고 그 뒤 진주 목사, 함경도 관찰사 등을 지냈다. 시호는 충익(忠翼)이다.

김면 조선왕조 중기의 학자이자 의병장(1541~1593). 이황과 조식의 문하에서 성리학을 배운 뒤 후진을 양성하였다. 임진왜란이 발발하자 거창·고령 등지에서 의병을 일으켰다. 거창 우척이 중 홍계남이 가장 날래고 용맹스러웠다. 그 나머지는 각각 향리에서 백여 명 혹은 수십 명을 모아 의병이라 이름하고 활동한 자로 그 수가 헤아릴 수 없이 많았으나 기록할 만한 공적은 없고 이리저리 옮겨 다니면서 날짜만 보낼 따름이었다.

또 유정惟政은 금강산 표훈사表訓寺에 있던 승려이다. 왜적들이 산속으로 들어오자 절에 있던 승려들은 다 도망하였으나 유정만은 꼼짝을 하지 않았다. 왜적들은 감히 가까이 오지 못하고 어떤 사람은 합장을 하며 예의를 표하면서 돌아갔다.

나는 안주에 있으면서 공문을 사방으로 보내 각각 의병을 일으켜 국난을 구하러 나오라고 하였다. 공문이 금강산까지 이르자 유정은 그것을 불탁 위에 펴놓고 여러 승려들과 함께 읽으며 눈물을 흘렸다. 그가 드디어 승군을 일으켜 평양에 도착했을 무렵에는 무리가 천여 명이나 되었다. 유정은 평양의 동쪽에 주둔하고 순안에 있던 관군과 합세해 굳건한 형세를 만들었다.

종실의 호성감湖城監도 백여 명의 의병을 거느리고 행재소로 달려가니, 조정에서는 그의 벼슬을 올려 호성 도정으로 삼아 순안에 주둔해 대군과 합세하도록 하였다.

북도에서는 평사 정문부鄭文孚, 훈융 첨사 고경민高敬民의 공이 가장 뛰어났다.

현에서 왜적을 격파한 공으로 합천 군수가 되고, 의병대장의 호를 받았다. 이후 선산의 석을 공격하려 했으나 병사하고 말았다. 병조판서에 추증되었다.

정인홍 조선왕조 중기의 문신이자 의병장(1535~1623). 임진왜란 때 합천에서 의병을 일으켜 활약한 공으로 영남 의병장의 호를 받았다. 광해군 즉위 뒤에는 영의정에 올랐다.

영규 조선왕조 선조 대의 승병장(?~1592). 임진왜란 때 조헌과 함께 의병을 거느리고 왜적과 싸워 청주를 수복하고, 금산에서 싸우다가 700의사와 함께 전사하였다. 속성은 박이다.

조헌 조선왕조 중기의 문신이자 의병장(1544~1592). 명종 대 문과에 급제해 교서관에 있다가 이일을 순변사로 삼고, 이빈은 행재소로 불러들였다.

이일은 이보다 먼저 대동강 여울을 지키다가 평양성이 함락되자 대동강을 건너 남쪽으로 내려가 황해도로 들어가서 안악으로부터 해주에 이르렀다. 해주에서 다시 강원도의 이천으로 간 그는 세자를 수행하면서 군사 수백 명을 모았다.

왜적이 평양성으로 들어와서 오랫동안 나오지 않는다는 말에 이어 명나라 구원병이 곧 도착한다는 소식을 듣자 드디어 평양으로 돌아왔다. 평양성에서 동북쪽으로 10여 리 떨어져 있는 임원역에 진을 친 그는 의병장 고충경高忠卿 등과 함께 세력을 연합하여 자못 많은 왜적을 베어 죽였다.

이빈은 순안에 있었는데, 군사를 내보내 싸울 때마다 번번이 패하니, 무군사의 종관들은 모두 이빈과 교체하려고 했다. 그러나 도원수 김명원만 홀로 이빈을 그대로 두자고 주장하여 양쪽은 자못 서로 격돌할 기색까지 엿보였다. 조정에서는 나를 순안 군중으로 보내 진정시키고 해결토록 하였다.

당시 조정의 공론은 이일이 이빈보다 낫다는 것이었다. 또 명나라 구

정주 교수가 되었으며 선조 대에는 좌랑, 현감 등을 지냈다. 임진왜란 때에는 영규와 함께 700 의사를 거느리고 금산에서 왜적을 무찌르다가 전사하였다. 호는 중봉(重峯)이다.

우성전 조선왕조 선조 대의 문신이자 의병장(1542~1593). 이황의 문인이었다. 임진왜란 때 의병을 일으켜 추의군(秋義軍)이라 이름하였고, 강화도에서 김천일과 합세해 적의 진격로를 차단하는 등 많은 공을 세웠다. 이로써 대사성에 이르렀다. 이후 퇴각하는 왜군을 의령까지 쫓았으나 파로로 사망하였다. 소금과 식량을 조달해 난민을 구제하고 관군과 의군의 식량 마련에도 힘썼다.

원병이 장차 도착하고 보면 이빈이 그 임무를 이겨내지 못할 것이므로 드디어 나는 이일을 순변사로 삼고, 박명현朴名賢이 이일의 군사를 대신 거느리도록 했다. 그렇게 해서 이빈은 행재소로 돌아오게 되었다.

왜적의 첩자 김순량 등을 잡아 죽이다

왜적의 간첩 김순량을 사로잡았다.

그해 12월 2일, 나는 안주에서 군관 성남成男을 파견하여 수군장 김억추에게 전령을 보냈다. 적을 공격할 일을 비밀리에 알리고 경계하여 말하였다.

'6일 이내에 전령을 돌려보내도록 하라.'

그 기일이 지나도록 전령을 보내오지 않으므로 성남에게 그 이유를 추궁하여 따졌더니, 성남은 말하였다.

"벌써 강서 군인 김순량金順良을 시켜 돌려 드리게 했습니다."

나는 김순량을 잡아 오게 해 전령이 어디 있는지를 물었다. 그는 전혀 모른다는 모양으로 말하는데 그 모습이 꾸며대는 듯하였다. 성남이 말하였다.

홍계남 조선왕조 중기의 무신(?~?). 임진왜란 때 아버지 홍언수를 따라 의병을 일으켜 왜적을 무찌르는 데 공이 컸고, 아버지가 전사한 뒤에는 경기 조방장이 되어 활약했다.

유정(惟政) 조선왕조 선조 대의 승병장(1544~1610). 명종 대 승과에 급제하였으나 관직을 사양하고 불도를 닦는 데 힘썼다. 임진왜란이 발발하자 승군을 거느리고 순안으로 가 서산대사 휘하에서 활약했으며, 체찰사 류성룡을 따라 명나라 군사와 협력해 평양을 수복하였다. 또한 도원수 권율과 함께 의령에 내려가 전공을 세워 당상에 올랐다. 정유재란에도 의승(義僧)을 거느리고 전공을 세웠으며, 1604년(선조 37)에는 사신으로 일본에 건너가 도쿠가와 이에야스와

"이자가 전령을 가지고 나간 지 며칠 뒤에 군중으로 돌아왔는데, 소 한 마리를 끌고 와서 가족과 가까운 동무들과 함께 잡아먹었습니다. '소를 어디서 가져왔느냐?'고 물으니 대답하기를 '제 소인데 친척 집에 맡겨 기르다가 도로 찾아왔습니다'라고 했습니다. 지금 생각하니 아무래도 의심스럽습니다."

나는 비로소 고문을 하여 그를 엄중히 국문하게 했다. 그는 곧 사실대로 자백하였다.

"소인은 적의 간첩이 되었습니다. 그날 받은 전령과 비밀 공문을 가지고 평양성으로 들어가서 적장에게 보였더니, 전령은 책상 위에 놓아두고 비밀 공문은 보고 나서 찢어 없앴습니다. 그리고 소 한 마리를 상으로 주었습니다. 저와 같이 일한 서한룡徐漢龍에게는 비단 다섯 필을 상으로 주었고 다시 다른 비밀을 탐지하여 15일 안에 와서 보고하기로 약속하고 나왔습니다."

이 말을 듣고 내가 물었다.

"간첩이 된 사람이 너희뿐이냐? 또 몇 사람 더 있느냐?"

그가 대답하였다.

"모두 40여 명이나 되는데 순안과 강서의 여러 진영에 흩어져 있고, 숙천·안주·의주에 이르기까지 돌아다니지 않는 데가 없으며, 일이 있는 대로 알리고 있습니다."

강화를 맺고 전란 때 잡혀간 포로 3천500여 명을 구해 이듬해 돌아오는 등 많은 공을 세웠다. 저서로 『분충서난록(奮忠紓難錄)』과 『사명집(泗溟集)』이 있다.

정문부 조선왕조 선조 대의 문신이자 의병장(1565~1624). 북평사로 있던 중 임진왜란이 발발하자 경성에서 이붕수(李鵬壽) 등과 의병을 일으켜 길주에서 왜적을 크게 파하고, 뒤에 길주 목사가 되었다. 광해군 대에는 정치적 입장으로 인해 관직에 나가지 않다가 인조 즉위 뒤 전주 부윤이 되었으나 이괄의 난에 연루되어 고문으로 사망하였다.

무군사(撫軍司) 임진왜란 때 비변사에 두었던 관청으로 세자의 책임 아래 운영되었다. 재정, 군량,

나는 크게 놀라서 즉시 임금에게 장계를 올리고 각 진에도 급히 알려 이들을 잡아들이게 하였다. 그렇게 해서 대개 잡혀 들어 왔으나 혹 놓쳐 버린 자들도 있었다. 김순량은 성 밖에서 목을 베었다.

　이 일이 있고 오래지 않아 명나라 군사가 이르렀는데 왜적들은 알지 못하였다. 이는 간첩의 무리들이 놀라 도망한 까닭이었다. 이 역시 우연히 벌어진 사건이었으나, 하늘의 도움이라고 아니할 수가 없다.

말먹이 조달 및 병마 훈련, 병기 제조, 험로 수리 등의 업무를 맡았다.

박명현　조선왕조 선조 대의 무신(?~1608). 이몽학의 난을 평정하는 데 공을 세우고, 정유재란 때에는 충청도 방어사로 활약했다.

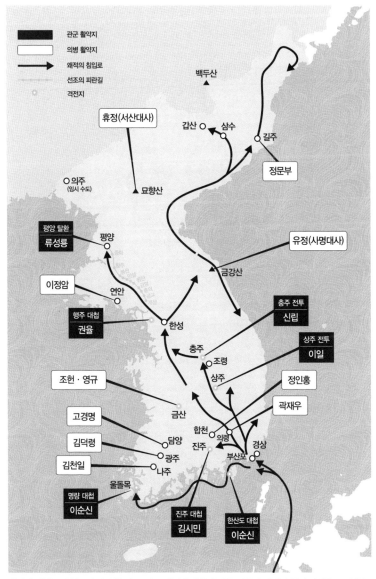

왜적의 진격로와 선조가 피란한 길, 그리고 왜적에 대항해 싸운 관군과 의병의 활약 지역을 표시해 놓았다.

징비록

제 2 권

然其本國王源氏立國於淡武初與我修隣好氏

年其初裁國亦嘗遣使修慶弔禮申裁舟以書狀往來

即其一也後忘舟臨平成宗閣一所啟言忘舟曰顧

國家母與日本央和　成廟感其言命副提學李

書狀官金訢修腔到對馬島使臣以風水驚疑得

舊廟命致書幣於島主而回自是平

母其國信使至依禮接待而已至是平秀吉代源氏篡

主秀吉者或云華人流入倭國負薪為生一日國王山

42 평양성을 수복하다

12월에 명나라에서 크게 군사를 파견했다.

병부 우시랑 송응창宋應昌을 경략으로 삼고, 병부 원외랑 유황상劉黃裳과 주사 원황袁黃을 찬획군무로 삼아 요동에 주둔케 하고, 제독 이여송을 대장으로 삼아 삼영장 이여백李如柏·장세작張世爵·양원楊元과 남방 장수 낙상지駱尙志·오유충吳惟忠·왕필적王必迪 등을 거느려 압록강을 건너게 하니, 그 군사가 4만여 명이었다.

앞서 심유경이 돌아간 뒤에 왜적들은 과연 군사를 거두고 움직이지 않았으나, 이미 약속한 50일이 지나도 심유경이 오지 않으니 왜적들은 의심하여 떠들어 댔다.

"새해에는 말을 몰아 압록강에서 물을 먹이겠다."

왜적에게 잡혀갔다 도망하여 돌아온 사람도 이렇게 말했다.

"왜적들이 성을 공격할 때 쓰는 무기를 크게 수리하고 있습니다."

사람들은 다시 두려워하기 시작했다.

12월 초에 심유경이 다시 와서 평양성으로 들어가 며칠을 머무르다 돌아갔다. 그러나 주고받은 내용은 알려지지 않았었다.

이 무렵 명나라 구원병이 안주에 이르러 병영을 성 남쪽에 설치하니,

송응창 명나라 신종 대의 병부 우시랑으로 임진왜란 때 경략이 되어 요동에 주둔하였다.
유황상 명나라 신종 대의 병부 원외랑으로 임진왜란 때 명나라 구원병의 군무를 도왔다.
원황 명나라 신종 대의 병부주사(兵部主事). 명나라 구원병 송응창의 군대를 도와 임진왜란에 참여했다.
이여백 명나라 신종 대의 무장으로 임진왜란 때 삼영장(三營將)의 한 사람으로 출전하였다. 제독 이여송의 동생이다.

그 깃발과 병기가 정돈되고 엄숙힘이 귀신같았다.

나는 제독을 만나 할 말이 있다고 요청하였다. 제독은 동헌에 앉아 나를 맞이하는데, 보니 헌헌한 장부였다. 의자를 놓고 마주한 나는 소매 안에서 평양성 지도를 꺼내 놓고 지형과 군사가 들어갈 길 등을 가리켜 설명했다. 제독은 주의 깊게 듣고는 가리키는 곳마다 붉은붓으로 점을 찍어 표를 하였다. 내 말이 끝나자 그가 말하였다.

"왜적들은 오직 조총을 믿고 있을 뿐입니다. 우리는 대포를 사용하는 데다 5, 6리를 날아가 맞추니 왜적들이 어떻게 당해 내겠습니까?"

내가 물러나온 다음 제독은 부채에 시 한 수를 지어 보내왔다.

군사를 거느리고 밤에 압록강을 건너옴은   提兵星夜渡江干
삼한 땅이 편안치 못한 때문이네.   爲說三韓國未安
명주께선 날마다 승전보 오길 기다리고   明主日懸旌節報
이 몸은 밤에 즐기던 술잔도 그만뒀네.   微臣夜釋酒杯歡
살기를 띠고 왔건만 마음은 오히려 장해지고   着來殺氣心猶壯
이젠 왜적들 뼛속까지 서늘해지리.   此去妖氛骨已寒
담소엔들 어찌 감히 승산이 없다고 말하리오.   談笑敢言非勝算
꿈속에도 말 달리는 싸움터를 생각하오.   夢中常憶跨征鞍

삼한(三韓) 삼국 시대 이전 우리나라 남쪽에 있던 세 나라 마한, 진한, 변한을 일컫는다.
명주(明主) 총명한 임금을 뜻하며 여기에선 명나라 신종을 말한다.

이때 성안에는 명나라 군사로 가득 찼다. 내가 백상루百祥樓에 머물고 있으려니, 밤중에 갑자기 명나라 군사 하나가 군사상의 밀약 세 조목을 가지고 와서 내보였다. 그의 성명을 물었으나 그는 대답하지 않고 가 버렸다.

제독은 부총병 사대수查大受를 먼저 순안에 보내 왜적을 만나 말하도록 했다.

"우리 조정에서는 이미 강화를 허락하여 심 유격(심유경) 또한 와 있다."

왜적들은 기뻐하였고 겐소는 시를 지어 바쳤다.

싸움을 그치고 중화를 굴복시키니   扶桑息戰腹中華
사해와 구주가 한 가족이 되었구나.   四海九州同一家
기쁜 기운이 갑자기 바깥의 눈을 녹이니   喜氣忽消寰外雪
세상의 봄은 이르건만 태평한 꽃이 피었구나.   乾坤春早太平花

이날은 계사년(1593. 선조 26) 정월 초하루였다.

왜적은 그 소장 다이라 요시츠가사平好官에게 20여 명의 왜적을 거느리고 순안에 나와서 심 유격을 맞이하도록 했다. 사 총병(사대수)은 이들을 유인하여 함께 술을 마시다가, 복병을 일으켜 다이라 요시츠가사를 사로잡고 그를 따라온 왜적들을 거의 베어 죽였다. 그중 세 사람이 겨우 도망쳐 달려가니, 왜적은 그제야 비로소 명나라 군사가 왔음을 알고 몹시 소란스러워졌다.

이때 명나라 대군은 벌써 숙천에 도착해 있었다. 날이 저물자 병사들은 영책을 마련하고 밥을 지었다. 이 보고를 들은 제독은 아무 말 없이 화살을 쏘더니 몇몇 기병을 거느리고 말을 달려 순안으로 달렸다. 이 모습을 본 모든 군사들은 병영을 철수하고 뒤따라 출발했다.

다음 날 아침에는 나아가 평양성을 포위하고 보통문과 칠성문을 공격했다. 왜적은 성 위로 올라가서 붉은 기, 흰 기를 벌여 세우고 대항했다. 명나라 군사들이 대포와 불화살로 공격하니 대포 소리가 땅을 진동시키고 몇십 리 사이의 산들이 흔들렸으며, 불화살이 하늘에 베를 짜듯이 퍼지고 연기가 하늘을 덮었다. 화살이 성안에 떨어지자 곳곳마다 불이 일어나 수목이 다 타들어 갔다.

낙상지와 오유충 등은 친히 군사를 거느리고 개미처럼 붙어 성을 기어올랐다. 앞의 군사가 떨어져도 뒷사람이 오르며 하나도 물러서지 않았다. 왜적들이 창칼을 고슴도치 털처럼 성첩에 드리워 놓았으나 명나라 군사들이 더욱 세차게 싸우니, 왜적은 견디어 내지 못하고 내성으로 물러 들어갔다. 이 싸움에서 베어 죽이고 불태워 죽인 왜적의 수가 헤아릴 수 없었다.

명나라 군사는 성안으로 들어가 내성을 공격했다. 왜적들은 성 위에 흙벽을 만든 다음 많은 구멍을 뚫어 놓아 마치 벌집과 같았다. 왜적이 그 구멍으로 총알을 어지럽게 쏘아 대니 명나라 군사가 많이 상하였다. 제독은 궁한 적들을 몰면 죽기를 다해 싸우는 법이라고 하면서 군사를 성 밖으로 철수시켰다. 도망할 길을 열어 놓으니, 그날 밤에 왜적들은 대동강의 얼음을 타고 강을 건너 도망쳤다.

그 전에 내가 안주에 있을 때 명나라 대군이 나오려 한다는 소식을 듣자, 황해도 방어사 이시언李時言과 김경로金敬老에게 왜적이 돌아가는 길목에서 맞아 치라고 은밀히 경계하면서 말하였다.

"두 장수께서는 길가에 복병을 배치해 놓고서 왜적들이 지나갈 때 그 뒤를 공격하도록 하시오. 왜적들은 굶주리고 지쳐 있어 싸울 마음도 없을 터이니 모조리 사로잡을 수 있으리라."

이시언은 즉시 중화를 향해 떠났으나 김경로는 다른 일을 핑계하며 떠나지 않았다. 내가 군관 강덕관姜德寬을 파견하여 독촉하니 김경로는 마지못한 듯 중화로 떠났다.

그러나 왜적이 물러가기 하루 전날 황해도 순찰사 유영경柳永慶의 부대를 만나자 되돌아서 재령으로 달아났다. 해주에 있던 유영경은 자신의 군대만을 보위하려고 했고, 김경로는 왜적과 맞붙어 싸우기를 꺼려 했기 때문에 벌어진 일이었다.

유영경　조선왕조 선조 대의 문신(1550~1608). 임진왜란 때 초유어사가 되어 군사를 모집하는 데 공이 컸다. 정유재란에는 중추부지사로 있으면서 가족을 먼저 피란시켜 처벌되었으며, 선조 말에는 소북의 영수로서 영창 대군을 옹립하려다 실패하고 광해군 즉위 뒤 대북 일파의 탄핵으로 사약을 받았다.

왜적의 장수 고니시 유키나가, 소 요시토시, 겐소, 야나가와 시게노부 등은 남은 군사를 이끌고 밤을 새워 도망하였다. 병사들의 기운은 빠지고 발은 부르터 절룩거리면서 걸어갔으며, 밭고랑으로 기어가 숨거나 밥을 빌어먹기도 하였다. 그러나 그들을 공격하는 우리 군사는 하나도 없었고 명나라 군사 또한 이들을 추격하지 않았다. 오직 이시언만이 그 뒤를 쫓았으나 치지 못하고, 다만 굶주리고 병들어 뒤떨어진 놈들 60여 명을 베었을 뿐이었다.

당시 왜적의 장수로서 서울에 머물러 있던 자는 우키타 히데이에宇喜多秀家(평수가平秀嘉)였는데, 그는 관백(도요토미 히데요시)의 조카라고도 하고 사위라는 말도 있었다. 그는 나이가 어려서 일을 주관할 수 없었으므로 군사적 사무는 모두 고니시 유키나가의 명에 따르고 있었다. 그리고 가토 기요마사는 함경도에 있으며 돌아오지 않은 상황이었다.

만약 고니시 유키나가, 요시토시, 겐소 등을 사로잡았으면 서울의 왜적은 저절로 무너지고 가토 기요마사 또한 돌아갈 길이 자연히 끊어지는 일이었다. 그렇게 되면 군사들의 마음도 흉흉해지고 바닷가를 따라 도망하지 않는 한 빠져나갈 수 없었을 것이며, 한강 남쪽에 주둔한 왜적들은 차례로 와해되었을 것이다. 이 틈에 명나라 군사가 북을 울리며 추격한다면 바로 부산까지 당도했을 것이다.

이야말로 일시에 온 강산 안의 왜적이 숙청되고 싫도록 술잔을 기울

우키타 히데이에 왜적의 장수로 도요토미 히데요시의 양자였다.

일 기회였으니, 어찌 몇 해 동안을 두고 어지럽게 싸울 필요가 있었겠는가? 한 사람의 잘못이 온 천하에 관계되었으니 실로 통분하고 애석한 일이다.

나는 장계를 올려 김경로를 목 베자고 청하였다. 이는 내가 평안도 체찰사로 있어서 김경로가 나의 관하가 아니었으므로, 먼저 임금께 청한 것이다. 조정에서는 선전관 이순일李純一을 파견하여, 표신標信을 가지고 개성부에 이르러 그를 죽이고자 먼저 제독에게 알리도록 했다. 제독은 말하였다.

"그의 죄는 마땅히 죽여야 하겠으나, 왜적이 아직 섬멸되지 않았으므로 한 사람의 무사라도 죽이기는 아까우니 우선 백의종군토록 하여 공을 세워 속죄할 기회를 줌이 옳을 듯하다."

그는 공문을 만들어 이순일에게 주어 돌려보냈다.

43. 이일 대신 이빈을 순변사로 임명하다

다시 이일 대신 이빈을 순변사 직책에 삼았다.

평양성 싸움에 참여한 명나라 군사는 보통문으로 들어가고 이일과 김응서는 함구문으로 싱안에 들어갔다. 그 후 명나라가 군사를 거두자 모두 물러나와 성 밖에 주둔하여 밤에 왜적들이 도망해 버린 사실을 이튿날 아침에야 비로소 알게 되었다.

이 제독은 우리 군사들이 잘 지키지 않아서 왜적이 달아나도 알지 못하였다고 나무랐다. 이때에 명나라 장수로서 일찍이 순안을 왕래하여 이빈과 서로 친하게 지내는 사람이 나서며 아뢰었다.

"이일은 장수의 재목이 못 됩니다. 그 자리에는 이빈이 좋을 듯합니다."

이 말을 옳게 여긴 제독은 공문을 보내 그런 사정을 우리 조정에 알려 왔다. 이에 조정에서는 좌상 윤두수로 하여금 평양에 가서 이일의 죄를 묻게 하고 군법으로 다스리려 하였으나, 얼마 뒤에 풀어 주었다. 그리고 다시 이빈을 순변사로 임면하고 군사 3천 명을 뽑아 제독 이여송을 따라 남쪽으로 가게 하였다.

44 명나라 군사가 벽제 싸움에 지고 개성으로 물러서다

이 제독이 군사를 거느리고 파주로 나아가 왜적과 벽제 남쪽에서 싸웠으나 불리하자 개성으로 물러나 주둔하였다.

이보다 먼저 평양성이 수복되자 대동강 이남에 주둔하고 있던 적들은 다 도망하여 버렸다. 제독 이여송은 왜적을 추격하라 명령하고 나에게 말하였다.

"대군이 바야흐로 전진하려 하는데 앞길에 군량과 말꼴이 없다고 들립니다. 대신으로서 나랏일을 걱정하시는 공께서 수고로움을 꺼리지 마시고 나아가 군량 준비에 잘못됨이 없도록 해 주십시오."

나는 제독과 작별하고 나왔다. 명나라 군사의 선봉이 벌써 대동강을 지나서 가고 있는데, 빽빽하게 가득 찬 군사들로 어지럽게 길이 막혀 나아갈 수가 없었다. 나는 옆길로 돌아 급히 군사 앞에 나서 그날 밤 중화를 거쳐 황주에 이르렀는데, 때는 이미 삼경이었다.

그곳은 왜적의 군사들이 금세 물러간 뒤라서 마을마다 텅 비고 백성들이 보이지 않으니 수습할 길이 없었다. 이에 급히 공문을 황해 감사 유영경에게 보내어 군량의 운반을 독촉하고, 또 평안 감사 이원익에게도 공문을 보내어 김응서 등이 거느린 군사 중에서 싸움터에 나가 수 없는 사람을 조발하여 평양으로부터 곡식을 황주로 운반토록 하고, 배로도 평안도 세 고을의 곡식을 옮겨 청룡포를 통해 황해도로 옮기도록 하였다.

일을 미리 준비하였던 것이 아니고 임시로 급하게 서두르는 데다가 대군이 뒤따라오므로, 군량 모자라는 일이 일어날까 봐 애를 태웠다. 유영경은 왜적들을 피해 산골 사이에 숨겨 두었던 곡식이 자못 많았다. 그가 백성들을 동원해 수송하여 오니 군량이 모자라는 사태에는 이르지 않았고, 얼마 뒤에 대군은 개성부에 도착하였다.

정월 24일에 서울에 온 왜적은 우리 백성들이 내응할까 의심하고, 또 평양에서의 패한 것을 분하게 여겨 서울 안에 있는 백성들을 닥치는 대로 죽이고 관청, 사삿집 할 것 없이 불태워 버렸다. 그리고 서쪽 지방에 있던 왜적들을 모두 서울로 집결시켜 우리 군사와 항거할 것을 도모하였다.

나는 제독 이여송에게 속히 진군할 것을 연달아 청하였으나, 제독은 머뭇거리기 여러 날 만에 진군하여 파주에 이르렀다.

그 다음 날 부총병 사대수는 우리 장수 고언백과 함께 군사 수백 명을 거느리고 먼저 가서 왜적의 동정을 탐정하다가 벽제역의 남쪽 여석령에서 만난 왜적 백여 명을 베어 죽였다.

제독 이여송은 이 말을 듣자 대군은 그대로 머물러 있게 하고 홀로 기병 천여 명만 거느린 채 달려 나갔다. 그가 혜음령을 지나는데 말이 넘어져서 땅에 떨어지니, 따르던 부하들이 급히 붙들어 일으켰다.

이 순간 왜적은 많은 군사들을 여석령 뒤에 숨겨 놓고 수백 명만 영마루 위에 나와 있었다. 이를 본 제독 이여송이 군사를 두 길로 나누어 앞으로 나가니, 왜적들도 역시 고개로부터 내려와서 서로 점점 가까워졌다. 그때 숨어 있던 왜적이 산 뒤로부터 갑자기 고개 위로 올라와 진을 치니 그 수효가 몇만 명이나 되었다. 명나라 군사들은 두려움에 어쩔 줄 몰랐지만 벌써 칼날을 맞댔으므로 어찌할 수가 없었다.

제독 이여송이 거느린 군사는 북방의 기병들이라 총기는 없고 다만 짧은 칼을 갖고 있었다. 그런데 왜적들은 보병으로서 3, 4척이나 되는 날카로운 칼을 써서 견줄 수가 없었고, 서로 맞부딪치니 좌우로 휘두르는 긴 칼에 사람과 말이 다 쓰러져 감히 당할 수가 없었다. 제독 이여송은 형세가 위급한 것을 보고 후군을 불렀으나 도착하기 전에 군사는 이미 패하여 죽고 다친 자가 매우 많았다. 그러나 왜적 또한 군사를 거두고 급하게 추격하지 않았다.

날이 저물어 파주로 돌아온 제독 이여송은 패한 일을 말하지는 않았으나, 기운이 매우 상하였고 밤에는 친히 믿고 아끼던 부하들이 전사한 것을 슬퍼하며 통곡하였다.

이튿날 제독은 군사를 동파로 후퇴시키려 하였다. 내가 우의정 유홍, 도원수 김명원, 장수 이빈 등과 함께 제독을 찾아가니, 제독 이여송은 막 장막 밖으로 나서고 있고 여러 장수들도 좌우에 서 있었다. 나는 힘써 간하였다.

"이기고 지는 것은 병가兵家에게는 항상 있는 일입니다. 마땅히 형세를 보아서 다시 나아가면 될 것이지 어찌 가볍게 움직이려 하십니까?"

그러자 이여송은 말하였다.

"우리 군사는 어제 싸움에 적을 많이 죽였으니 불리한 일은 없지만, 이곳에 비가 와 진창이 돼서 군사를 주둔시키기에 불편합니다. 동파로 돌아가 군사를 쉬었다가 진격하려는 것입니다."

우리 일행이 그래서는 안 된다고 거듭 만류하니, 제독 이여송은 황제께 상주하기 위해 이미 써 놓은 초고를 내보였다. 거기에 쓴 글 중에는

'서울에 있는 적병이 20여 만 명이니 우리 군사가 적어서 대적할 수가 없습니다.'

라는 글귀도 있고, 끝에는 이런 말도 써 있었다.

'신은 병이 심하여 중임을 감당키 어렵사오니 청컨대 다른 사람으로 소임을 대신하게 하옵소서.'

나는 깜짝 놀라서 손으로 그 글을 가리키면서 물었다.

"왜적의 군사는 분명 얼마 안 되는데 어찌 20만 명이라 하십니까?"

"내가 어찌 알겠소? 공의 나라 사람이 그렇게 말하니 그런 줄 알 뿐이지요."

하지만 제독 이여송의 말은 핑계였다. 명나라의 여러 장수들 가운데서도 장세작은 더욱 제독 이여송에게 퇴병하기를 권하였다. 우리들이 굳이 간청하며 물러가지 않자 격한 표정으로 순변사 이빈을 발길로 차고 꾸짖는 소리가 날카로웠다.

이 무렵에는 큰비가 날마다 계속 내리는데도 왜적들이 길가의 모든 산을 불살라 버려 말에게 먹일 풀포기 하나 없었고, 거기다가 말의 돌림병까지 생겨 며칠 동안에 죽은 말이 만여 필이나 되었다.

이날 세 진영의 군사들이 도로 임진강을 건너 동파역 앞에 주둔하더니 다음 날에는 동파역으로부터 개성부로 돌아가려고 하였다. 나는 또다시 간쟁하였다.

"대군이 한번 물러가면 왜적들의 기세가 더욱 방자해지고, 멀고 가까운 곳의 백성들이 놀라 흩어지게 되면 임진강 이북도 보전하기가 어려워질 것입니다. 원컨대 좀 더 머물러 있으면서 틈을 보아 이동하도록 하소서."

제독 이여송은 이를 허락하는 체하였다. 그러나 내가 물러나온 뒤 제독 이여송이 곧 말을 타고 개성부로 돌아가니, 여러 병영이 뒤이어 개성으로 물러가 버리고 말았다. 오직 부총병 사대수와 유격 관승선冊承宣의 군사 수백 명만이 임진강을 지키고 있었다. 나는 그대로 동파에 머무르며 날마다 사람을 보내 다시 진병할 것을 청하였는데, 제독 이여송은 거짓으로 꾸며 대었다.

'날씨가 개고 길이 마르면 마땅히 진격할 것입니다.'

그러나 사실은 진격할 의사가 없었다.

대군이 개성부에 이르러 여러 날이 지나자 군량이 다하기 시작했다.

다만 수로를 통해 조와 말꼴을 강화도에서 가져오고 또 배로 충청두와 전라도의 세곡을 조금씩 옮겨 왔으나, 그것은 이르는 대로 없어져서 형세가 급박하였다.

하루는 명나라 여러 장수들이 군량이 떨어졌다는 것을 핑계 삼아 제독 이여송에게 군사를 돌리자고 청하였다. 제독 이여송은 노하여 나와 호조판서 이성중李誠中과 경기 좌감사 이정형李廷馨을 불러 뜰아래 꿇어 앉히고는 큰소리로 꾸짖으며 군법으로써 다스리려 하였다.

나는 사과하기를 마지않았다. 인하여 나랏일이 이 지경에 이른 것을 생각하니 나도 모르는 새 눈물이 흘러내렸다. 제독 이여송은 민망했는지 다시 자기 장수들에게 성을 내며 말하였다.

"너희들이 지난날 나를 따라서 서하를 칠 때에는 군사들이 여러 날을 먹지 못하였어도 돌아가자는 말을 하지 않고 끝까지 싸워 큰 공을 세웠는데, 지금 조선에서 며칠 군량을 지급하지 못하였다고 어찌 감히 군사를 돌리겠다고 말하느냐? 돌아갈 자가 있거든 돌아가거라. 나는 적을 섬멸하지 않고는 돌아가지 않고 오직 말가죽으로 시체를 싸 가지고 가겠다."

그러자 모든 장수들이 머리를 조아리며 사과하였다.

내가 문 밖으로 나온 다음 군량을 제때에 공급하지 못한 죄로 개성 경력 심예겸沈禮謙을 곤장으로 다스렸더니, 군량을 실은 배 수십 척이 강

이성중 조선왕조 선조 대의 문신(1539~1593). 진사시에 합격해 호조·예조·병조의 좌랑, 홍문관 수찬과 이조좌랑을 거쳤으나 당쟁으로 인한 벼슬의 부침을 몇 차례 겪었다. 임진왜란이 일어나자 서울을 방어하다가 임금을 호위해 의주에 이르러 호조판서가 되었고, 그해 7월에는 명나라에 파견되어원군을 요청했다. 군량 보급에 힘쓰다가 1593년 7월 함창에서 병사하였다. 이황의 문인이다.

이정형 조선 왕조의 명신(1549~1607). 문과에 급제하여 요직을 맡고 임진왜란이 발발하자 좌승지로서 임금을 호종해 개성 유수로 특진되었다. 개성이 함락되자 형 이정암과 황해도에서

화도로부터 와서 서강에 닿았다. 이로써 겨우 일이 무사하였다. 이날 저녁에 제독 이여송은 총병 장세작을 시켜 나를 불러 위로의 뜻을 표하면서 새로운 군사軍事에 관하여 의논하였다.

제독 이여송은 평양으로 돌아갔다. 이때 왜적의 장수 가토 기요마사는 아직 함경도에 있었는데 어떤 사람이 이런 말을 전하여 왔다.

"가토 기요마사가 곧 함흥으로부터 양덕과 맹산을 넘어 평양성을 습격하려 합니다."

제독 이여송은 북으로 돌아가고 싶은 생각이었으나 그 기회를 얻지 못하다가 이 말에 따라 선언하였다.

"평양은 근본이 되는 곳이므로 만약 여기를 지키지 못하면 대군의 돌아갈 길이 없어질 것이니, 구하지 않을 수 없다."

그는 드디어 군사를 돌려 평양성으로 돌아가고, 왕필적에게 머무르면서 개성을 지키게 하였다.

그리고 그는 <u>접반사</u> 이덕형을 보고 일렀다.

"조선의 군사도 형세가 외롭고 구원병도 없으니 마땅히 모두 임진강의 북쪽으로 돌아가는 편이 좋겠소이다."

당시 전라도 순찰사 <u>권율</u> 權慄은 고양군의 행주에 있고, 순변사 이빈은 파주에, 고언백과 이시언은 해유령에, 도원수 김명원은 임진강 남쪽에 있고, 나는 동파에 있었으니 제독 이여송은 왜적들이 틈타 쳐들어올까

의병을 일으켜 적을 격파하고 경기도 관찰사가 되었다. 1593년에는 이여송을 따라 평양 탈환전에 참가하였다. 벼슬이 대사헌에 이르렀다.

접반사(接伴使)　임금을 모시며 외국 사신의 접대를 맡은 임시직으로 정3품 이상에서 임명하였다.

권율　조선왕조 선조 대의 문신이자 무장(1537~1599). 예조 좌랑, 호조 정랑을 지내고, 임진왜란에는 광주 목사에서 전라도 순찰사가 되었다. 이후 북상하여 수원 등지에서 왜적을 쳐 서진을 막고 행주산성에서 대승하고, 도원수가 되어 전군을 지휘하였다. 시호는 충장(忠壯)이다.

두려워 그렇게 말한 것이다.

나는 종사관 신경진을 시켜 제독 이여송을 보고 군사를 물러가게 해서는 안 될 이유 다섯 가지를 들어 설명하였다.

"첫째, 역대 선왕의 분묘가 다 경기 안에 있는데 지금 왜적들의 수중에 빠져 있습니다. 그런 까닭에 귀신과 사람이 모두 수복을 바라는 마음이 간절하니 차마 버리고 가서는 안 될 것입니다.

둘째, 경기도 이남에 있는 백성들은 날마다 구원병이 오기를 바라고 있는데 갑자기 물러갔다는 말을 듣게 되면 의지할 길 없는 백성들이 왜적에게 돌아서게 될 것입니다.

셋째, 우리 강토는 한 자 한 치라도 쉽사리 버릴 수 없는 것입니다.

넷째, 우리 장병들은 비록 힘이 약하다 하더라도 명나라 구원병의 힘을 믿고 함께 진격하려 도모하는데, 한번 철퇴한다는 명을 듣게 되면 반드시 원망을 품고 쓰러지고 말 것입니다.

다섯째, 구원병이 물러나면 왜적들이 그 뒤를 타서 덤벼들 터이니 임진강 이북마저도 보전할 수 없을 것입니다."

보고를 들은 제독 이여송은 그러나 아무 말도 없이 떠나갔다.

45 권율의 행주대첩

전라도 순찰사 권율이 왜적을 행주에서 격파하고 파주로 옮겼다.

먼저 광주 목사로 있던 권율은 이광 대신 순찰사가 되어 임금을 돕게 되었다. 그는 이광 등이 들판에서 싸우다가 실패한 것을 경계하고, 수원에 이르러 독(성)산성에 의거하니 왜적들은 감히 공격해 오지 못하였다. 그는 명나라 구원병이 장차 서울로 들어온다는 말을 듣자 한강을 건너 행주산성에 진을 쳤다.

그러자 서울에 있던 왜적들이 나와 크게 공격해 왔다. 군중의 인심은 흉흉하여지고 두려워 떨며 도망치려 하였으나 강물이 뒤에 있어서 달아날 길도 없었다. 할 수 없이 성으로 돌아와서 힘을 다해 싸우니 화살이 비 오듯 쏟아졌다. 왜적들은 부대를 세 진으로 나누어 쳐들어왔으나 번번이 패하였다. 때마침 날이 저물자 왜적들은 서울로 돌아갔다. 권율은 군사들로 하여금 왜적의 시체를 가져다가 그 사지를 찢어 나뭇가지에 헤쳐 걸어놓아 그 맺혔던 한을 풀었다.

얼마 뒤 왜적이 다시 나와서 반드시 원수를 갚으려 한다는 말을 들은 권율은 병영과 목책을 헐고 군사를 거느려 임진강으로 가 도원수 김명원을 따랐다.

나는 이 말을 듣자 홀로 달려가 파수산성에 올라갔다. 그 형세를 살펴 보니 요충지로서 지세도 험준하여 가히 근거지로 삼을 만하다고 생각되었다. 나는 즉시 권율과 순변사 이빈에게 그곳을 굳게 지켜 왜적의 군사들이 서쪽으로 내려오는 것을 막도록 했다.

한편으로 방어사 고언백과 이시언, 조방장 정희현鄭希玄과 박명현 등을 유격병으로 삼아 해유령을 막도록 하고, 의병장 박유인朴惟仁·윤선정尹先正·이산휘 등은 오른쪽 길목을 따라 창릉과 경릉 사이에 숨었다가 왜적이 많이 나오면 피하여 싸우지 말고, 적게 나오거든 곳곳에서 맞아 치도록 했다. 이로부터 왜적들이 성을 나와 땔나무를 구할 수 없었고 말꼴도 뜯어 갈 수 없어 많은 말들이 죽었다.

또 창의사 김천일, 경기 수사 이빈, 충청 수사 정걸丁傑 등에게는 배를 타고 용산 서강을 따라 왜적의 세력을 분산시키도록 했다. 양성에 머물고 있던 충청도 순찰사 허욱許頊에게는 돌아가 충청도를 지키면서 왜적이 남쪽으로 뻗치려는 기세를 꺾도록 했다.

그리고 경기도·충청도·경상도의 관군과 의병에게 공문을 보내어 각각 그곳에 있으면서 왜적의 가는 길목을 좌우로부터 막도록 했다.

양근 군수 이여양李汝讓에게는 용진을 지키게 하고, 여러 장수들은 벤 왜적의 머리를 모든 개성부의 남문 밖에 매달아 놓게 하였다. 제독 이여송과 참군 여응종呂應鍾은 이를 보고 좋아하며 말하였다.

창릉(昌陵) 조선의 제8대 왕 예종과 계비 안순 왕후의 능. 경기도 고양시 덕양구에 있다.

경릉(敬陵) 세조의 맏아들 덕종과 그 비 소혜 왕후의 능이다. 경기도 고양시 덕양구에 있다.

창의사(倡義使) 나라에 큰 난리가 일어났을 때 의병을 일으킨 사람에게 주던 임시 벼슬.

"조선 사람도 이제는 적의 머리 자르기를 공을 자르듯 합니다그려."

하루는 왜적이 동문으로부터 많이 나와서 산을 수색하는데 양주와 적성에서부터 대탄까지 이르렀으나, 아무것도 얻지 못하였다. 명나라 장수 사대수는 왜적의 습격을 받을까 두려워하여 나에게 알렸다.

"정탐병이 와서 하는 말이 '적들은 사 총병과 류 체찰사(류성룡)를 사로잡으려 한다' 하니, 잠시 개성으로 피하는 게 어떻겠습니까?"

이 말을 들은 나는 단호히 대답하였다.

"정탐병이 한 말을 어찌 믿을 수 있겠습니까. 왜적들은 지금 우리가 가까이 올까 근심하고 있는데, 경솔하게 강을 건너오겠습니까? 우리들이 한번 움직이면 민심이 반드시 동요될 것이니 조용히 기다려 보시지요."

그랬더니 사대수는 웃으면서 말하였다.

"아주 옳은 말씀입니다. 가령 적이 온다 하더라도 나는 체찰사와 죽고 사는 것을 같이하지, 어찌 혼자 갈 수 있겠습니까."

드디어는 거느리고 있는 군사 수십 명을 나누어 보내와서 나를 호위하도록 했다. 그들은 비가 심하게 쏟아져도 밤새도록 경비하여 잠시도 게을리하지 않다가 왜적들이 성으로 들어갔다는 소식을 듣고서야 그만두었다.

그런 뒤에 왜적들은 권율이 파주산성에 있다는 사실을 탐지하고 원한을 갚고자 대군을 거느리고 나와 광탄에 이르렀다. 여기는 파주산성에서 몇 리 떨어지지 않은 곳이었으나 그들은 군사를 머물러 두고 진격하지 못하였다. 왜적들은 오시(정오)에서 미시(낮 1~2시)에 이르도록 공격하지 않고 있다가 돌아간 뒤에는 다시 나오지 않았다. 이는 왜적이 지형을 살필 줄 알아서 권율이 의거하는 데가 매우 험절함을 알고 있었기 때문이다.

나는 공문을 왕필적에게 보냈다.

'왜적이 이제 험고한 데 의거하고 있으니 쉽사리 칠 수 없습니다. 대군은 마땅히 동파를 지키고 파주에서는 그 뒤를 견제하며, 남쪽의 군사 1만 명을 뽑아 강화도로부터 한강의 남쪽으로 나와 왜적의 틈을 타서 기습한다면 서울의 적들은 돌아갈 길이 끊어져서 반드시 용진으로 달아날 것입니다. 이럴 때에 뒤에 있는 군사로서 여러 강나루를 덮친다면, 가히 한 번에 왜적을 소탕할 수 있을 것입니다.'

왕필적은 무릎을 치며 뛰어난 전략이라고 탄복하였다. 그는 정탐꾼 36명을 뽑아 충청도 의병장 이산겸의 진영으로 보내서 왜적의 형세를 살피게 하였다. 당시 왜적의 정예부대는 다 서울에 있었고, 후방에 주둔한 군사는 약하고 파리한 자들이었다. 정탐하러 갔던 군사들은 돌아와 신이 나서 보고하였다.

"1만 명의 군사까지도 필요하지 않고 다만 2천, 3천 명이면 쳐부술 수가 있겠습니다."

그런데 이 제독은 북방 출신의 장수로 이 싸움에서 남방 출신의 군사를 아주 억압하였다. 그는 그들의 성공을 꺼려 뜻대로 하는 것을 허락하지 않았다.

46 굶주리는 백성을 구제하다

남은 군량을 내주어 굶주린 백성들을 구제하자고 임금께 청하였더니 이를 허락하셨다.

왜적이 서울을 점거한 지 벌써 2년이 되어 병화로 인한 피해 때문에 천 리 지방이 쑥밭이 되니, 백성들은 농사를 지을 수가 없어서 굶어 죽는 자가 부지기수였다. 성안에 남아 있던 사람들은 내가 동파에 있다는 말을 듣자 서로 붙들고 이고 지고서 모여드니 그 수를 헤아릴 수가 없었다. 사 총병이 마산으로 가는 도중이었다. 어린아이가 길에 죽은 어머니의 젖을 빨고 있는 것을 본 그는 가엾게 여겨 아이를 데려다가 군중에서 기르면서 나에게 일렀다.

"왜적들이 아직 물러가지도 않았는데 백성들이 이 지경이니, 장차 어떻게 하면 좋단 말이오?"

그는 이어 한숨을 쉬며 말했다.

"하늘도 탄식하고 땅도 슬퍼할 일입니다."

이 말을 듣자 나도 모르는 새 눈물이 흘렀다.

그 무렵 대군이 계속 내려온다는 전갈에 따라, 군량을 싣고 남쪽으로부터 온 배를 다 강 언덕에 대놓게 하고 감히 달리 사용하지 못하게 하였다.

때마침 전라도 소모관(召募官) 안민학安敏學이 겉곡식 1천 석을 모아서 배에 싣고 왔다. 나는 즉시 임금에게 장계를 올려 이 곡식으로 굶주린 백성들을 구제하자고 청하고, 전 군수 남궁제南宮悌를 감진관으로 삼아 솔잎을 따다 가루를 만들어서 솔잎가루 열 푼에 쌀가루 한 홉씩을 섞어 물에 타 마시게 하였다. 그러나 사람은 많고 곡식은 적어서 별로 도움이 되지 않았다.

이를 본 명나라 장수들 역시 우리 백성을 불쌍히 여겨 자기네들의 군량 30석을 나누어 내기까지 했지만 이는 능히 백 분의 1에도 미치지 못하였다. 하루는 밤에 큰비가 왔는데, 굶주린 백성들이 내가 있는 숙소의 좌우에 모여 신음하는 소리는 차마 들을 수가 없었다. 아침에 일어나 살펴보니 여기저기 굶어 죽은 사람이 즐비했다.

소모관(召募官) 전시에 군량, 마필, 정병 등을 모집하는 벼슬아치로 벼슬 자체를 뜻하기도 한다. 소모사(召募使)라고도 불렀다.

안민학 조선 왕조 중기의 문신(1542~1601). 명종 대 20세의 나이에 학행(學行)으로 천거받고 참봉 등을 지냈으며 선조 대에는 감찰·현감 등의 벼슬을 두루 역임하였다. 임진왜란이 발발하자 소모사로 활약하며 군량의 수송을 맡고, 후에 사'도시 첨정에 임명되었으나 사퇴하고 홍주에 우거했다. 중국 춘추전국시대의 학파인 제자백가에 통달했으며, 필법이 뛰어나고 문장에도 능하여 사림의 존경을 받았다.

경상 우감사 김성일도 전 전적 이노를 파견하여 급박한 사정을 나에게 알려 왔다.

'전라 좌도의 곡식을 내어 굶주린 백성을 구제하고 또 그 곡식으로 봄 밭갈이 종자로 하려고 하나, 전라 도사 최철견崔鐵堅이 들어주려 하지 않습니다.'

이 시기 지사 김찬金瓚이 체찰부사가 되어 호서에 있었으므로, 나는 김찬에게 공문을 보내 전라도로 내려가 남원 등지의 곡식 1만 석을 영남으로 옮겨 백성들을 구제하게 하였다.

대저 이때는 서울부터 남쪽 해안에 이르기까지 왜적의 군사들이 가로질러 꿰뚫고 있었고, 바야흐로 4월인데도 백성들은 높은 산이나 골짜기에 숨어 있으니 보리를 심은 곳이 하나도 없었다. 이 상태로 몇 달이 더 지나갔더라면 우리 백성들은 모조리 굶어 죽었을 것이다.

47 심유경의 적극 강화책

유격장 심유경이 다시 서울로 들어가서 왜적에게 군사를 물러가게 하라고 달래었다.

감진관(監賑官) 기근이 들었을 때 임금이 특별히 지방에 파견하던 사신. 감진사(監賑使), 감진어사를 일컫는다.

김찬 조선왕조 중기의 문신으로 문장에 뛰어났다(1543~1599). 문과에 급제하여 대사헌, 이조판서에 이르렀다. 경제 문제에 밝고 외교적 수완이 능숙하였던 그는, 임진왜란이 일어나자 접반사가 되어 명나라의 지원군을 인도하고 일본과의 강화 회담에서 많은 공을 세웠다. 또한 선조를 호종하였다.

4월 7일에는 제독(이여송)이 군사를 거느리고 평양으로부터 개성으로 돌아왔다.

이보다 앞서 김천일의 진중에 있던 이진충李盡忠이라는 자가 스스로 말하였다.

"제가 서울로 가서 적세를 탐지하고, 두 왕자(임해군·순화군)와 장계군 황정욱을 만나보고 오겠나이다."

그렇게 하도록 허락하자 그는 서울로 갔다가 얼마 뒤 돌아와서 보고 하였다.

"왜적들이 강화할 뜻을 가지고 있었습니다."

얼마 안 되어 왜적이 용산에 있는 우리 수군에 서한을 보내어 화친하기를 청하므로, 김천일은 그 서한을 나에게 보내왔다. 나는 생각하였다.

'제독이 이미 싸울 의사가 없으니, 혹 이 강화를 빌어 왜적을 물리치려 한다면 다시 개성으로 돌아와야 할 것이다. 그러면 일은 거의 끝난 것이다.'

그래서 나는 그 글을 사대수에게 보였다. 그는 곧 가정 이경李慶에게 빨리 평양으로 달려가 알리도록 했다. 이에 제독 이여송이 다시 심유경을 불러들이자, 김명원은 심유경을 보고 말하였다.

"왜적이 평양에서 속임을 당한 것을 분하게 여겨 반드시 좋지 않은 생각을 가졌을 터인데, 어찌 다시 적진으로 들어가려 하오."

가정(家丁) 집에서 신임하고 부리는 일꾼.

심유경은 대답하였다.

"적들이 빨리 물러가지 않아 패한 일인데, 나에게 무슨 상관이 있단 말이오?"

그러곤 적진으로 들어갔다. 그가 왜적의 진중으로 들어가 한 말을 듣지는 않았지만 대개는 '왕자와 수행원을 돌려보내고 부산으로 환군한 연후에야 강화하겠다'는 책망이었을 것이다. 왜적이 약속을 받아들이겠다고 하자 그제야 제독은 개성으로 돌아왔다.

나는 제독에게 정문을 보내어 극진하게 요구하였다.

'화친하는 것만이 최선의 계획이 아니니, 어서 공격해야 합니다.'

그랬더니 제독 이여송은 회답하여

'우선 내가 생각한 것도 그와 같습니다.'

라고 말하면서도 내 의사대로 할 뜻은 없었다. 제독은 유격장군 주홍모周弘謨를 왜적의 진영으로 보냈다. 나는 마침 김 원수(김명원)와 함께 권율의 진중에 있다가 그를 파주에서 만났다. 주홍모는 우리들에게 들어와서 기패에 참배하기를 권했다. 나는 말하였다.

"이것은 왜적의 진영으로 들어갈 기패인데 내가 무엇 때문에 여기 참배한다는 말이오? 또 송 시랑(송응창)이 왜적을 죽이지 말라는 내용도 기록해 놓았으니 더욱 받을 수가 없습니다."

주홍모는 참배하기를 여러 차례 강요하였으나 나는 끝까지 대답하지

정문(呈文) 하급 기관이 상급 기관에, 또는 아래 관원이 상급의 관원에게 진정할 때 쓰는 공문으로 한 면에 다섯 줄로 쓰는 것이 특징이다.

기패(旗牌) 임금의 명령을 적은 깃발.

않고 말을 달려 동파로 돌아와 버렸다. 수홍노가 사람을 시켜 이 일을 제독에게 보고하니, 제독은 크게 노하여 말했다.

"기패는 곧 황제의 명령이라 오랑캐들조차도 보면 머리를 숙이는데, 어찌하여 절하지 않는다는 말인가? 내 마땅히 군법으로 처리한 연후에 회군하리라."

접반사 이덕형이 이 말을 듣고 급히 나에게 사람을 보내 알려 왔다.

"내일 아침에 와서 사과하지 않으면 안 되겠습니다."

다음 날 나는 김 원수와 함께 개성으로 가서 영문을 찾아 성명을 통하였으나, 제독은 노하여 만나 주지도 않았다. 물러가려는 김 원수를 붙잡고 나는 이렇게 말하였다.

"제독이 우리를 시험하는 것이리니 조금만 기다려 봅시다."

이때 비가 조금 내렸다. 우리 두 사람이 문 밖에 서 있으려니까, 잠시 뒤 제독이 보낸 사람들이 나왔다 들어갔다 하기를 되풀이하며 동정을 살폈다. 얼마 후 들어오라는 기별이 전해졌다. 나는 마루 위에 서 있는 제독 앞으로 나아가 예를 표하고 사과하였다.

"우리들이 비록 어리석고 용렬할지언정 어찌 기패를 공경할 줄 모르겠습니까? 다만 기패 옆에 우리나라 사람들이 왜적을 죽이는 것을 허락하지 않는다는 내용이 있으니, 이를 통분하게 여겨 감히 참배하지 않았습니다. 실로 죄를 면할 길이 없게 되었습니다."

내 말을 다 들은 제독은 부끄러운 빛을 띠며 답했다.

"옳은 말씀입니다. 그러나 그 글은 송 시랑이 쓴 것이니 나에게는 관계 없는 일입니다. 요사이에는 근거 없는 소문이 많습니다. 만약 신하가 기패에 참배하지 않았는데 내가 이를 용서하고 문책하지 않았다는 말을 들으면, 반드시 나까지도 책망을 당할 것입니다. 그러니 정문을 만들어 두었다가 송 시랑이 문책하는 일이 있으면 그것으로써 해명하고, 묻지 않거든 그대로 놓아두리다."

우리 두 사람은 인사하고 물러 나와서 그 말대로 정문을 만들어 보냈다. 이로부터 제독은 사람을 파견하여 왜적의 진영을 잇달아 왕래하였다.

하루는 내가 도원수와 함께 제독을 본 다음 동파로 돌아오는 길에 천수정天壽亭 앞에 이르렀다가, 사대수의 가정 이경을 만났다. 그는 동파로부터 개성으로 향하고 있었는데, 말 위에서 서로 읍하고 지나쳤다.

그런데 초현리에 이르렀을 때 명나라 군사 셋이 말을 타고 달려오면서 큰소리로 물었다.

"체찰사가 어디 계시오?"

나는 말을 멈추고 돌아보며 대답했다.

"내가 체찰사다. 무슨 일인가?"

그러자 그들은 내 옆으로 오더니 외쳤다.

"말을 돌리시오."

그중 한 사람은 손에 쇠사슬을 들고 긴 채찍으로 내가 탄 말을 때리며 재촉하였다.

"달려라, 달려라."

나는 무슨 영문인지를 알지 못한 채 그 뜻에 맡겨 개성을 향해 달리는 수밖에 없었다. 그래서 나를 수행하는 사람들은 다 뒤에 떨어지고, 오직 군관 김제金霽와 종사관 신경진만이 안간힘을 다해 따라왔다. 청교역을 지나 토성 모퉁이에 이르렀을 무렵, 또 한 명의 기병이 성안으로부터 말을 달려 와서 나와 함께 온 세 군사에게 무슨 말인지 수군거렸다. 그러더니 그들은 나에게 읍하면서 이렇게 말할 뿐이었다.

"돌아가셔도 좋습니다."

나는 멍하니 어찌된 일인지 헤아리지 못하고 돌아서야 했다. 이튿날 이덕형이 알려 주어 비로소 그 까닭을 알게 되었다. 그 내용은 이러하였다. 제독 이여송의 신임하는 가정 하나가 밖에 나갔다가 들어와서 제독에게 고하였다.

"류 체찰사는 강화를 하지 않으려고 임진강의 배들을 모두 없애 버려, 강화를 위한 사자들이 왜적의 진영으로 드나들지 못하고 있습니다."

제독은 크게 노하여 나를 잡아다가 곤장 40대를 치라고 하였다 한다. 내가 아직 거기에 이르기 전 제독은 눈을 부릅뜨고 팔을 걷으며 앉았다 일어났다 하여, 좌우 사람들이 다 무서워 떨었다. 그로부터 얼마 있다가 이경이 돌아오자, 제독은 그에게 임진강에 배가 있는지를 물었다. 이경은 본 대로 말하였다.

"배가 있어서 왕래하는 데 아무런 지장이 없었습니다."

이여송은 가정이 거짓말을 하였음을 알고 사람을 시켜 나를 잡으러 간 사람을 그만 돌아오도록 명하고, 가정은 불러내어 곤장 수백 대를 쳐서 숨이 끊어진 뒤에야 끌어내었다. 그는 나에게 노여워한 행동을 뉘우치며 사람들에게 일렀다.

"만약 체찰사가 온다면 내 무슨 면목으로 대한단 말인가?"

원래 제독은 내가 화의를 원치 않는다고 하여 평소부터 불만스러운 마음을 품고 있던 차에, 가정의 말을 듣자 앞뒤 살펴볼 여지도 없이 그토록 성을 내었던 것이다. 이때 사람들은 다 내 목숨을 위태롭게 여겼다고 한다.

며칠이 지난 뒤 제독은 다시 유격장군 척금戚金과 전세정錢世禎 두 사람을 동파로 보내 나와 김 원수, 관찰사 이덕형을 불러 만나도록 했다. 그들은 함께 앉아 조용히 이야기하였다.

"적이 두 분 왕자와 수행원들을 돌려보내고 서울에서 물러나 돌아가기를 청하니, 그들의 청대로 들어주는 척 속여 성을 나오게 한 다음 계책을 써서 공격합시다."

이는 제독이 그들을 보내어 내 뜻을 탐색하게 한 것이었다. 나는 먼저 대로의 논의를 고집하여 소신을 굽히지 않았고, 그들은 강화에 찬성하도록 계속 나를 설득하였다. 전세정은 성미가 조급하여 성을 버럭 내며 말하였다.

"그렇게 강화가 싫다면 그대들 국왕은 어찌하여 도성을 버리고 도피하였소?"

나는 차분히 대답했다.

"임시로 국도를 옮겨 회복을 도모하는 것도 한 가지 방도라고 할 것이오."

이때 척금은 다만 나를 수시로 살피며 전세정과 더불어 미소를 지을 뿐 말이 없었다. 그들은 드디어 돌아가고 말았다.

4월 19일에 제독 이여송이 대군을 거느리고 동파에 이르러 사 총병의 막사에 유숙하였다. 이는 왜적이 퇴병할 것을 약속하였으므로 장차 서울로 들어가려는 것이었다. 나는 제독의 처소로 찾아가 안부를 물었으나, 그는 만나 주지 않고 통역관에게 일러 말할 뿐이었다.

"체찰사는 나를 불쾌하게 생각하고 있을 터인데 무엇하러 찾아와 문안하려는 겁니까?"

48 서울이 수복되다

명나라 군사가 도성으로 들어오고 이 제독은 소공주小公主 댁(뒤에 남별궁이라 불렀다)에 객관을 정하였다. 이보다 하루 전에 왜적은 벌써 도성을 빠져나갔다.

나도 명나라 군사를 따라 도성으로 들어왔다. 성안의 백성은 백에 하나도 남아 있지 않고, 살아 있는 사람은 다 굶주리고 병들어 낯빛이 귀신과 같았다. 날씨는 몹시 무더워 죽은 사람과 죽은 말 썩는 냄새가 가득 차니, 길에 다니는 사람들은 코를 막고서야 겨우 지나가는 형편이었다.

관청과 사삿집 할 것 없이 모조리 없어져 버렸고, 왜적이 거처하던 숭례문(남대문)에서 남산 밑 일대만이 조금 남아 있었다. 종묘와 세 대궐, 종루, 각사各司(서울에 있던 관아를 통트는 말), 관학館學(나라에서 세운 학교) 등 큰 거리 북쪽에 있는 것들은 모두 타서 없어지고 재로 변해 있었다. 소공주 댁 역시 왜적의 장수 히데이에가 머물던 곳이라 화를 면하고 남아 있었다.

나는 먼저 종묘를 찾아가서 통곡하였다. 다음으로 제독이 거처하는 곳에 들렀다가, 문안하러 온 여러 대신들을 보고 한참 동안을 서로 붙들고 눈물을 흘렸다. 다음 날 아침에 다시 제독을 찾아가 안부를 묻고 말하였다.

"왜적이 물러갔다고 하나 멀리 가지는 못했을 것입니다. 원컨대 한시 바삐 군사를 일으켜 추격해 주십시오."

그러자 제독이 답하였다.

"나 또한 실로 그렇게 해야 한다고 생각합니다. 급히 추격하지 않는 까닭은 한강에 배가 없기 때문이오."

나는 다가서서 말하였다.

"만약 노야老爺(상대를 높여 부르는 존칭)가 왜적을 추격하기만 하신다면 내가 먼저 한강 방면으로 나가서 배를 징발하겠습니다."

제독도 몹시 기쁜 빛으로 대답했다.

"그러면 아주 좋겠습니다."

나는 급히 한강으로 달려 나갔다. 이보다 먼저 나는 공문을 경기 우감사 성영成泳과 수사 이빈에게 보내 왜적이 물러간 뒤에 한강의 크고 작은 배들을 모두 거두어 실수하는 일 없이 모으도록 명령해 놓았다. 이리하여 도착한 배가 80여 척이나 되었다. 나는 사람을 제독에게 보내어 '배가 준비되었습니다' 하고 알렸다.

이윽고 영장 이여백이 만여 명의 군사를 거느리고 강변으로 나왔다.

군사들이 절반쯤 강을 건널 무렵 해가 저무는데, 이여백이 갑자기 발병이 났다면서 가마를 타고 성안으로 돌아가 버리고 말았다. 그러자 이미 한강 남쪽으로 건너가 있던 군사들도 다 돌아와서 성으로 들어가 버렸다. 나는 가슴을 치며 통분하였지만 어찌할 수가 없었다. 원래 제독은 실상 왜적을 추격할 의사가 없으면서도 내 뜻을 정면으로 거절할 수가 없어서 거짓으로 응하였던 것이다.

4월 23일, 나는 병이 나서 자리에 눕고 말았다.

5월에 이 제독은 왜적을 추격한다면서 문경까지 갔다가 돌아왔다. 송 시랑(송응창)이 패문牌文(옛날 중국 공문의 한 가지)을 제독에게 발송하여 왜적을 추격하라고 명했기 때문이다. 그러나 왜적이 떠나간 지 수십 일이나 지난 뒤였다. 송 시랑은 제독이 왜적을 놓아 보내고 추격하지 않으리라 판단하여 그런 글을 보내 왔던 것인데, 과연 제독은 왜적을 두려워하여 감히 진격하지 못하고 돌아왔다.

이때 적들은 천천히 머무르기도 하면서 마음 놓고 퇴병해 가고 있었다. 그러나 우리 군사들은 연도沿道(큰 도로 좌우에 연하여 있는 근처)를 지키고 있다가도 좌우로 자취를 감추고 숨기만 할 뿐, 감히 나와서 공격하는 자가 없었다.

49 왜적이 바닷가에 진을 치고 진주성을 함락하다

왜적들은 물러가서 바닷가에 나누어 진을 쳤다.

그들은 울산의 서생포로부터 동래·김해·웅천·거제에 이르기까지 머리와 꼬리가 서로 이어졌는데 무려 16둔진이나 되었다. 이들은 오래 머무를 작정으로 모두 산과 바다에 의지하여 성을 쌓고 참호를 파서, 바다를 건너 돌아갈 생각은 없어 보였다.

이에 명나라 조정에서는 사천 총병 유정劉綎에게 복건·서촉·남만 등지에서 모집한 군사 5천 명을 거느리고 나와서 성주와 팔거에 주둔케 하고, 남부 장수 오유충은 선산과 봉계에 주둔하게 했다. 이영李寧·조승훈·갈봉하葛逢夏는 거창에 주둔하고, 낙상지와 왕필적은 경주에 주둔하게 했는데, 이들은 사면으로 둘러싸고 서로 버티기만 하며 진격하지 않았다. 그들의 군량은 호서와 호남 지방에서 공급했는데, 험준한 산길을 넘어 여러 진에 나눠 주게 되니 백성들이 더욱 곤비하여졌다.

제독은 심유경으로 하여금 가서 왜적을 타일러 바다를 건너 돌아가도록 하였다. 그는 또 서일관徐一貫과 사용재謝用梓를 나고야로 보내서 관백을 만나보게 하였다.

6월에 이르러 왜적은 비로소 왕자 임해군·순화군과 재신 황정욱·황

유정(劉綎) 명나라 장수(?~1619). 임진왜란이 일어나자 이듬해 원병 5천을 이끌고 참전하여 도왔으며, 정유재란에도 대군을 이끌고 와서 도와주었다. 1619년(광해 11) 조선·명 연합군이 후금과 싸운 부차 전투에서 전사하였다.

성수경 조선왕조 선조 대의 문관(?~1593). 임진왜란 때 진주 판관으로 김천일 등과 함께 진주성을 지키다 전사하였다.

혁 등을 돌려보내고, 심유경으로 하여금 보고하도록 했다. 그러는 한편으로 왜적은 진주성을 포위하고 지난해 패전한 원수를 갚겠다고 떠들었다. 이는 대개 왜적이 임진년(1592)에 진주성에서 목사 김시민金時敏에게 패배하고 물러간 일을 일컫는 말이었다.

진주성은 왜적이 포위한 지 8일 만에 함락되었는데 목사 서예원, 판관 성수경成守璟, 창의사 김천일, 경상 병사 최경회, 충청 병사 황진黃進, 의병 복수장復讐將 고종후高從厚 등이 다 전사하고, 군인과 백성 6만여 명이 목숨을 잃었으며, 닭과 개까지도 남지 않았다. 왜적들은 성을 무너뜨리고 참호와 우물을 메우고 나무를 모조리 베어 버리는 등의 만행으로 지난 분풀이를 하였다. 때는 6월 28일이었다.

이보다 앞서 조정에서는 왜적이 남하하였다는 말을 듣고 여러 장수들에게 연달아 왕명을 내려 왜적을 추격하게 했다. 도원수 김명원, 순찰사 권율 이하 관군과 의병이 모두 의령에 모였다. 권율은 행주 싸움에 이긴 뒤라 자신을 가지고 기강岐江(경상남도 의령군에 위치한 지명)을 건너 공격하려 하였다. 이에 곽재우와 고언백이 말하였다.

"왜적의 세력은 강성한데 우리 군사들은 오합지졸이 많아서 싸움을 감당해 낼 만한 사람이 적습니다. 또 앞길에는 군량도 없으니 경솔하게 진격하여서는 안 됩니다."

다른 사람들도 그 말을 따르기로 했다. 그런데 이빈의 종사관 성호선

황진 조선왕조 중기의 무신(1550~1593). 1591년 통신사 황윤길을 따라 일본에 다녀온 후 일본이 곧 내침할 것이라 보고하였고, 전쟁에 대비해 스스로 병법을 연마하였다. 드디어 임진왜란이 발발하자 근왕병을 모집하여 각처에서 왜적을 격파하고, 충청 병마절도사가 되어 진주성에서 왜적을 막다가 전사하였다. 우찬성에 추증되고 진주 창렬사와 남원 민충사에 제향되었으며, 그의 5대조는 조선 세종 때의 명재상 황희이다.

성호선 조선왕조 중기의 문신(1552~?). 선조 대 문과에 급제해 임진왜란 때 순변사 이빈의 종사관으로 일하고 뒤에 충주 목사가 되었다.

成好善은 사세를 똑똑히 판단하지도 못하면서 여러 장수들이 머뭇거리는 것을 책망하였다. 그러곤 권율과 뜻이 맞아 군사를 거느리고 기강을 건너 나아가 함안에 이르렀으나, 성은 텅 비어 아무것도 남아 있지 않았다. 군사들은 익지 않은 푸른 감을 따 먹을 지경이었으니 싸울 기력이 있을 리 만무했다.

이튿날 왜적이 김해로부터 크게 쳐들어온다는 첩보가 들어왔다. 그러자 어떤 이들은 "마땅히 함안을 지켜야 한다" 하고, 어떤 이들은 "물러가서 정진을 지켜야 한다"는 등으로 의논이 분분해서 결정을 짓지 못하고 있었다. 이때 왜적의 포 소리가 들려오자 삽시간에 인심이 흉흉해져, 앞을 다투어 성 밖으로 나가다가 적교에서 떨어져 죽는 자들이 수없이 많았다.

이렇게 정진으로 물러나 건너다보니 왜적은 강과 육지로부터 몰려오는데, 들판을 덮고 강물을 메워 덤벼들므로 여러 장수들은 그만 저마다 흩어져 달아나 버렸다. 권율·김명원·이빈·최원崔遠 등은 먼저 전라도로 가고, 오직 김천일·최경회·황진 등이 진주로 들어가니 왜적은 뒤따라와서 성을 포위하였다.

진주 목사 서예원과 판관 성수경은 명나라 장수의 지대 차사원으로 오랫동안 상주에 있다가, 왜적이 진주로 향하였다는 말을 듣고 허둥지둥 돌아왔는데 겨우 2일 뒤에 왜적이 들이닥친 것이다.

적교(弔橋) 성이나 참호 위에 설치하는 다리로 밧줄이나 쇠사슬로 매어 내리게 만들었다.
지대 차사원(支待差使員) 공적인 일로 파견된 고관의 식사나 용품을 공급하는 소임을 맡은 지방 관아의 임시직.

진주성은 본래 사면이 험준한 곳에 둘러싸여 있었으나, 임진년에 동쪽으로 옮겨 평지에 쌓았다. 이때에 왜적들은 비루 여덟 개를 세워 놓고 그 위로 올라가 성안을 내려다보고, 성 밖의 대숲에서 대를 베어다가 커다랗게 둘러 화살과 돌을 막고, 그 안에서 조총을 빗발치듯 쏘아 대니 성안 사람들은 감히 밖으로 나갈 엄두를 내지 못하였다. 또 김천일이 거느린 군사는 다 서울의 거리에서 불러 모은 무리들이고, 김천일 역시 군사에 관한 일은 알지 못하면서도 자기 멋대로 했다. 더욱이 평소 서예원과 사이가 좋지 않아 주인과 손님이 서로 시기를 하는 터라 명령이 어긋나니, 패할 수밖에 없는 싸움이었다.

황진만이 홀로 동쪽 성을 지키며 여러 날을 버티다가 날아오는 총알에 맞아 전사하였다. 이에 군사들은 맥이 빠진 데다가 밖에서 구원병도 오지 않자 사기를 더욱 잃고 말았다. 마침 비까지 와서 성이 무너지니 왜적들이 개미 떼처럼 몰려 들어왔다. 성안 사람들은 힘을 다하여 나무로 막고 돌을 던지며 막아 마침내 왜적을 물리칠 수 있었다.

이때 북문을 지키고 있던 김천일의 군사들은 성이 함락되었으리라 짐작하고는 먼저 흩어져 버렸다. 산 위에서 이 모습을 바라본 왜적이 때를 놓치지 않고 일제히 성으로 기어오르니, 우리 군사는 크게 어지러워졌다.

김천일과 최경회는 촉석루에서 이 광경을 지켜보고 있다가 함께 손을

비루(飛樓) 높게 만든 다락. 성을 공격할 때 성벽에 기대어 놓고 오르게 만든 기구.

붙들고 통곡하면서 강물로 뛰어들어 자결하였다. 이 싸움에서 살아남은 군사나 백성은 몇 명뿐이었다. 왜변이 일어난 이래 이 싸움에서처럼 많은 사람이 죽은 적은 없었다.

조정에서는 김천일이 의를 위하여 죽었다 하여 의정부 우찬성을 추증하고, 권율이 용감하게 싸우며 왜적을 두려워하지 않았다고 해서 김명원을 대신해 도원수로 삼았다.

명나라 총병 유정은 진주성이 함락되었다는 말을 듣고 팔거에서 합천으로 달려갔고, 오유충은 봉계로부터 초계에 이르러 경상 우도를 수호하였다.

한편 왜적들도 진주를 함락한 뒤 부산으로 돌아가서, 명나라 조정의 강화 허락을 기다려 회군하겠다는 소문을 퍼뜨렸다.

50 임금이 서울로 돌아오고 사신들이 일본에 왕래하다

10월에 임금께서 서울로 돌아오셨다. 12월에는 명나라 사신 행인사의 행인 사헌이 우리나라에 왔다.

이에 앞서 심유경은 왜적의 장수 고니시 히小西飛와 함께 관백의 항복

행인사(行人司) 임금을 찾아뵙는 등의 사무를 관장하는 관청. 행인은 여기 소속된 관직이다.

문서를 가지고 중국으로 돌아갔으나, 명나라 조정에서는 그 문서가 관백에게서 나온 것이 아니라 고니시 유키나가 등이 거짓으로 만든 것이라고 의심하였다. 심유경 또한 자기가 중국에 돌아오자마자 진주성이 함락되었다는 말을 들으니, 강화하겠다는 뜻이 진심이 아니라고 여겨 고니시 히를 요동에 머물러 있게 하고 오래도록 회답하지 않았다.

당시 제독과 여러 장수들은 다 본국으로 돌아가고 다만 유정, 오유충, 왕필적 등이 만여 명의 군사를 거느리고 팔거에 주둔해 있었다. 게다가 조선 전역이 굶주림에 허덕이고, 군량 운반에 지친 노인과 어린이들은 곳곳에 쓰러져 누웠으며 장정들은 모두 도둑이 되었다. 더욱이 전염병으로 인해서 거의가 죽어 없어지고 심지어는 아버지와 아들, 남편과 아내가 서로 잡아먹는 지경에 이르러 노천에는 죽은 사람의 뼈가 잡초처럼 드러나 있었다.

얼마 안 되어 유정의 군사는 팔거에서 남원으로 옮겼다가, 남원에서 다시 서울로 돌아와 열흘 남짓 머무르더니 본국으로 돌아가 버렸다. 그런데 왜적들은 바닷가에 머무르며 돌아가지를 않았으므로 인심은 더욱 소요스러웠다.

이 무렵 명나라 경략 송응창이 탄핵을 당하여 소환되고 새로 고양겸 顧養謙이 경략이 되어 대신 요동으로 왔다. 그는 참장 호택 胡澤을 파견하여 공문 하나를 우리 군신들에게 보내었다.

왜놈들이 까닭 없이 그대 나라를 침범하여 피죽지세로 서울과 개성, 평양 등 세 도회지를 점령하고, 그대 나라의 땅과 백성 8, 9할을 빼앗아 가졌으며 왕자와 중신들까지 사로잡았다. 우리 황제께서는 크게 노하시어 군사를 일으켜 한 번 싸움으로 평양을 수복하고, 두 번 진격으로 개성을 되찾으셨다.

마침내 왜적들은 서울에서 도망하고 왕자와 중신을 돌려보냈으며, 2천여 리의 땅을 되찾게 되었다. 여기에 소비한 황제의 재산과 군사, 마필 또한 적지 않았다. 우리 조정에서 조선을 대접하는 은의恩義가 이와 같으니, 황제의 은덕은 망극한 바 있다.

지금은 군량도 더 이상 운반해 올 수 없으며 군사도 다시 쓸 수 없게 되었다. 다행히 왜적들 또한 우리 위엄을 두려워하여 항복을 청하고 봉공하기를 빌었다. 명나라 조정에서도 그 봉공을 허락하고 신하되기를 용납하며, 왜적을 한 명도 남기지 않고 몰아내어 다시는 그대 나라를 침범하지 못하도록 하려 한다. 전쟁을 종식시키려 함은 곧 그대 나라를 구원하려는 계획을 마련하기 위한 까닭이다. 지금 그대 나라는 양식이 다 떨어져서 백성들이 서로 잡아먹는 형편이라 하는데, 무엇을 믿고 다시 청병하는가?

명나라에서 왜적이 청하는 봉공을 받지 않고 군사를 거두어 돌아간다면 왜적들은 필시 노여움을 그대들에게 두어서 나라가 멸망하고 말 것이거늘, 어찌 하루빨리 계교를 마련하지 않는가?

옛날 월나라 구천이 회계산에서 곤욕을 당하였을 때 어찌 오나라 부차의 살점을 씹어 먹고 싶지 않았겠는가? 그러나 그 굴욕을 꾹 참고 견딘 것은 뒷날을 기약하였던 때문이다. 그 자신은 부차의 신하가 되고, 아내는 부차의 첩이 되었거늘, 하물며 지금 왜적은 신첩이 될 것을 중국에 청하고 있으니 너그럽게 그 뜻을 받아들이고 천천히 도모하는 것은 구천의 방법보다도 낫지 않은가. 이것을 능히 참지 못한다면 이는 졸장부의 소견에 불과할 따름이니, 원수를 갚고 치욕을 씻는 영웅의 자세는 아닌 것이다.

그대 나라가 왜에게 봉공을 청하도록 하여 만약 뜻대로 이루게 해준다면 왜는 반드시 중국에 감복하고 조선에도 고마운 마음을 두어, 자연 전쟁을 그만두고 돌아가게 될 것이다. 왜적이 간 뒤에 그대 나라의 군신이 성심으로 애를 쓰고 와신상담하며 구천이 한 일을 본받으면 하늘의 도움으로 왜적에게 원수를 갚을 날이 멀지 않으리라.

고양겸의 글은 천백 마디로 길게 늘어놓았으나 뜻은 대략 이와 같았다.

호택이 객관에 묵은 지 3개월이 넘도록 조정의 의논은 결정을 짓지 못하였고, 임금도 난처한 일로 여기셨다. 나는 이때 병으로 휴가 중에

와신상담하며 구천이 한 일을 본받으면 중국 춘추시대 오(吳)나라 왕 부차(夫差)는 부왕 합려(闔閭)가 월(越)나라 왕 구천(句踐)에게 패하여 죽자 회계산(會稽山)에서 그를 쳐부숴 원수를 갚는 듯했다. 구천은 부차와 화약을 맺고 곤욕을 당하였으나 20년 뒤 부차의 나라를 멸망시키고 부차가 자결하게 함으로써 그 치욕을 씻었다. 와신상담(臥薪嘗膽)은 월 왕 구천이 섶에 누워 잠자고 쓸개를 핥으며 복수를 다짐한 데서 나온 고사로, 곧 원수를 갚기 위하여 온갖 괴로움을 참고 견딘다는 뜻이다.

있던 터라 장계를 올려 아뢰있다.

　'왜적에게 봉공을 청하게 하는 일은 사리에 맞지 않사오니 실로 불가합니다. 오직 근일의 사정을 상세히 중국에 알려 그 회답을 기다려 처분하는 것이 마땅하겠습니다.'

　계속해서 여러 번 아뢰자 그제야 임금께서는 이를 허락하셨다. 이에 진주사 허욱이 명나라로 떠났다. 그리고 고 경략(고양겸)은 말시비로 인해 돌아가고, 새 경략으로 손광孫鑛이 와 있었다.

　명나라 병부에서는 황제에게 주청하여 왜나라 사신 고니시 히를 명나라 서울로 불러들여 세 가지 문제를 확인했다.

　첫째, 봉작만 받고 조공은 요구하지 말 것.

　둘째, 한 사람의 왜병도 부산에 머물러 있지 말 것.

　셋째, 향후 영구히 조선을 침략하지 말 것.

　이 약속대로 지킨다면 즉시 봉작할 것이나, 그렇지 않다면 그만두자는 것이었다.

　고니시 히는 하늘을 가리켜 맹세하며 그 약속을 지키겠다고 하였다. 그러자 드디어 심유경으로 하여금 왜사 고니시 히를 데리고 다시 왜의 영으로 들어가 선유하게 하였다. 한편 이종성李宗誠과 양방형楊方亨을 상사와 부사로 삼아 일본으로 가 도요토미 히데요시를 일본 국왕으로 봉하게 하고, 이종성 등이 그대로 우리 서울에 머물러 왜적이 철수하는 것

진주사(陳奏使)　동지사(冬至使) 외에, 중국 황제에게 사정을 자세히 설명하여 주청할 사명을 가지고 가던 사신이다.

을 살펴보고 나서 일본으로 떠나도록 했다.

을미년(1595, 선조 28) 4월에 이종성 등이 한성漢城(우리나라 서울의 옛 이름)에 와서 연달아 왜적에게 사자를 보내 바다를 건너 돌아갈 것을 재촉하였다. 이에 왜적들은 먼저 웅천의 몇 개 진과 거제, 장문, 소진포 등의 군사를 철수하여 그 믿음을 보이고는 사람을 보내 이렇게 알렸다.

'지난번 평양에서와 같이 속임수를 당할까 염려되니 명나라 사신이 우리 진영으로 들면 마땅히 약속한 대로 모두 지키겠습니다.'

8월에 양방형이 병부의 공문을 받고 먼저 부산에 이르렀으나 왜적은 날짜를 늦추면서 철수하지 않고, 다시 상사를 보내 줄 것을 청하므로 여러 사람들은 이를 의심하였다. 하지만 병부상서 석성은 심유경의 말을 믿고 왜적에게 다른 뜻이 없다고 생각하며, 누차 이종성을 보내어 군사를 물러가게 하는 데 급급했다. 명나라 조정에서의 이론이 많았으나 석성은 분연히 자기가 책임을 지고 일을 맡아 나섰다.

9월에 이종성이 양방형의 뒤를 이어 부산에 이르렀는데, 적장 고니시 유키나가는 즉시 와서 만나 보지도 않았다. 그러면서 다음과 같이 말할 뿐이었다.

"장차 가서 관백에게 복명하고 결정이 내린 연후에 명나라 사신을 맞이하겠다."

고니시 유키나가는 일본으로 돌아갔다가 병신년(1596, 선조 29) 정월에야 돌아왔으나, 군사를 철수하는 일에 대하여는 분명하게 말하지 않았다. 이때 심유경은 두 사신(이종성·양방형)을 부산에 머물게 하고 혼자 고니시 유키나가와 바다를 건너 일본으로 갔다. 그러면서 장차 명나라 사신을 맞이할 예절을 의논하여 결정지으러 간다고 말하므로 사람들은 그 내막을 헤아릴 수가 없었다. 심유경은 비단옷을 입고 배에 올라 깃발에 '두 나라를 조정하여 싸움을 그만두게 하겠다調戰兩國'는 네 글자를 크게 써서 뱃머리에 달고 떠나갔다. 그가 가고 난 뒤 오랫동안 회보가 없었다.

이종성은 본래 개국공신 이문충李文忠의 후손으로 그 공을 이어받고 벼슬에 올라 귀하게 자랐기에 자못 겁이 많았다. 이때 어떤 사람이 이종성에게 말하였다.

"왜추倭酋(도요토미 히데요시)가 사실은 봉작을 받을 의사가 없고 장차 명나라 사신을 유인해 가두어 놓고 욕을 보이려 합니다."

이 말을 듣고 몹시 두려워진 이종성은 밤중에 미복(평복)으로 병영을 빠져나와 하인과 수행원들, 인장과 부절 등을 다 내버려 두고 도망쳐 버렸다. 이튿날 아침에 비로소 이 사실을 알게 된 일본군은 길을 나누어 이종성을 뒤쫓아 양산의 석교까지 가 보았으나 찾지 못하고 돌아왔다. 양방형은 홀로 일본군의 병영에 머물러 있으면서 일본군을 무마하고, 우리나라에도 글을 보내어 경거망동하지 않도록 당부했다.

한편 이종성은 감히 큰길을 경유하여 가지 못하고 산골로 들어가서 숨어 다니느라고 며칠 동안 밥을 먹지도 못하다가 경주를 거쳐 서쪽으로 도망하였다.

얼마 있다가 심유경과 고니시 유키나가가 비로소 부산으로 돌아와 서생포, 죽도 등지에 주둔하던 일본 군사를 철수시키니 이제 남은 것은 부산의 네 주둔군뿐이었다. 이어 심유경은 양 부사(양방형)를 데리고 바다를 건너 다시 일본으로 가는 길에, 우리 사신도 동행할 것을 요구하며 그 조카 심무시沈懋時를 보내어 재촉하였다.

조정에서는 꺼려 하였으나 심무시가 기어이 함께 가야 한다고 다그치므로 마지못하여 무신 이봉춘李逢春 등을 보내기로 했다. 이때 어떤 사람이 무인이 저쪽(일본)에 가서 자칫 실수하는 일이 생길지 모르니, 문관을 가게 하는 편이 낫겠다고 말하였다. 그래서 심유경의 접반사로 일본군의 병영에 가 있던 황신黃愼으로 하여금 따라가게 하였다.

명나라 사신 양방형과 심유경이 일본으로부터 돌아왔다. 이에 앞서 양방형 등이 일본에 이르렀을 적에 관백은 관사를 성대하게 꾸며 놓고 사신을 영접하려 하였으나, 하룻밤 새 큰 지진이 일어나서 다 허물어져 버렸으므로 다른 곳에서 맞아들였다. 도요토미 히데요시는 처음 사신 일행을 한두 차례 만날 때에는 명나라 봉작을 받을 듯하다가 갑자기 크

황신 조선왕조 선조 대의 문신(1560~1617). 알성문과에 장원으로 급제하여 벼슬을 지내다, 임진왜란이 발발하자 통신사로 일본에 다녀오고 전라 감사로 활약했다. 벼슬이 대사헌, 호조판서에 이르렀다.

게 성을 내며 언성을 높였다.

"우리가 조선의 왕자를 돌려보냈으니, 조선에서는 마땅히 왕자를 보내어 사례해야 할 것이거늘, 이렇듯 벼슬이 낮은 사신을 보냈으니 이는 곧 우리를 업신여기는 처사이다."

그래서 황신 등은 임금의 분부도 전하지 못하였고 아울러 양방형과 심유경 등에게도 돌아가라고 재촉하므로 그대로 돌아올 수밖에 없었다. 명나라에도 사은하는 예가 없었다.

이때 왜적의 장수 고니시 유키나가는 부산포로 돌아왔고, 가토 기요마사는 다시 군사를 거느리고 계속 서생포에 주둔하면서 "꼭 왕자가 와서 사례를 해야만 군사를 돌릴 것이다"라는 소문을 퍼뜨렸다.

도요토미 히데요시의 요구는 지나쳐서 봉공(봉작과 조공) 이상을 원하였는데 명나라 조정에서 봉작만 허락하고 조공은 허락하지 않으니, 심유경이 고니시 유키나가와의 친분을 이용해 미봉책으로 일을 성사시키려 하다가 순조롭지 못한 결과를 만들고 말았다. 우리나라에서는 그 실정을 알리기 위해 즉시 명나라에 사신을 파견하였다. 이에 있어서 석성과 심유경은 죄를 짓게 되었고 명나라 군사가 다시 파견되는 결과를 초래했다.

51 이순신을 하옥시키다

수군통제사 이순신을 옥에 가두었다.

이보다 먼저 원균은 이순신이 와서 자기를 구원해 준 일을 은덕으로 여겨 서로 사이가 매우 좋았으나, 얼마 안 가 공을 다투게 되면서 점차 어울리지 않게 되었다. 원균은 성품이 음험하고 간사하여 안팎의 인사들과 많이 접촉하면서 이순신을 모함하였다.

"이순신이 애초에는 우리를 구하러 오지 않았소. 그런 것을 내가 여러 번 청하여 부득이 왔으니, 적을 이긴 공은 내가 으뜸을 차지할 것이오."

조정의 의논도 두 갈래로 나뉘어 있었다. 이순신을 추천한 사람이 나였기 때문에 나와 사이가 나쁜 사람들은 원균의 편을 강력히 들었다. 오직 우상 이원익만이 잘못을 밝히며 그들의 의견에 반대했다.

"이순신과 원균은 제각기 맡은 지역이 있었으니, 처음에 나아가 구원하지 않았다 하여 잘못되었다고 할 수는 없습니다."

이 무렵 왜적의 장수 고니시 유키나가는 자기의 부하 요시라要時羅를 경상 우병사 김응서의 진에 왕래하게 하여 은근히 친분을 쌓고 있었다. 바야흐로 가토 기요마사가 다시 출정하려고 하자 요시라는 비밀히 김응

우상(右相) 우의정의 별칭. 의정부에 속하였으며 정원은 1명, 품계는 정1품이었다.

서에게 말하였다.

"우리 장수께서 말씀하시길 '이번 화의가 이루어지지 못한 까닭은 가토 기요마사의 잘못에 연유가 있으니 나도 그를 미워한다'고 하였습니다. 그리고 며칠 뒤 가토 기요마사가 꼭 바다를 건너올 예정입니다. 조선에서는 수전에 능하니 바다 가운데서 맞아 친다면 틀림없이 섬멸시킬 수 있을 터인즉, 삼가 기회를 놓치지 마십시오."

김응서가 그 내용을 상주하니 조정에서는 이 말을 믿었다. 더욱이 해평군海平君 윤근수 尹根壽는 좋아 날뛰면서 이런 기회를 잃어버려서는 안 된다면서 누차 임금에게 아뢰고, 연달아 이순신에게 전진할 것을 재촉하였다. 그러나 이순신은 왜적의 계략이 있는 것이 아닌가 의심하여 나아가지 않고 주저하기를 여러 날 하였다. 그러자 요시라가 또다시 찾아왔다.

"가토 기요마사가 이미 육지에 내렸는데, 조선에서는 어찌하여 그를 치지 않는단 말입니까?"

그는 한탄하며 애석해하는 표정을 보였다.

이 소식이 알려지자 조정에서는 모두 이순신의 잘못을 나무라기 시작했다. 대간에서는 그를 잡아 국문하자고 청하였고, 현풍에 사는 박성 朴惺이라는 자는 시론에 영합하여 이순신을 목 베어야 옳다는 상소문을 올렸다. 조정에서는 마침내 의금부 도사를 파견하여 이순신을 잡아 오

윤근수 조선왕조 중기의 문신(1537~1617). 명종 때 문과에 급제해 대사성, 부제학, 경기 관찰사, 이조참판을 거쳐 호조판서, 예조판서, 좌찬성 등을 지냈다. 임진왜란 때는 판중추부사와 좌찬성으로 명나라 구원병 문제를 해결하기 위해 활약하였고, 정유재란 때는 의금부사에 임명되었다. 영의정을 지낸 윤두수의 아우이다.

박성 조선왕조 중기의 학자이자의병(1549~1606). 임진왜란 때 초유사 김성일의 참모로 있었고, 정유재란에는 체찰사 이원익의 참모로 종군하고 주왕산성의 의병 대장으로 활약하였다. 전란이 끝난 뒤 왕자사부에 임명되었으나 부임하지 않다가 뒤에 사포가 되고 이어 공조좌랑,

고, 원균을 대신 통제사로 삼았다.

하지만 임금께서는 들리는 말이 모두 진실인지 의심하고, 성균관 사성 남이신南以信을 파견하여 한산도로 내려가 사실을 조사해 오도록 했다. 남이신이 전라도에 들어서자 군민들은 길을 막고 이순신이 원통하게 잡혔음을 호소했는데, 그 수효가 헤아릴 수 없이 많았다. 그러나 남이신은 사실대로 보고하지 아니하였다.

"가토 기요마사가 섬에 7일 동안 머물러 있었습니다. 만약 우리 군사가 나가 싸웠더라면 가히 적장을 잡을 수 있었을 것인데, 이순신이 머뭇거리는 바람에 기회를 놓치고 말았습니다."

이리하여 이순신은 옥에 갇히게 되었다. 임금께서는 대신에게 명하여 그 죄를 논의하게 하였다. 이때 판중추부사 정탁鄭琢이 홀로 간하였다.

"이순신은 명장이오니 죽여서는 아니 됩니다. 군사상 기밀의 이해는 멀리서 헤아리기가 어려운 일이옵니다. 그가 싸우러 나아가지 않은 데에는 반드시 생각하는 바가 있었을 것이오니, 청하옵건대 너그럽게 용서하시어 뒷날에 대비하도록 하시옵소서."

조정에서는 한 차례 고문을 행한 다음 사형을 감하여 관직을 삭탈하고 군중에 나가도록 하였다.

이순신의 노모는 아산에 있었는데, 이순신이 옥에 갇혔다는 말을 듣자 근심으로 애를 태우다가 숨을 거두고 말았다. 이순신은 옥에서 나와

안양 현감을 지낸 후 모든 벼슬을 사퇴했다. 임진왜란 때의 활약이 『대암유사(大菴遺事)』에 실려 있고 그의 문집으로 『대암집』이 있다. 정구(鄭逑)의 문인이다.

사성(司成) 성균관(成均館)에 속한 관직으로 유학을 가르치던 종3품 벼슬이다. 정원은 1명.

남이신 조선왕조 선조 대의 문신(1562~1608). 예조정랑, 지평 등의 벼슬을 거쳐 1600년 경기도 관찰사로 주문사가 되어 명나라에 다녀왔다. 대사간에 이르렀다.

판중추부사(判中樞府事) 조선시대 중앙 관청에 속한 종1품 벼슬로, 출납병기군정숙위경비 등 순찰의 임무를 맡는다든가 관찰사나 병마절도사로 겸임되기도 하였다.

아산을 지나는 길에 상복을 입고는 곧 권율의 막하로 가서 백의종군하니, 사람들이 그 소식을 듣고 애석해하였다.

52 명나라 군사의 도움을 받다

명나라 조정에서는 병부시랑 형개刑玠를 총독 군문으로, 요동 포정사 布政司 양호楊縞를 경리조선군무로, 마귀麻貴를 대장으로 삼아 파견하고, 양원·유정·동일원 등도 잇달아 우리나라로 들어왔다.

정유년(1597, 선조 30) 5월에 양원이 3천 명의 군사를 거느리고 먼저 와서 서울에 며칠 동안 머무르다가 전라도로 내려가 남원에 주둔하였다. 대개 남원은 호남과 영남의 요충지로 성도 자못 견고하고 완전하였는데, 이는 지난날에 낙상지가 성을 증축하고 잘 지킨 까닭이었다. 남원성 밖에는 교룡산성이 있어, 여러 사람들이 이 산성을 지키자고 하였다. 그러나 양원은 본성을 지켜야 한다면서 성 위에 담을 더 쌓고 호를 팠으며, 호 안에는 양마장까지 설치하여 밤낮으로 독촉하니 한 달이 넘어 겨우 완성되었다.

정탁　조선 중기의 문신(1526~1605). 명종 대 문과에 급제하여 정언, 헌납 등의 벼슬을 지내고 선조 대에 들어 『명종실록』 편찬에 참여하였다. 임진왜란이 발발하자 좌찬성으로 왕을 호종하여 의주로 피란하였으며, 이듬해인 1593년 영위사로 명나라 송응창을 영접하였다. 우의정을 거쳐 좌의정에 이르렀으며 호종공신으로 서원부원군(西原府院君)에 봉해졌다. 경사(經史), 천문, 지리, 병서 등에 정통하였다.

형개　명나라 장수. 병부시랑으로 있다가 정유재란 때 총독 군문(軍門)으로 우리나라에 와서 활약하였다.

53 원균이 패하여 한산도 수군이 무너지다

8월 초이렛날 한산도 수군이 무너져, 통제사 원균과 전라 우수사 이억기가 사망하고 경상 우수사 배설은 도망하여 죽음을 면하였다.

이에 앞서 한산도에 부임한 원균은 이순신이 정해 놓은 제도를 모두 변경하고, 이순신이 신임하던 장수와 군사들 또한 내쫓아 버렸으며 이영남은 자기가 전날에 패하여 도망하였단 사실을 자세히 알고 있다고 해서 더욱 미워하였다. 그러니 군사들에게는 그를 원망하는 마음이 가득했다.

이순신이 한산도에 있을 때 집 하나를 지어 운주당運籌堂이라 이름하고, 밤낮으로 그곳에서 지내며 여러 장수들과 전쟁에 대한 일을 의논하였을 뿐 아니라, 졸병이라도 군사에 관한 일이라면 언제든지 말하게 하여 군사적인 사정에 통하도록 했다. 또 전투를 할 때에는 장수들을 모두 불러서 계교를 묻고 전략이 결정된 뒤에야 싸운 까닭으로 싸움에 패한 일이 없었다.

그런데 원균은 자기의 첩을 데려다가 그 집에서 살며 이중으로 울타리를 해서 안팎을 막아 놓으니, 장수들도 그의 얼굴을 보기가 힘들었다. 그는 게다가 술 마시기를 좋아하여 날마다 술주정을 일삼았고, 형벌에

양호   명나라 장수. 정유재란 때 경리조선군무(經理朝鮮軍務)로 구원병을 거느리고 와 울산 도산성 전투에서 크게 패한 것을 승리로 보고하였다가 들통 나 파면되었다.

마귀   명나라 장수. 정유재란 때 제독으로 우리나라에 와서 1597년 12월 도원수 권율과 울산에 내려가 도산성을 포위 공격하였으나 패하여 경주로 후퇴하였고, 이듬해에는 만세덕이 거느린 14만 원군을 따라 동래로 내려가 다시 도산성을 공격하였으나 성과를 올리지는 못하였다.

양마장(羊馬墻)   바깥의 호(壕)로, 작은 성을 쌓고 그 위에 다시 담을 세운 것을 말한다.

법도가 없었으므로 군중에서는 이렇게 수군거렸다.

"왜적을 만나면 우리는 도망하는 수밖에 없네."

장수들은 장수들대로 그를 비웃으며 두려워하지 않았으므로 위품이나 호령이 지켜지지 않았다.

이럴 때 왜적이 다시 침구하였는데, 적장 고니시 유키나가는 또 요시라를 파견하여 김응서에게 거짓을 말하였다.

"왜선이 아무 날에는 더 들어올 것이니 조선의 수군이 중간쯤에서 맞아 쳐부수면 좋을 것입니다."

도원수 권율은 그 말을 믿었고, 또 이순신이 머뭇거리다가 죄를 받은 일을 알았으므로 원균에게 즉시 나아가 치라고 재촉하였다. 원균도 이순신이 나아가 싸우지 않았다고 비난한 터였으니, 그 형세가 어려운 줄 알면서도 거절할 도리가 없었다. 그가 전함을 거느리고 앞으로 진격하니 언덕 위에 있는 왜적의 병영에서는 우리 배를 굽어보며 동정을 살폈다.

원균이 절영도에 이르니 바람이 불고 물결이 일어나면서 날은 저무는데 배를 머물러 정박할 곳이 없었다.

이때 왜적의 배가 바다 가운데 출몰하자 원균은 군사를 독려하여 앞으로 진격하였다.

군사들은 한산도에서부터 종일토록 노를 저어 오느라고 힘이 빠진 데다 굶주림과 목마름에 시달려 제대로 움직일 기운도 없었다. 배들은 풍랑에 가로세로 밀려 드나들기도 하고, 앞으로 나아갔다가는 곧 뒤로 밀려나기도 했다. 왜적은 우리 군사를 피로하게 만들려고 우리 배와 가까워졌다가 멀리 피하기를 반복하면서 싸우지는 않았다.

밤이 깊고 바람이 갈수록 드세져 우리 배들은 사방으로 표류하여 그 가는 방향도 알지 못하였다. 원균은 간신히 남은 배를 수습하여 가덕도(부산과 거제도 사이에 있는 섬)에 다다랐다. 군사들은 기갈을 참지 못하고 다투어 배에서 내려 물을 마시느라 부산했다.

그런데 왜적이 섬에서 튀어나와 덮치므로 장병 400여 명을 잃었다. 원균은 겨우 벗어 나와서 거제의 칠천도에 이르렀다.

권율은 고성에 있다가 원균이 아무런 성과를 거두지 못하였다고 해서 불러다가 곤장을 치고, 다시 진격하라고 독촉하였다. 군중으로 돌아온 원균은 홧김에 술을 취하도록 마시고 누워 버렸다.

여러 장수들이 군사에 관한 일을 의논하려 하였으나 원균을 만나 볼 수가 없었다.

이날 밤중에 왜선이 습격하니 우리 군사는 크게 무너져 내렸다. 원균은 바닷가에 이르러 배를 버리고 언덕으로 기어올라 달아나려 했으나, 몸집이 비둔하여 소나무 밑에 주저앉고 말았다. 좌우 사람들은 모조리 자취를 감추어 혼자였던 그는 왜적에게 죽음을 당하였다고도 하고 도망처 죽음을 면하였다고도 하는데, 성확한 사실은 알 수가 없나.

이억기는 배 위에서 바다로 뛰어들어 죽었다. 배설裵楔은 원균의 계교가 그르다고 여러 번 간해 오던 터였다.

"이러다가는 반드시 패할 것입니다."

이날에도 배설은 이렇게 간하였다.

"칠천도는 물이 얕고 협착해서 배를 부릴 곳이 못되니 마땅히 다른 곳으로 진을 옮기는 것이 좋겠습니다."

그러나 원균은 듣지 않았다. 그래서 배설은 자기가 거느리고 있는 배를 가만히 지키고 있다가, 왜적이 침범해 오자 항구를 벗어나 달아났기 때문에 그 군사들은 온전할 수 있었다.

배설은 한산도로 돌아오자 불을 질러 병사兵舍와 양곡, 군기를 태워 버리고 남아 있던 백성과 함께 왜적을 피하였다. 우리가 한산도에서 패하고 나자 왜적은 승세를 타고 서쪽을 향하여 쳐들어가 남해와 순천이 차례로 함락되었다. 적선이 두치진에 이르러 육지로 올라 남원을 포위하니 충청과 전라 지방은 일시에 진동하였다.

대개 왜적이 임진년에 우리나라를 침범한 이래 오직 수군에게만 패하였으므로, 도요토미 히데요시는 이를 분하게 여겨 고니시 유키나가에게 반드시 조선의 수군을 쳐부술 것을 명령했다. 이에 고니시 유키나가는

배설 조선 선조 대의 무장(1551~1599). 정유재란 때 경상 우수사로 임명되었으며, 원균이 패한 뒤에 이순신의 막하로 들어왔으나 명량해전을 앞두고 도망한 죄로 뒤에 잡혀 참형당하였다.

전략적으로 김응서에게 호감을 사서, 이순신이 죄를 얻어 파면당하도록 만들고, 또 원균을 바다 한가운데로 유인해 엄습하였다. 그의 지극히 교묘한 계략에 빠져 큰 피해를 입고 말았으니, 실로 슬프다.

54 황석산성이 함락되다

왜적이 황석산성을 함락시켰으며, 안음 현감 곽준과 전 함안 군수 조종도가 전사하였다.

체찰사 이원익과 도원수 권율이 도내의 산성을 수리하여 왜적을 방어할 것을 논의하고 공산, 금오, 용기, 부산 등에 산성을 쌓았다. 공산산성과 금산산성에는 백성들의 힘이 더욱 많이 들었다. 그리고 이웃 고을의 기계와 양곡을 거두어 그 속에 채워 넣고, 수령들을 독려하여 노약자를 포함한 백성들을 데려다 산성을 지키게 하니, 먼 곳 가까운 곳 할 것 없이 인심이 소란해졌다.

왜적이 다시 쳐들어왔다. 가토 기요마사는 서생포로부터 서쪽의 전라도로 향하여, 장차 고니시 유키나가가 거느리고 수로로 오는 군사와 합세해 남원을 치고자 했다. 우리 군사들은 도원수(권율) 이하 모든 장병들이 피하여 도망치기에 바빴고, 각처의 산성에 전령을 보내 각각 지키라고 할 뿐이었다.

오직 의병장 곽재우만이 창녕의 화왕산성으로 들어가 죽기를 각오하고 지키니, 산성 밑에 이른 왜적들은 산성의 형세가 험준한 데다 성안 사람들이 조금도 동요하지 않는 모습을 보고는 그대로 물러났다.

안음 현감 곽준郭䞭이 황석산성으로 들어가고 전 김해 부사 백사림白士霖도 또한 성안으로 들어갔다. 백사림은 무인이었으므로 사람들이 모두 그를 의지하여 든든하게 여겼다. 그러나 왜적이 성을 공격한 지 하루 만에 백사림이 도망하니 군사들이 일순 무너지고 말았다. 왜적이 성안으로 몰려 들어오자, 곽준은 그 아들 이상履祥, 이후履厚와 함께 막아 싸우다가 전사하였다. 곽준의 딸은 유문호柳文虎에게 시집갔는데, 유문호 역시 왜적에게 사로잡히게 되었다. 곽 씨 부인은 성 밖으로 피해 있었으나 이 말을 듣자 몸종에게 일러 말하였다.

"아버지가 돌아가실 적에 내가 죽지 않은 것은 남편이 살아 있었기 때문인데, 이제 남편까지 잡혔다고 하니 내 살아서 무엇하겠느냐?"

그러고는 스스로 목을 매어 죽었다.

조종도趙宗道는 처자를 거느리고 성안으로 들어가면서 말하였다.

"내 일찍이 대부大夫의 뒤를 따르던 사람이니, 도망하여 숨는 무리들과 헤매다 풀숲에서 죽을 수는 없다. 죽는다면 마땅히 떳떳하게 죽을 것

곽준 조선왕조 선조 대의 문신(1550~1597). 임진왜란 때 김면이 의병을 일으키자 가담하여 공을 세우고, 관찰사 김성일의 천거로 자여도찰방(自如道察訪)이 되어 기근에 굶주리는 백성을 구휼하였다. 정유재란 때는 안음 현감으로서 황석산성을 지키다가 두 아들과 함께 절사하였다. 그의 시호는 충렬(忠烈)이다.

조종도 조선왕조 중기의 문신(1537~1597). 정유재란 때 함안 군수로 황석산성에서 왜적과 싸우다가 절사하였다. 이조판서에 추증되었으며 함안의 덕암서원과 안의의 황암사에 배향되었다. 조식의 문하생이었으며 경사(經史)에 밝고 해학을 즐겼다고 한다. 시호는 충의(忠毅)이다.

이다."

그는 성안에서 이런 시를 지었다.

공동산 밖에서는 삶이 기쁨이고　　　　　　崆峒山外生猶喜
순원성 안에서는 죽음 영광일세.　　　　　　巡遠城中死亦榮

그는 결국 곽준과 함께 왜적을 맞아 싸우다 죽음을 당하였다.

🎫 55 🎫 이순신을 다시 삼도수군통제사로 삼다

다시 이순신을 기용하여 삼도수군통제사로 삼았다.

한산도가 왜적에게 패하였다는 보고가 이르자, 조정과 민간이 모두
크게 놀라 어찌할 줄 몰랐다. 임금께서는 비변사의 신하들을 불러 보
시고 이에 대한 대책을 물으셨으나, 신하들은 황황하여 대답할 바를
알지 못하였다. 경림군 慶林君 김명원과 병조판서 이항복이 조용히 아
뢰었다.

"이번의 패망은 원균의 죄입니다. 마땅히 이순신을 재기용하여 통제

공동산　중국의 서방 감숙성에 있는 산 이름으로 옛날 중국의 황제가 왔다 갔다는 고사에 빗대어
　　선조가 서방인 평안도로 피란한 것을 뜻한다.

순원성　당나라 현종 때 안녹산이 난을 일으키자 장순(張巡)과 허원(許遠)이 지키다가 절사한 장소
　　로 황석산성을 여기에 빗댄 것이다.

사로 임명하옵소서."

임금께서는 그 뜻을 따르셨다.

이때 권율은 원균이 패하였다는 말을 듣고 벌써 이순신을 보내 남은 군사들을 거두어 뒷일을 수습하게 하였다. 왜적이 기세를 올리며 덤벼들었으나 이순신은 군관 한 사람과 더불어 경상도로부터 전라도로 향했다. 밤낮을 가리지 않고 험악한 길을 더듬어 달려간 그는 진도에 이르자 군사를 정비해 왜적에 대비하였다.

56 왜적이 남원성을 함락시키다

왜적이 남원부를 함락시켰다.

이 싸움에서 명나라 장수 양원은 달아났고, 전라 병사 이복남 李福男, 남원 부사 임현 任鉉, 조방장 김경로, 광양 현감 이춘원 李春元, 당장唐將 접반사 정기원 鄭期遠 등은 모두 전사했다. 군기시의 파진군 12명도 양원을 따라 남원에 들어갔다가 적병에게 모조리 죽음을 당하였다. 다만 김효의金孝義라는 자만 거기에서 빠져나와 나에게 남원성이 함락된 사실을 자세하게 말해 주었다.

이복남 조선왕조 중기의 무관(?~1597). 정유재란 때 왜적이 남원성을 공격하자 전라도 병마 절도사로서 이를 구하려다 전사하였다.

임현 조선왕조 선조 대의 문신(1549~1597). 회양 부사, 길주 목사, 함경도 병마절도사를 지내고, 정유재란 때 남원 부사로 있으면서 왜적을 막다가 전사하였다.

정기원 조선왕조 선조 대의 문신(1559~1597). 정유재란 때 명나라 부총병 양원의 접반사로 남원에 갔다가 전투에 참가하여 왜적을 막던 중 전사하였다. 문장에 뛰어나고 글씨를 잘 썼으며 벼슬은 참판에 이르렀다. 시호는 충의(忠毅)이며 남원의 충렬사에 배향되었다.

양 총병(양원)은 남원에 이르자 성을 한 길이나 더 올려 쌓고 성 밖의 양마장에는 포를 쏠 구멍을 많이 뚫어 놓았으며, 성문에는 대포 두세 대를 설치하고 참호를 한두 길 깊게 파 놓았다.

한산도가 패한 뒤에 왜적이 수로와 육로를 통해 남원성으로 달려들어 왔다. 사태가 급박하다는 소식이 전해지니 성안은 술렁거리고 백성들은 도망하여 흩어져, 양 총병이 거느린 요동 마군馬軍 3천 명만이 남아 있었다. 양 총병은 격문을 보내 전라 병사 이복남을 불러 함께 지키자고 하였으나 이복남은 날짜를 지연시키며 오지 않았다. 연달아 야불수까지 보내니 그는 마지못하여 겨우 수백의 군사를 거느리고 왔다. 광양 현감 이춘원과 조방장 김경로 등도 뒤를 이어 도착했다.

8월 13일 왜적의 선봉 백여 명이 남원성에 이르러 조총을 쏘아 대다가 이내 그치더니 흩어졌다. 그들은 밭고랑 사이에 엎드려 삼삼오오 몰려왔다 가며 공격하였다. 성 위에 있는 우리 군사들은 승자소포로 응사하였으나 왜적의 대진은 너무 멀리 있었다. 게다가 유격병을 내어 교전토록 하고, 드문드문 줄을 지어 나와 싸우는 까닭으로 포를 쏴도 잘 맞지 않았다. 반대로 성을 지키는 군사들은 왕왕 왜적이 쏜 총알을 맞고 쓰러졌다.

조금 뒤 왜적이 성 밑에 이르러 소리를 지르며 성 위 병사를 불렀다. 양 총병은 하인 한 사람을 시켜 통사를 데리고 왜적의 병영으로 가 보도

파진군(破陣軍) 특수부대로 적이 침입하면 화포를 가지고 선봉과 전후를 맡은 군대이다. 화약 제조 기술장인 화포장으로 편성되었다.

야불수(夜不收) 긴급한 군중의 일을 전하기 위해 밤에도 멈추지 않고 달리는 파발꾼을 이른다.

록 했다. 왜의 진영에서 가지고 온 편지는 별다른 것이 아니라 싸움을
다짐하는 글이었다.

8월 14일 왜적은 남원성을 삼면으로 둘러싸 진을 치고는 총포를 번
갈아 쏘며 전날처럼 공격해 왔다. 이전에 성의 남문 밖에는 민가가 조밀
하게 있었으므로, 왜적들이 달려들자 양 총병은 이를 불태워 버리게 하
였다. 그러나 돌담이나 흙벽은 그대로 남아 있어 왜적들이 이 담과 벽에
의지해 몸을 숨기고는 총을 쏘아 대 성 위에 있는 사람이 많이 맞았다.

8월 15일 성 위에서 바라보니 왜적이 성 밖의 잡초와 논의 벼를 베어
큰 다발을 수없이 만들어 담벼락 사이에 쌓아 놓았다. 하지만 무슨 목적
에서인지 헤아리지를 못하였다.

이즈음 명나라 유격장군 진우충陳愚衷이 3천 명의 군사를 거느리고 전
주에 있었으므로 남원성의 군사들은 날마다 와서 도와주기를 바랐지만,
오래 지나도록 이르지 않아 군사들의 마음은 더욱 불안해졌다.

이날 저녁때에 성첩을 지키던 군사들이 왕왕 머리를 맞대고 귀엣말로
수군거리더니, 말안장을 준비하는 등 도망하려는 기색이 있었다. 밤 일
경(7~9시 사이)에 왜적의 진중에서 떠드는 소리가 크게 들리고 서로 호
응하며 물건을 운반하는 기미가 보이더니, 포를 어지럽게 쏘기 시작했
다. 성 위로 탄환이 마치 우박이 쏟아지듯 날아와 떨어졌다. 성 위의 군
사들은 목을 움츠리고 감히 밖을 엿볼 수가 없었다.

승자소포(勝字小砲) 화포의 일종으
로 승자총통(勝字銃筒)을 일컫는다.
1578년(선조 11) 김지(金墀)가 발명
하였으며 크기와 화력에 따라 세 종
류로 나뉜다.

한두 시간쯤 지나서 시끄러운 소리가 그쳤다. 묶은 풀 다발들로 이미 호를 평평하게 메워 놓았고, 양마장 안팎에도 무더기로 쌓아 올려 삽시간에 성의 높이와 가지런하게 만들었다. 왜적이 이것을 밟고 성으로 올라오니 성안은 크게 어지러워졌다.

처음에 남문 밖의 양마장을 지키고 있던 김효의가 황망히 성안으로 들어와 보니 성 위에는 벌써 사람이 없고, 다만 성안 곳곳에 불길이 일어나고 있었다. 그가 달아나 북문에 이르니 명나라 군사들이 모두 말을 타고 성문을 나가려 하고 있었다. 그러나 문이 굳게 닫혀 쉽게 열리지 않아서 말들의 발을 묶어 놓은 것같이 거리가 꽉 찼다. 조금 있다가 성문이 열리자 군마가 다투어 나갔는데, 왜병이 성 밖에서 두 겹 세 겹으로 둘러싸고 각각 요로를 지키고 있었다. 그들이 긴 칼을 휘둘러 어지럽게 내려찍으니 명나라 군사는 머리를 숙이고 칼을 받을 따름이었다.

마침 달까지 밝아서 빠져나간 사람은 얼마 되지 못했다. 양 총병은 하인 몇 명과 말을 달려 빠져나가 간신히 죽음은 면하였는데, 혹자는 말하기를 왜적이 총병인 줄 알고 짐짓 달아나게 한 것이라고도 했다.

김효의는 한 사람을 동반해서 성문을 나오다가 그 수행원은 왜적을 만나서 죽고, 김효의 자신은 논으로 뛰어들어 풀 속에 엎드려 있다가 왜적이 군사를 거두어 물러간 뒤에야 겨우 도망해 왔다고 한다.

본래 양원은 요동의 장수로서 다만 오랑캐를 막을 줄만 알았지 왜적을 막는 방법은 알지 못했다. 그래서 이렇게 패했던 것이요, 또한 평시에 있는 성을 지키기가 매우 어렵다는 사실을 몰랐던 탓도 있었다. 김효의의 말을 자세히 적는 까닭은 뒷날에 성을 지키는 사람들로 하여금 경계해야 할 바를 알려 경계가 되게 함이다.

남원성이 함락되자 전주 이북은 모두 와해되어 어찌할 수가 없었다. 명나라 장수 양원은 이 일로 죄를 얻어 마침내 참형을 당하고 베인 머리는 효시되었다.

57 이순신이 진도 벽파정에서 왜적을 쳐부수다

통제사 이순신이 왜적을 진도 벽파정에서 대파하고, 적장 마다시를 잡아 죽였다.

이순신이 진도에 이르러 병선을 수습하니 10여 척에 지나지 않았다. 이때 바닷가에 연해 있는 지방에서는 배를 타고 피란하는 백성이 헤아릴 수 없이 많았는데, 이순신이 왔다는 말을 듣고는 기뻐 어쩔 줄을 몰라 했다. 이순신이 여러 길로 나누어 이들을 불러 모으니 먼 곳 가까운 곳 할 것 없이 구름처럼 모여들었다. 이에 이들을 군의 뒤에 있도록 하여 형세를 돕게 하였다.

적장 마다시馬多時는 해전에 능하다고 이름이 높았다. 그는 전선 200여 척을 거느리고 서해를 침범하려다가 이순신이 거느린 군사와 진도의 벽파정 아래에서 마주쳤다. 이순신이 12척의 배에 대포를 싣고 조수의 흐름을 이용하여 순류를 타고 공격하니, 왜적은 패하여 달아나 버렸다. 이로부터 이순신 부대의 명성이 크게 떨치게 되었다.

당시 이순신 휘하에는 이미 군사 8천여 명이 모여 들어 고금도(전라남도 완도군에 속한 섬)에 주둔하였는데, 식량이 군색한 것을 근심하여 해로 통행첩을 만들라고 명령하였다.

'3도(경상·전라·충청)의 연해를 통행하는 선박은 공선과 사선을 막론하고 통행첩이 없는 것은 간첩선으로 인정하고 통행할 수 없게 한다.'

그러자 난을 피하던 백성들은 다 와서 통행첩을 받아 갔다. 이순신은 그 배의 크고 작은 차이에 따라서 쌀을 바치고 통행첩을 받게 하였는데, 큰 배는 3석, 중간 배는 2석, 작은 배는 1석으로 정하였다. 이때 피란민들은 배에 재물과 곡식을 다 싣고 나온 까닭으로 쌀 바치는 것을 어렵게 여기지 않고, 통행할 수 있음을 기쁘게 생각했다. 그래서 10여 일 만에 군량미 1만여 석을 얻었다.

이순신은 또 백성들이 가지고 있는 구리와 쇠를 모아 대포를 주조하고, 나무를 베어 배를 만들었다. 모든 일이 잘 추진되었으며, 원근에서 병화를 피하려는 사람들이 모두 이순신에게 의지하고자 와서 집을 짓고 막사를 만들어 장사를 하며 살아가니, 이들을 섬에 다 수용할 수가 없었다.

얼마 있다 명나라 수병 도독 진린陳璘이 나와서 남쪽 고금도에 내려와 이순신과 군사를 합세하게 되었다. 진린은 성질이 사나워서 남과 거스르는 일이 많았으므로 사람들은 그를 꺼려하였다. 임금께서는 그를 내려보낼 때 청파의 들판까지 나와서 전송하셨다.

나는 진린의 군사가 고을의 수령을 때리고 함부로 욕하는 데다 새끼줄로 찰방 이상규李尙規의 목을 매어 끌어서 온 얼굴이 피투성이가 된 것을 보고 통역관을 통하여 풀어 주도록 권하였으나 말을 듣지 않았다. 나는 같이 앉아 있던 재신들에게 말하였다.

"애석하게도 이순신의 군사가 장차 패할 것 같습니다. 진린과 함께 군중에 있으면 반드시 장수의 권한을 침탈하고 군사들을 마음대로 다룰 것인데, 어찌 패전하지 않을 수 있겠습니까?"

여러 사람들도 내 말을 옳게 여기며 탄식할 따름이었다.

이순신은 진린이 온다는 소식을 듣자 군사들을 시켜 물고기를 잡게 하고 사슴과 산돼지를 사냥하게 해 잔치를 성대하게 준비해 놓았다. 진린의 배가 바다로 들어올 때 이순신은 군사적 위의를 갖추고 멀리까지 나와서 맞아들였다. 그리고 진린과 그 군사를 크게 대접하니 여러 장수

진린 명나라 신종 대의 무장. 명 세종 때 지휘첨사(指揮僉使)가 되었고, 정유재란 때에는 수병 도독으로 군사를 거느리고 우리나라에 와 이순신과 더불어 왜적을 치는 데 큰 공을 세웠다. 조선 수군을 멸시하며 심한 행패를 부려 이순신과 마찰이 있었으나, 이순신이 세운 전공을 진린에게 양보하자 이순신을 존중하며 전투에 적극 임한 것으로 알려진다.

와 이하 군사 모두가 흡족하게 여기지 않는 이가 없었다. 사졸들은 서로 전하여 이야기하였다.

"이순신은 과연 훌륭한 장수로다."

진린 또한 마음속으로 진정 흡족해 하였다.

오래지 않아 왜적의 배가 가까운 섬을 침범하므로, 이순신은 군사를 파견하여 이를 쳐부수고, 적의 머리 40급을 베어 모두 진린에게 주며 그의 공으로 돌렸다. 진린은 뜻밖에 후한 대접을 받자 더욱 기뻐하였다. 이로부터 무슨 일이든 일체 이순신에게 물어서 처결하였으며, 밖으로 나갈 때면 이순신과 가마를 나란히 하고 감히 먼저 나가지 않았다. 이순신은 드디어 진린과 약속하여 명나라 군사와 우리 군사를 구별함 없이 백성에게 누를 끼치는 자가 있으면 잡아다가 매로 다스리기로 했다. 이로부터 그 명령을 어기는 병사가 없어 섬 안에 질서가 섰다.

진린은 임금에게 글을 올렸다.

'통제사는 온 천하를 다스릴 만한 재주와 나라의 어려움을 이긴 공이 있습니다.'

이는 진린이 마음으로 감복한 까닭이었다.

58 왜적이 남쪽으로 물러가다

왜적이 물러갔다.

당시 적들은 3도道를 짓밟았는데, 지나는 곳마다 가옥을 불사르고 백성들을 죽였다. 게다가 우리나라 사람을 잡기만 하면 모조리 코를 베어 가지고 위세를 보였기에 왜적이 직산에 이르자 서울 사람들은 벌써 달아나 흩어지는 형편이었다.

9월 9일에 왕비께서는 병란을 피하여 서쪽으로 내려가셨다. 명나라 장수 경리 양호와 제독 마귀는 서울에 있으면서 평안도 군사 5천여 명과 황해도·경기도의 군사 수천 명을 징집하여 강여울을 나누어 지키고 창고를 경비하도록 했다.

이에 왜적은 경기도 지경까지 왔다가 도로 물러가서 가토 기요마사는 다시 울산에 주둔하고, 고니시 유키나가는 순천에, 시마즈 요시히로島津義弘는 사천에 주둔하였는데 그 길이가 700, 800리나 되었다.

이때 서울이 거의 지키지 못할 상태에 이르니, 조신들은 서로 다투어 피란할 계책을 올렸다. 지사 신잡이 나와 진언하였다.

"임금께서는 마땅히 영변으로 떠나셔야 합니다. 신은 일찍이 병사로 있으면서 영변의 사정을 자세히 알게 되었습니다. 그곳에서 가장 조심

해야 할 것은 간장이 없는 것이오니, 미리 준비해 두지 않는다면 가서 마련할 수 없을 것이옵니다."

이 말을 들은 사람들은 모두 웃으면서 말하였다.

"신일辛日에는 장을 담그지 않는다더니."

한 대신이 또 조정에 나가 간하였다.

"이번의 왜적은 걱정할 거리가 되지 않습니다. 오래 끌면 반드시 물러가게 될 것이오니 마땅히 임금님을 받들어 편안하신 곳에 모시고자 할 따름입니다."

도원수 권율이 서울에 이르니, 임금께서는 불러 보시고 그에게 정세를 물으셨다. 권율은 대답하였다.

"당초에 임금님께서 갑자기 서울로 돌아오시지 않고 그대로 서쪽에 머물러 계시면서 왜적의 형세가 어떠한가를 살펴보셨어야 할 줄 압니다."

이윽고 왜적이 물러갔다는 소식이 들리자 권율은 다시 경상도로 내려갔다. 대간들은 논핵하였다.

"권율은 꾀가 없고 겁이 많아 도원수로 적합하지 않습니다."

하지만 임금께서는 듣지 않으셨다.

59 명나라 장수들의 전황

12월에 양 경리와 마 제독은 기병과 보병 수만 명을 거느리고 경상도로 내려가서 울산에 있는 왜적의 진영을 공격했다.

이때 적장 가토 기요마사는 울산군의 동쪽 바닷가 험준한 곳에 성을 쌓고 있었는데, 양 경리(양호)와 마 제독(마귀)이 불시에 엄습하여 날랜 기병대로 몰아치니, 왜적은 견대 내지 못하였다. 명나라 군사가 적의 외성을 빼앗자 왜적은 달아나 내성으로 들어갔다. 그런데 명나라 군사들이 왜적이 두고 간 전리품을 노획하느라 즉시 진공하지 않으니 그 사이 왜적들은 성문을 닫고 굳게 지키기만 해, 공격해도 소용이 없었다. 명군의 진영에서는 성 아래 나누어 주둔하며 사방을 포위하였으나 13일이 지나도록 왜적은 나오지 않았다.

29일에 내가 경주에서 울산으로 가 양 경리와 마 제독을 만나고 왜적의 진루를 바라보니, 고요하고 한가로워 사람의 기척이 없었다. 성 위에는 성가퀴(낮은 담)도 설치하지 않고 다만 사면에 줄행랑(종들의 방)을 만들어 군사들은 모두 그 안에서 지키고 있었다.

그러다 밖의 명나라 군사가 성 밑에 이르면 총탄을 비 오듯 어지럽게 쏘아 댔다.

날마다 이런 싸움이 되풀이되어 우리 쪽 군사만 죽어 나갈 뿐이었다. 그리고 왜적의 배가 서생포로부터 와서 지원하는데, 물속에 벌여 정박한 모습이 마치 물오리 떼와 같았다.

한편 성안에는 물이 없어서 왜적은 밤마다 성 밖으로 출몰하므로, 양경리는 김응서로 하여금 날랜 군사를 거느리고 성 밖의 샘 곁에 매복하게 하여 밤마다 연달아 백여 명을 사로잡았다.

그들은 다 굶주리고 파리하여 겨우 목숨을 부지하고 있었다. 여러 장수들은 말하였다.

"성안에는 양식이 떨어졌으니 오랫동안 포위하고 있으면 적들은 저절로 무너질 것이다."

이때는 날씨가 몹시 춥고 게다가 비까지 와서 군사들은 동상을 입고 힘들어 하고 있었다. 그런데다가 왜적이 또 육로로 와서 구원하니, 경리 양호는 공격을 당하게 될까 겁을 먹고 갑자기 군사를 돌리고 말았다. 정월에 명나라 장수들은 모두 서울로 돌아가서 다시 진격할 일을 도모하였다.

무술년(1598, 선조 31) 7월에 경리 양호가 파면되고, 새 경리로 만세덕萬世德이 대신하여 왔다. 형개의 참모관인 병부 주사 정응태丁應泰가 '양호가 일을 그르친 20여 가지 죄'를 탄핵하여 아뢰었기 때문에 파면되었던 것이다.

만세덕 명나라 장수. 병법을 잘 알았고 말을 달리며 활 쏘는 일에 능하여 우포정(右布政)에 임명되었다. 정유재란 때 첨도어사로 경리가 되어 양호를 대신해 우리나라에 와 왜적을 물리치는 데 전력을 다하였으므로 조선에서는 생사당을 세워 그의 공적을 기렸다.

임금께서는 양호가 여러 경리들 가운데 왜적을 토벌하는 데 가장 힘을 썼다고 여기시어, 즉시 좌의정 이원익을 명나라 서울로 파견하여 그를 구제하는 주문奏文(임금께 아뢰는 글)을 보냈다.

8월에 양호가 드디어 떠나게 되자 임금께서는 홍제원 동쪽까지 나가 전송하시며 석별의 눈물을 흘리셨다. 만세덕은 곧 출발한다고 하였으나 아직 도착하지는 않았다.

9월에 형개는 또 여러 장수들을 나누어 배치하였다. 마귀는 울산을 맡게 하고, 동일원董一元은 사천을 맡게 하고, 유정은 순천, 진린은 바닷길을 맡게 하여 동시에 진격하였으나 모두 불리하였다. 특히 동일원의 군대는 왜적에게 패하여 죽은 사람이 더욱 많았다.

60. 최후의 혈전

10월에 유 제독(유정)이 다시 순천에 있는 왜적의 병영을 공격하고, 통제사 이순신은 수군을 거느리고 왜적의 구원병을 바다 가운데서 크게 쳐부쉈으나 이 싸움에서 전사하고 말았다.

이 싸움에 왜적의 장수 고니시 유키나가는 성을 버리고 도망하였고,

부산·울산·하동의 해안에 주둔하던 왜적도 모두 물러갔다. 이때 고니시 유키나가는 순천의 예교에 성을 쌓고 굳게 지켰는데, 유정은 대군을 거느리고 나아가 공격하였으나 불리하여 순천으로 돌아왔다가 얼마 뒤 다시 나아가 공격하였다.

이순신은 명나라 장수 진린과 함께 바다의 어귀를 끼고 가까이 쳐들어가니, 왜적의 장수 고니시 유키나가는 사천에 있는 적장 시마즈 요시히로에게 구원을 요청하였다. 수로로 와서 합세하는 시마즈 요시히로를 이순신이 나아가 공격하여 적선 200여 척을 불태우고, 왜적을 헤아릴 수 없이 많이 죽였다. 아군은 도망하는 왜적을 남해의 노량까지 추격하였다. 이순신은 몸소 빗발치는 시석矢石을 무릅쓰고 힘을 다하여 싸우던 중 날아오는 총알이 가슴을 관통하고 등 뒤로 빠져나갔다. 이에 좌우에 모시던 사람들이 부축하여 장막 안으로 들어가니 이순신은 가만히 말하였다.

"바야흐로 싸움이 급한 때이니 내가 죽은 사실을 알리지 말라."

그는 곧 숨을 거두었다.

이순신의 조카 이완李莞(이순신 형의 아들)은 평소에 담력과 도량이 있는 사람이라 그의 죽음을 알리지 않고 이순신의 이름으로 싸움을 독려하니, 군중에서는 이 사실을 알지 못하였다. 이럴 때 진린이 탄 배가 왜적에게 포위당하자 이를 본 이완은 군사를 지휘하여 나아가 그를 구원하였다. 왜적이 흩어져 달아난 뒤에 진린은 사람을 이순신에게 보내어 자기를 구원하여 준 것을 사례하였고, 비로소 그가 전사한 소식을 접하자 앉아 있던 의자에서 펄썩 땅바닥에 주저앉으며 가슴을 치고 통곡하였다.

"나는 노야老爺(이순신을 가리킨다)가 와서 나를 구해 준 것으로 여겼는데, 이 무슨 일이란 말입니까?"

전 군사들이 모두 통곡하여 그 울음소리가 바다 가운데 울렸다. 적장 고니시 유키나가는 우리 수군이 적을 추적하여 그 병영을 지나가는 틈을 타서 뒤로 빠져나와 달아났다.

이보다 앞서 7월에 왜적의 우두머리인 도요토미 히데요시가 이미 죽었기 때문에 바다 연변에 진을 치고 있던 왜적들은 물러가기 시작했다.

이순신이 전사하였다는 소식을 들은 우리 군사와 명나라 군사들의 모든 진영에는 곡성이 끊이지 않아 마치 자신의 어버이가 세상을 떠난 듯 슬퍼하였다. 그의 영구 행렬이 지나는 곳이면 백성들은 곳곳에서 나와 제사를 지내며 울부짖었다.

"공께서 우리를 살려 주셨는데 이제 우리를 버려두고 어디로 가십니까?"

수레를 붙들고 우니 길이 막혀 영구가 지나가지 못할 지경이었다. 길에서 보는 사람마다 눈물을 흘리지 않는 이가 없었다.

나라에서는 그에게 의정부 우의정을 추증하였다. 이때 형 군문(형개)
이 나서 말했다.

"마땅히 그 사당을 바닷가에 세워서 충혼忠魂을 기려야 합니다."

그러나 그 일은 실행되지 않았다. 이에 바닷가의 백성들이 모여 사
당을 짓고 민충사愍忠祠라 부르며 때에 따라 제사를 지내고, 장사하는
사람들과 어선들도 그곳을 왕래할 때면 저마다 들러 제사를 지낸다고
한다.

61 이순신의 인품

이순신의 자字는 여해汝諧이고 본관은 덕수德水이다.

그의 조상에 이변李邊이라는 분은 벼슬이 판부사에 이르렀는데 강직
한 것으로 이름이 높았다. 증조 이거李琚는 성종成宗을 모셨는데, 연산燕
山(조선 제10대 임금)이 동궁으로 있을 때 강관이 되어 엄격하게 가르치므
로 꺼려하였다. 그가 일찍이 장령이 되었을 때는 탄핵하기를 서슴지 않
으니 만조백관이 이거를 두려워하여 호랑이 장령이라는 별명이 붙었다.
할아버지인 이백록李百祿은 가문의 덕으로 벼슬을 하였고, 아버지인 이

정李貞은 벼슬하지 않았다.

이순신은 어릴 적부터 영특하고 활달하였다. 그는 여러 아이들과 함께 놀 때에도 나무를 깎아 활과 화살을 만들어 가지고 놀았는데, 그의 마음을 거스르는 사람을 만나면 눈을 쏘려고 하였으므로 어른들도 그를 꺼려 그 집 문 앞을 함부로 지나가지 못하였다.

이순신은 자라서는 활을 잘 쏘아서 무과에 급제하였다. 그의 조상은 대대로 문관을 지냈는데, 이순신에 이르러서 비로소 무과에 올라 권지 훈련원봉사에 보직되었다.

병조판서 김귀영은 자기의 서녀를 이순신의 첩으로 주려 하였으나 이순신은 승낙하지 않았다. 어떤 사람이 그 까닭을 물으니 이순신은 말하였다.

"내가 처음으로 벼슬길에 나섰는데, 어찌 권세 집안에 의탁하여 승진을 도모하겠는가?"

병조정랑 서익徐益이 훈련원에 있는 자기와 친한 사람을 그 서열을 건너뛰어 추천하려고 하였다. 이순신은 훈련원 장무관으로서 그 불가함을 주장하니, 서익은 이순신을 불러내어 뜰아래 세워 놓고 이를 힐책하였다. 그러나 이순신은 낯빛을 조금도 변하지 않고 바르게 설명하며 뜻을 굽히지 않았다. 서익은 크게 노하여 소리를 질렀으나, 이순신은 조용히 응수하여 끝내 굽히지 않았다. 서익은 본래 지기 싫어하는 성격으로 남

무과(武科) 옛날 나라에서 관리를 선발하는 과거. 곧 국가고시로 조선왕조 제3대 태종 8년(1408)에 설치하여 처음에는 용호방(龍虎榜)이라 이름하였다.

권지(權知) 과거 합격자 가운데 성균관, 승문원, 교서관, 훈련원, 별시위 등에 나뉘어 임용 대기하던 견습 관원. 문과 출신은 성균관, 승문원, 교서관에 배치되고 무과 출신은 훈련원과 별시위에 나뉘어 배치되었다.

봉사(奉事) 관상감, 돈령부, 훈련원 및 기타 각 시(寺), 원(院), 감(監), 서(署), 사(司), 창(倉) 등에 속한 종8품 벼슬이다.

을 업신여겼기에 동료들조차도 그를 꺼려서 말다툼을 하지 않는 터였으므로, 섬돌 아래서 이날 모습을 본 관리들은 모두 혀를 내두르며 말하였다.

"이 관원(이순신)이 감히 병조정랑에게 항거를 하니 앞길을 생각지 못하는 모양이로군!"

날이 저물어서야 서익은 열없는 표정을 지으면서 이순신을 돌아가게 하였다. 이 일로 해서 관료들에게 차츰 이순신이 알려지게 되었다.

이순신이 옥에 갇혔을 때는 일이 장차 어떻게 될지 헤아릴 수가 없었다. 한 옥리가 이순신의 조카 李芬에게 비밀히 말하였다.

"뇌물을 쓰면 죄를 면할 수 있습니다."

이순신이 그 말을 듣고 노하여 이분에게 말하였다.

"죽으면 죽을 따름이지 어찌 도리를 어기고 살기를 구하겠느냐?"

그의 지조가 이와 같았다.

이순신은 사람됨이 말과 웃음이 적었고, 용모는 단아하여 마음을 닦고 몸가짐을 삼가는 선비와 같았다. 하지만 속에는 담력과 용기가 있어서 자신의 몸을 돌보지 않고 나라를 위하여 목숨을 바쳤으니, 이는 평소 그의 바탕에 축적된 뜻이 드러난 것이었다.

그의 형님 이희신李羲臣과 이요신李堯臣은 모두 그보다 먼저 죽었으므로 이순신은 그들의 자녀를 자기의 혈육처럼 어루만져 길렀으며, 무릇

훈련원(訓練院) 군사의 시재(試才), 무예의 연습, 병서와 전진(戰陣)의 강습 등을 맡아보았다.
이분 조선왕조 중기의 학자(1566~1619). 임진왜란 때 숙부인 이순신의 휘하에서 문서를 관장했다.

조카늘을 먼저 시집보내고 장가들인 뒤에야 자기 아들딸의 혼례를 치렀다.

이순신은 재주는 있었으나 운수가 없어서, 백 가지의 경륜 가운데서 한 가지도 제대로 베풀지 못하고 죽었다. 아아, 참으로 애석하다.

62 군신(軍神) 이순신의 계엄

이순신이 통제사로 있을 때는 밤낮으로 경계를 엄중히 하여 갑옷을 벗는 일이 없었다.

견내량에서 왜적과 대치하고 있을 때였다. 배들은 모두 닻을 내리고 달빛이 매우 밝은 밤에, 통제사는 갑옷을 입은 채로 북을 베고 누워 있다가 갑자기 일어나더니 좌우를 불러 소주를 가져오게 하였다. 그는 술 한 잔을 마시고 장수를 모두 불러 오게 한 다음 그들에게 말하였다.

"오늘 밤에는 달이 아주 밝구나. 왜적들은 간사한 꾀가 많은지라 달이 없는 때는 꼭 우리를 습격하여 왔는데, 달이 밝을 때도 역시 습격해 올 듯하니 경비를 엄중히 하도록 하라."

그러곤 나팔을 불게 해 모든 배의 닻을 올리게 하였다. 또 척후선에 전령을 띄워 보니 척후하는 군졸이 다들 잠자고 있으므로 깨워 변고에 대비토록 하였다.

그런 얼마 뒤에 척후가 달려와서 왜적이 쳐들어온다고 보고하였다. 이때는 달이 서산에 걸려 있고, 산의 그림자가 바닷속에 거꾸로 기울어져 바다의 반쪽은 어슴푸레 그늘져 있었다. 그 어둠 속으로부터 적선이 헤아릴 수 없이 몰려와 장차 우리 배에 접근하려 하였다.

이를 기다리고 있던 이순신의 군사가 대포를 쏘면서 함성을 지르니 우리의 모든 배에서 호응하였다. 왜적은 우리가 경비하고 있음을 알고 일시에 조총을 쏘니 그 소리가 바다를 진동하고 날아오는 총알이 비 오듯 물속에 쏟아졌다. 그러나 왜적은 드디어 우리 군사의 공격에 감히 침범하지 못하고 물러서서 후퇴하고 말았다. 이 일을 겪은 여러 장수들은 통제사를 귀신과 같은 장군이라고 생각하였다.

녹후잡기

錄後雜記

女□□區王□氏立國於沙武初晰我修濟好處

年其初我國亦嘗遣使修慶吊禮申交好舟以書狀往來

即其一也後叔舟臨卒 成宗問所欲言叔舟

國家母與日卒共和 成廟感其言命副提學李

書狀官金訢修睦到對馬島使臣以風水驚疑得疾

書言狀 成廟命致書幣於島主而回自是不復遣使

每其國信使至依禮接待而已至是平秀吉代源氏為

王秀吉者或云華人流入倭國頁薪為生一日國王山

01 임진왜란의 조짐

무인년(1578, 선조 11) 가을에 장성이 하늘에 뻗쳤는데, 그 모양이 흰 비단을 편 듯하였으며 서쪽으로부터 동쪽을 향해 펼쳐 있다가 몇 달 만에야 없어졌다.

무자년(1588, 선조 21) 무렵에는 한강의 물이 3일 동안이나 붉었다.

신묘년(1591, 선조 24)에는 죽산 태평원 뒤에 있는 돌 하나가 저절로 일어섰다. 통진현(경기도 김포 지역의 옛 지명)에서는 쓰러져 있던 버드나무가 다시 일어났다. 그러자 민간에서는 "장차 도읍을 옮길 것"이라는 말이 떠돌았다.

또 동해에 나던 물고기가 서해에서 나더니 점점 한강까지 이르렀다. 해주에서 본래 잡히던 청어는 근 10년 동안이나 전혀 나지 않다가 요동 바다로 옮겨 가, 요동 사람들은 이를 신어新魚라고 불렀다.

또 요동 8참站에 사는 백성들이 하루는 까닭 없이 놀라며 말하였다.

"도둑들이 조선에 침입해 와서, 조선 왕자가 교자를 타고 압록강에 이르렀다."

이 말이 전하여지자 노약자들은 산으로 올라가는 등 요란하다가 며칠 만에야 안정되었다.

한편 우리나라 사신이 북경으로부터 돌아오다가 금석산의 하河씨 성

장성(長星) 혜성을 뜻하며, 이 별이 나타나면 병란이 일어난다고 전해졌다.

을 가진 사람의 집에서 자게 되었는데, 그 주인이 말하였다.

"어떤 조선 통역관이 나를 보고 하는 말이 '너희 집에 3년 된 술과 5년 된 술이 있다는데 아끼지 말고 마시며 즐겁게 놀아라. 오래지 않아서 군사들이 쳐들어올 것이니 그때는 비록 술이 있더라도 누구와 같이 마시겠는가?' 하였습니다. 이로 해서 요동 사람들은 조선이 다른 뜻을 가지고 있는지를 의심하며 많이 놀라고 의심하고 있습니다."

사신이 돌아와서 그런 사실을 아뢰니, 조정에서는 통역관들이 말을 만들어 본국을 무함하는 것이라고 여겨서 몇 사람을 체포하여 인정전 뜰에서 국문하고, 압슬 화형을 행했으나 모두 불복하고 죽었다. 이것이 신묘년 무렵의 일이었다.

그 다음 해에 드디어 왜변(임진왜란)이 일어났으니, 이것으로 큰 난리가 발생하려 할 때 사람들은 비록 이를 깨닫지 못하더라도 이상한 조짐을 나타낸다는 사실을 알았다. 그 형상은 한두 가지가 아니었다. 더구나 흰 무지개가 해를 꿰뚫고 태백성(금성)이 하늘에 뻗치는 등의 일이 매해 일어났음에도, 사람들은 이것을 보통 일로 여겨 왔다. 그리고 도성 안에는 항상 검은 기운이 있었다. 연기도 아니고 안개도 아닌 것이 땅에 서리어 하늘까지 닿았으며 이와 같기가 거의 10여 년이나 계속되었다. 그 밖의 변괴가 다 이루 말하기 어려우니, 이는 하늘이 사람에게 알려 주는 바가 심히 간절하다고 하겠으나, 사람이 능히 이를 살피지 못할 뿐이라

인정전(仁政殿) 조선시대 정무를 보던 관청으로, 어진 정사를 베푸는 궁전이라는 뜻에서 붙인 이름이다.

압슬(壓膝) 죄인을 고문할 때 행하던 형벌로 깨진 사기그릇 조각 위에 무릎을 꿇리고 무거운 돌 등으로 짓눌렀다.

고 하겠다.

02 괴이한 일들

두보의 시에 이런 구절이 있다.

장안성 위의 머리 하얀 까마귀는	長安城頭頭白烏
밤이면 연추문에 날아와 울고	夜飛延秋門上呼
인가로 다니며 큰 집을 쪼아 대니	又向人家啄大屋
고관들은 달아나 오랑캐를 피하네.	屋底達官走避胡

이 또한 괴이한 일을 기록한 것이다.

임진년(1592, 선조 25) 4월 17일에 왜적이 침략했다는 급보가 이르자 조정과 민간에서는 황황하여 어찌할 바를 몰랐는데, 갑자기 괴이한 새가 대궐의 후원에서 울다가 공중으로 날아올라 가까워졌다 멀어졌다 하였다. 단 한 마리 새의 울음소리가 성안에 가득 차서 듣지 않은 사람이 없었고, 밤낮으로 그 울음소리가 잠시도 그치지 않았다. 이러기를 10여 일 후에 임금께서 피란길을 떠나셨고, 왜적이 도성으로 들어와 궁궐과

두보(杜甫) 당나라 때 시인(712~770). 그의 시는 웅장하고 막힘이 없으며 동시에 곧고 순하다. 슬픔과 괴로움의 정서 또한 풍부하다. 주요 작품으로 『북정(北征)』『추흥(秋興)』『병거행(兵車行)』 등이 있다.

장안성(長安城) 당나라 때 서울.

종묘, 사직과 관청, 민간의 집들이 텅텅 비게 되었으니, 아아, 그 역시 매우 괴이한 일이라 하겠다.

5월에는 내가 임금님을 모시고 평양에 이르러 김내진金乃進의 집에 우거하였는데, 김내진이 이렇게 말하였다.

"연전에 승냥이가 여러 번 성안으로 들어오고 대동강 물이 붉은 적이 있었습니다. 동쪽 물은 몹시 흐리고 서쪽 물은 맑더니 지금 과연 이런 변란이 있습니다."

이때 왜적은 아직 평양에 이르지 않았기에, 나는 이 말을 들고서 아무런 대답도 하지 않았으나 마음속으로는 좋지 않았다. 그러고서 얼마 아니 되어 평양성이 함락되었다. 대개 승냥이란 들짐승이 성안에 들어온다는 것은 온당한 일이 아니다. 이는 마치 『춘추春秋』에 '구욕새가 와서 깃들자 여섯 마리 익새가 날아가 버리고, 많은 순록과 물여우가 나타났다'는 내용과 같았다. 하늘이 인간에게 계시한 것이 분명하고, 성인聖人이 경계한 바가 이 같으니 어찌 두려워하지 않으리오.

또 임진년 봄과 여름 사이에는 세성歲星(목성)이 미성尾星(28수의 여섯째 자리 별들)과 기성箕星(28수의 일곱째 자리 별들)을 지켰다. 미성과 기성은 곧 연나라를 뜻하는데, 옛날부터 우리나라와 연나라가 같다고 해 오던 터였다. 이 무렵 왜적의 군사가 날로 가까워지므로 인심은 흉흉하고 두려워하여 어찌할 줄을 몰랐다. 하루는 임금께서 하교하셨다.

'복성이 지금 우리나라에 있으니 왜적을 두려워할 것이 없다.'

이런 말을 빌려서 백성의 마음을 진정시키려고 한 까닭이었다. 그러나 뒤에 도성은 비록 잃었다고 해도, 마침내는 능히 예전대로 회복하여 옛 서울로 돌아갔으며, 왜적의 우두머리인 도요토미 히데요시도 마침내는 흉악한 계획을 다 이루지 못하고 죽어 버렸으니, 이 어찌 우연한 일이라 하리오. 이는 모두 하늘의 뜻이라 할 만하다.

🏛03 왜적의 간사하고 교묘한 꾀

왜적은 몹시 간사하고 교묘하여 군사를 부리는 법이 하나라도 남을 속이는 술책이 아닌 것이 없었다. 임진년의 일로 보아도 가히 서울에서는 교묘한 꾀를 썼으나, 평양에서는 졸렬하였던 것이다.

우리나라는 태평세월이 백 년 동안이나 계속되어 백성들이 전쟁을 알지 못하다가, 갑자기 왜적이 쳐들어왔다는 말을 듣자 어찌할 바를 모르고 우왕좌왕하다가 먼 곳 가까운 곳 할 것 없이 다 넋을 잃고 말았다.

왜적은 파죽지세로 불과 열흘 만에 서울까지 들이닥쳐서, 지혜로운 사람도 전략을 도모할 수가 없었고, 용감한 사람도 과감한 결단을 내릴 수가 없었다. 민심 또한 무너져서 수습할 길이 없게 되니 이 병법이 서

복성(福星) 목성을 민속에서 이르는 말로. 길한 별이라는 뜻이다.

울을 빼앗는 데 교묘한 계책이었던 것이다.

이때부터 왜적은 항상 이긴다는 기세를 믿고서 뒷일은 돌아보지 않고 여러 도道로 흩어져 저들 마음대로 날뛰었다. 군사가 나뉘면 세력이 약해지지 않을 수 없는 법인데, 천 리에 진영을 연이어 쳐 놓고 오랫동안 날짜를 끄니, 이른바 아무리 강한 화살도 멀리 나가고 보면 엷은 비단도 뚫지 못하는 이치와 같다. 또 장숙야가 "여진은 군사를 쓸 줄 모르는구나. 군사가 홀로 깊이 들어왔으니 능히 살아 돌아갈 수 있겠는가?"라고 말한 것과 같다고 하겠다.

이로써 명나라 군사는 4만 명으로 평양성을 함락시켰고, 평양성이 부서지자 여러 도에 퍼져 있던 왜적은 모두 기운을 잃었다. 비록 서울은 아직 그들이 점거하고 있었으나 대세는 벌써 기울어졌다. 이럴 때 사방에 퍼져 있던 우리 의병들이 곳곳에서 공격하니 왜적은 서로 두절되고 구원할 수 없게 되어 마침내는 퇴병하지 않을 수 없게 되었다. 그들의 평양에서의 전략이 졸렬하였다고 말하는 까닭이다.

아아! 왜적의 잘못된 계교는 우리로서는 다행한 일이었다. 진실로 우리나라에 뛰어난 한 명의 장수라도 있어서 수만 명의 군사를 거느리고 시기를 보아 특별한 계교를 썼더라면 뱀처럼 늘어선 전선을 끊어 그 요긴한 허리를 잘라 놓았을 것이다. 이를 평양성 싸움에 썼더라면 그들의 대군을 힘들이지 않고 무찌를 수 있었을 것이다. 더불어 이 책략을 서울

장숙야(張叔夜) 송나라 휘종(徽宗) 대의 사람. 금나라와 싸워 휘종이 적에게 잡혀갈 때 따라가다가 먹지 않고 자결하였다.

여진(女眞) 만주 동부에 살던 퉁구스 계통의 한 족속.

이남에서 썼더라면 왜적의 수레 하나도 돌려보내지 않았을 것이다. 이렇게 된 뒤에야 왜적들의 마음은 놀라고 간담이 부서져서 수십 년 수백 년이 지나서도 감히 우리를 바로 보지 못하여 다시는 뒷근심이 없었을 것이다.

하지만 당시 우리는 너무 쇠약하여 능히 이를 처리할 힘이 없었으며, 명나라 여러 장수들도 이런 계책을 알지 못하였다. 그래서 왜적으로 하여금 조용히 물러가게 했을 뿐 응징하거나 두려움을 갖도록 하지는 못했다. 게다가 가장 낮은 전략으로서 봉작과 조공을 하여 그들을 견제하려고 하였으니, 가히 탄식할 일이다. 어찌 애석한 일이 아니랴. 지금에 이르러 생각하여 보아도 이가 떨리고 주먹이 쥐어져 분개하게 된다.

04 지세 이용이 승패를 좌우한다

옛날에 조조가 병법에 관하여 이렇게 진언하였다.

"군사를 거느리고 전투에 임해 적과 싸우는 데 중요한 일이 세 가지가 있습니다. 첫째는 지형을 잘 이용하는 것이요, 둘째는 군사들이 명령에 잘 복종하는 일이요, 셋째는 좋은 무기를 쓰는 일입니다. 이 세 가지는 전쟁을 하는 데 가장 요긴한 것이고 승부가 결정되는 일이라 장수된

조조(晁錯) 한(漢)나라 문제(文帝)와 경제(景帝) 때의 정치가로 커다란 신임을 받았다. 어사대부가 되어 제후들의 세력을 약화시키려 하다 반대파에 의해 처형당하였다.

자가 이를 몰라서는 안 될 것입니다."

왜적은 공격에도 익숙하고 무기도 아주 예리하였다. 옛날에는 없던 조총까지 보유하고 있어서 그 멀리 가는 위력과 명중시키는 재주가 화살보다도 몇 갑절이나 되었다.

우리가 만약 평원의 넓은 들판에서 만나 맞대어 진을 치고 병법에 따라 교전하였다면 그들을 대적하기가 아주 어려웠을 것이다. 대개 우리가 쓰는 화살의 위력이란 백 보를 넘지 못하는데 비해 조총은 능히 수백 보를 나가고 게다가 폭풍 속 우박처럼 쏟아지니, 그것을 당해 낼 수 없음은 뻔한 이치이다.

그러나 먼저 지형을 잘 가려서 그 산의 험하고 숲이 빽빽이 우거진 곳에 자리 잡은 다음에 활 잘 쏘는 군사를 매복시켜 적으로 하여금 그 형체를 보지 못하게 하고는 좌우에서 한꺼번에 활을 쏘니, 저들에게 비록 조총과 창칼이 있다 하더라도 이를 쓸 새가 없이 승리할 수 있었던 것이다.

이제 그 한 가지 일을 증거로 들어 보겠다. 임진년에 왜적이 서울에 들어와서 날마다 성 밖에 흩어져 노략질을 일삼으니 원릉園陵(왕을 비롯한 왕족의 무덤)마저 보전할 수 없는 형편에 이르렀다. 고양 출신의 진사 이노는 활을 잘 쏘고 담력도 있었다. 하루는 동료 두 사람과 각각 활과 화살을 가지고 창릉과 경릉으로 들어갔는데, 뜻밖에 왜적의 무리들이 크게 나와 산골짜기에 가득 찼다. 이노 일행은 어찌할 바를 모르다가 등나무, 칡덩굴이 빽빽이 우거진 숲 속으로 달려 들어갔다. 왜적이 쫓아와서 찾느라고 기웃거리자, 이노 등은 그 속에서 활을 쏘았고 왜적들은 화살을 맞고 거꾸러졌다. 그들이 장소를 옮겨 다니며 여기 번뜩 저기 번뜩하니 왜적들은 더욱 찾아낼 수가 없었다.

　이로부터 왜적들은 이르는 곳마다 우거진 숲만 보면 멀리멀리 도망하여 감히 가까이 오지 못했기 때문에 두 능을 보전할 수 있었다. 이러한 점으로 보면 지세를 잘 얻느냐 그렇지 못하느냐에 따라 승패가 달려 있음을 알 수 있다. 왜적이 상주에 있을 때 신립과 이일 등이 이런 계교를 쓸 줄 알았더라면 좋았을 것이다. 먼저 토천과 조령의 30리 사이에 활 잘 쏘는 사람 수천 명을 매복시켜서 왜적으로 하여금 군사의 많고 적음을 헤아리지 못하게 했더라면 가히 적을 제압할 수 있었을 것이다. 그런데 오합지졸의 훈련되지 않은 군사를 거느리고 그 험한 요새를 버리고 평탄한 곳에서 승부를 다투었으니, 그렇게 패한 것은 당연한 이치였으리라. 나는 전쟁의 기략에 대하여 자세히 기록했지만 다시 한 번 이를 특별히 기록하는 까닭은 뒷사람들의 경계를 삼으려 함이다.

05. 성을 굳게 지키는 묘법

성은 포악한 도둑을 막고 백성을 보호하는 곳이므로 마땅히 견고함을 으뜸으로 해야 한다. 옛날 사람들은 성에 대해 말할 때 다들 성 밖의 돌출된 담을 말하였는데, 이른바 천 치千雉니 백 치百雉니 하는 것이 그것이다.

나는 평상시에 책 읽기를 제대로 하지 않아 성윗담이 무엇인지를 알지 못하고, 살받이터가 이에 해당하는 줄로 알아서 일찍이 의문을 가졌었다.

"살받이터가 천 개나 백 개면 그 성이 극히 작아서 여러 사람을 수용할 수가 없으니 장차 어떻게 할까?"

그러다 왜란의 변고가 일어난 뒤에 비로소 척계광戚繼光의『기효신서紀效新書』를 얻어 읽어 보고는, 성윗담은 살받이터가 아니고 곡성과 옹성이라는 사실을 알았다. 성에 곡성과 옹성이 없으면 하나의 살받이터 사이에 방패를 세우고 외면에서 날아오는 화살과 돌을 가려 막는다 하더라도, 성 밑에 바짝 달라붙어 오는 적을 보고도 막을 수가 없는 것이다.

『기효신서』에는 50개의 살받이터마다 하나의 성윗담을 만들어 놓되 밖으로 두세 길 나오게 하고 두 성윗담 사이에 50개의 살받이터를 만들

성윗담 치(雉)를 뜻하는 것으로, 성벽에 기어오르는 적을 쏘기 위해 성벽 밖으로 군데군데 내밀어 쌓은 돌출부이며 성벽을 보호하는 구조물이다. 치 위에 성가퀴(낮은 담)를 쌓았다.

살받이 화살이 날아와 꽂힐 자리.

곡성(曲城) 성문을 밖으로 둘러 가려서 구부러지게 쌓은 성.

옹성(甕城) 성문을 보호하고 성을 튼튼히 지키기 위해 큰 성문 밖에 원형이나 네모난 모양으로 작게 쌓은 성.

면, 하나의 성윗담이 25개의 살받이터를 담당하게 되어 화살의 위력이 강성해지기 때문에 좌우를 마음대로 돌아보면서 활을 쏘기에 편리하므로, 적군이 성 밑으로 침범할 수가 없다고 되어 있다.

임진년 가을에 나는 안주에 오랫동안 머물고 있었다. 생각해 보니 왜적이 지금 평양성에 있는데 만약 하루아침에 이쪽으로 내려온다면, 행재소의 전면에서는 한 곳도 막아 낼 곳이 없었다. 그럼에도 헤아리지 않고 안주성을 수축하여 지키고만 있었다.

그런데 중양절(9월 9일)에 우연히 청천강가로 나가서 성을 가만히 돌아보다가, 문득 한 가지 계책이 떠올랐다. 성 밖의 형세를 따라서 성윗담처럼 따로 뾰족한 성을 쌓고 그 안을 비워 사람을 수용한 다음, 그 사방에 대포 구멍을 뚫어 대포를 쏠 수 있게 만드는 것이다. 그 위에 대적할 다락을 세워 다락과 다락이 천 보 이상 떨어지게 만들고, 대포 속에는 새알 같은 탄환을 몇 말 넣어 두었다가 왜적이 성 밖에 많이 모여들 때에 번갈아 쏘면 사람과 말은 말할 것도 없고 쇠와 돌마저도 다 부서져 가루가 되지 않을 수가 없을 것이다. 이와 같이 된다면 다른 성가퀴를 지키는 군사가 없더라도 수십 명만으로 포루를 지키게 하여도 적이 감히 가까이 오지 못할 것이다.

이는 실로 성을 지키는 묘법으로서 그 제도는 비록 성윗담을 본떴다 하더라도 그 공효는 성윗담보다도 틀림없이 나을 것이다. 대개 천 보의 거리 안에 적이 접근해 오지 못하게 된다면 이른바 운제나 충차 따위는 다 소용이 없게 될 것이다.

이를 우연히 생각해 낸 나는 즉시 행재소의 임금께 아뢰고, 뒤에 경연 자리에서도 여러 번 제안하였다. 또 사람을 시켜 그것이 반드시 쓸 만한 것임을 보이고자 병신년(1596, 선조 29) 봄에 서울 동쪽 수구문 밖 한 곳 에 돌로 이 모형을 만들다가 그치기도 하였는데, 이론이 어지러워 그만 두게 되었다.

뒷날에 만약 원대한 생각을 가진 사람이 나온다면 나 같은 사람의 말 이라고 해서 버리지 말고 이런 제도를 마련하기 바란다. 적을 막는 방법 으로서 효과적이라 생각한다.

06 진주성 포루의 역사(役事) 문제

내가 안주에 있을 때 경상 우감사가 된 벗 김사순金土純(김성일의 아들) 이 서신을 보내왔다.

'진주성을 잘 수리하여 죽기를 각오하고 지킬 계획이네.'

이보다 먼저 왜적은 일찍이 진주성을 한 번 침범하였으나 이기지 못 하고 패하여 물러갔었다. 이에 나는 김사순에게 답서를 보내 일렀다.

운제(雲梯) 성을 공격할 때 수레에 탑재해 썼던 높은 사다리.

충차(衝車) 사면을 온통 쇠로 덮어 적진이나 성벽을 공격할 때 쓰던 수레의 하나.

'왜적은 조만간에 반드시 쳐들어올 것이네. 왜적이 지난해의 원한을 갚으려고 반드시 많은 군사를 동원할 것이니, 성을 지키는 일이 옛날과 비교하여 더 어려울 것이네. 마땅히 포루를 세워 대비하여야만 걱정이 없을 것이네.'

그런 다음 서신 안에 그 제도에 대해 상세하게 적어 보냈다.

계사년(1593. 선조 26) 6월에 나는 왜적이 다시 진주성을 공격한다는 말을 듣고 종사관 신경진에게 말하였다.

"진주의 일이 매우 위급한데 다행히 포루가 있으면 그래도 지탱할 수 있겠지만 그렇지 않으면 지키기가 어려울 것이다."

얼마 후 합천으로 내려갔다가 진주성이 벌써 함락되었다는 소식을 들었다.

단성 현감 조종도 역시 김사순의 벗이었는데 나에게 이런 말을 하였다.

"지난해에 김사순과 함께 진주성에 머물러 있을 때 김사순이 내 서신을 보고 기뻐 뛰면서 참으로 기이한 계교라고 칭찬하며 즉시 그 막하에 있는 벗 몇 사람과 성을 돌아보고, 그 형세에 따라 꼭 여덟 곳에 포루를 설치하기로 했습니다. 나무를 베고 강물에 띄워 내려보냈더니, 고을 백성들이 그 역사를 꺼리며 '전에는 포루가 없어도 성을 지키고 왜적을 물리쳤는데, 왜 이렇게 사람을 수고롭게 들볶습니까?' 하였습니다. 그래

포루(砲樓) 포를 설치하여 쏠 수 있도록 견고하게 만든 시설물.

도 김사순은 듣지 않고 포루를 만들 재목을 갖추고 공사를 시작하였는데, 얼마 안 되어 그가 병이 들어 일어나지 못하게 되니 그 일도 중지되고 말았습니다."

우리는 서로 이 일을 아주 애석하게 여기면서 헤어졌다. 아아! 김사순의 불행은 곧 온 진주성 백성의 불행이었다. 이것은 진실로 운이라 사람의 힘으로는 할 수 없는 일이었다.

07 왜적을 막아 낼 방도를 강구하다

임진년 4월에 왜적이 연달아 육지의 여러 고을을 함락시키니, 우리 군사는 그 위세만 바라보고도 그만 무너지고 흩어져 감히 맞싸우려 들지 않았다.

비변사의 모든 신하들은 날마다 대궐에 모여서 왜적을 막아 낼 대책을 강구하였으나 별다른 계책을 마련하지 못하였다. 그중 어떤 사람이 이렇게 건의하였다.

"왜적은 창칼을 잘 쓰는데 우리는 이를 막아 낼 만한 굳건한 갑옷도 없이 적을 대적하고 있습니다. 마땅히 두꺼운 쇠로 갑옷을 만들어 온몸을 감싸고 왜적의 진중으로 들어간다면 가히 찌를 만한 틈이 없을 것이니, 우리가 이기게 될 것입니다."

여러 사람들은 이 말을 옳게 여겼다. 이에 공장工匠을 많이 모아서 밤낮으로 철을 두드려 갑옷을 만들었다. 나는 안 되겠다고 생각하여 홀로 반대하였다.

"적과 싸울 때는 구름처럼 모였다가 새처럼 흩어지기도 하며 빨리 움직일 수 있어야 제일입니다. 그런데 온몸을 둘러싼 두꺼운 철갑을 입는다면 그 무게를 이겨 낼 수도 없고 몸도 잘 움직이기 힘들 터이니, 어떻게 왜적을 죽일 수 있겠습니까?"

며칠이 지나자 그것이 과연 쓰기 어렵겠음을 알고 드디어는 그만두었다. 또 대간이 대신을 만나 계책을 말하였는데, 그중에 한 대신이 성을 내면서 대신들의 계책 없음을 지탄하였다. 그러자 좌중에서 그에게 물었다.

"공께서는 무슨 계책이 있으시오?"

그가 대답하였다.

"한강가에 높은 누각을 많이 설치하여 적들이 올라오지 못하게 만들고, 높은 데서 적을 굽어보며 활을 쏘면 이기지 않겠습니까?"

이에 다른 대신이 물었다.

"왜적의 총알도 역시 오를 수 없다던가?"

그러니 그 사람은 아무 대답도 못하고 물러가 버렸다. 이 말을 전해

들은 사람들은 그저 웃을 뿐이었다.

아아! 군사에는 일정한 형세가 없고 전투에는 일정한 법이 없는 것이니, 때에 따라 사변에 알맞은 전법을 마련하여 나아가고 물러서고 모이고 흩어지며, 기묘한 계책을 내어 무궁하게 써야 하는 것이다. 이는 다만 군사를 지휘하는 장수의 능력에 달려 있을 따름이다. 그렇게 본다면 천 마디의 말이나 만 가지의 계교가 다 소용이 없고, 오직 한 사람의 뛰어난 장수를 얻는 데에 달렸다. 거기에 조조鼂錯가 말한 세 가지 계책은 절실히 요망되는 것으로 한 가지라도 없어서는 안 된다. 그 나머지 어지러운 말들이야 무슨 도움이 되겠는가?

대저 국가에서는 좋은 장수를 사변이 없을 때에 뽑아 두었다가 일이 생기면 임명하여야 한다. 이들을 선발하는 데는 정확해야 하고 임명도 빈틈이 없어야 한다. 당시 경상도 수군 대장은 박홍과 원균이고, 육군 대장은 이각과 조대곤이었는데, 이들은 원래 장수될 재목은 아니었다. 그 변고(임진왜란)가 발생하였을 때 순변사와 방어사, 조방장 등이 모두 조정의 명을 받고 내려가 보니, 각각 마음대로 결단할 권한만을 생각하며 저마다 호령을 내리고, 나아가고 물러서기를 마음대로 행하여 통솔이 되지 않았다. 그러니 전쟁에 패하면 수레에 시체로 실려 돌아올 뿐, 무슨 일을 할 수 있었겠는가?

또 자기가 양성한 군사를 쓰지 못하고 자기가 쓸 군사를 양성하지도 않았으니, 장병이 서로를 알지도 못하였다. 이는 다 군법을 연구하는 사람들이 크게 꺼리는 바였다. 어찌하여 앞 사람이 잘못한 일을 뒤의 사람도 고칠 줄을 모르고 그대로 답습하여 이처럼 일을 그르친단 말인가. 이러고서도 사고가 없기를 바라는 것은 요행을 바랄 따름이라 하겠다. 이것을 말하자면 길어질 뿐 더 말해 무엇하랴. 아아! 위태로운 일이다.

08 임진강에 부교를 가설하다

계사년(1593, 선조 26) 정월에 명나라 군사가 평양을 출발하므로 나는 그 군사보다 앞서서 떠났다. 이때 임진강에는 얼음이 녹아서 그냥 건너갈 수 없었다. 제독(이여송)은 연달아 사람을 파견하여 부교를 만들라고 독촉하였다.

내가 금교역에 이르러 보니 황해도 수령이 아전과 백성을 거느리고 명나라 군사에게 식사를 대접하느라고 들판에 가득 차 있었다.

나는 우봉 현령 이희원李希愿을 불러 물었다.

"거느리고 온 고을 사람이 얼마나 되는가?"

"수백 명에 가깝습니다."

그 말에 나는 이희원에게 분부하였다.

"그대는 속히 고을 사람을 거느리고 산에 올라가 칡덩굴을 뜯어 가지고 내일 나와 임진강 어귀에서 만나도록 하되, 기약을 어기지 말라."

이희원은 곧 물러갔다. 나는 개성부에서 자고 그 이튿날 새벽에 말을 달려 덕진당으로 갔다. 보니 강의 얼음이 아직 다 풀리지 않았고, 얼음 위로 물이 반 길이나 흐르고 있어서 하류의 배가 올라올 수 없었다. 경기도 순찰사 권징, 수사 이빈, 장단 부사 한덕원韓德遠, 창의추의군倡義秋義軍 천여 명이 강가에 모였으나 속수무책이었다.

나는 우봉 사람들을 불러 모아 온 칡덩굴로 새끼를 꼬아 굵은 밧줄을 만들도록 했다. 크기는 두어 아름이나 되고 길이는 강물을 건너 놓을 만하게 하여, 강의 남쪽과 북쪽의 언 땅에 각각 두 개의 기둥을 세워 마주 보게 하고 가름대 나무를 뉘어 놓았다. 그러고는 큰 새끼줄 열다섯 가닥을 꼬아 강물 위에 늘여서 양쪽 머리를 가름대 나무에 동여매었다. 강폭이 넓고 멀어서 밧줄은 반쯤 물에 잠겨 보이지 않았다. 모인 사람들이 수군거렸다.

"쓸데없이 힘만 쓰는군."

나는 천여 명을 동원하여 각각 2, 3척쯤 되는 짧은 막대기를 가지고 새끼줄을 몇 바퀴 감게 하였더니 팽팽해져 마치 빗살처럼 알맞게 뻗쳤다. 이것을 많은 밧줄로 잘 엮어 가로로 묶어세우니 엄연한 다리 모양이 되었다. 다음으로 가는 버드나무를 베어 그 위에 깔고 풀을 두껍게 덮고

흙을 깔아 다졌다.

명나라 군사는 이를 보고 크게 기뻐하며 모두 말을 달려 건너가고 포차와 군기도 이 다리로 운반했다. 조금 뒤에 건너는 사람이 더욱 많아지자 엮어 묶은 새끼줄이 자못 늘어져서 물에 가까워졌다. 그리하여 명나라 대군이 얕은 여울을 따라 건넜으므로 문제가 없었다.

지난 일을 생각해 보면, 창졸간에 칡을 많이 준비하지 못한 것이 안타깝다. 만일 새끼줄 30가닥을 꼬아 다리를 만들었다면 밧줄이 더 잘 엮여 늘어지는 일이 없었을 것이다.

뒤에 『남북사』를 보니 이런 내용이 있었다. 제齊나라 군사가 양나라를 공격하자, 양나라 임금 귀歸는 주나라 총관 육등陸騰과 방어하였다. 주나라 사람들은 협구의 남쪽 언덕에 안촉성安蜀城을 쌓고서 새끼줄을 강 위에 당겨 매고 갈대를 엮어 다리를 만든 다음 군량을 옮겼다고 하는데, 그것이 바로 이 법이었다. 나는 스스로 이르기를 "나는 우연히 생각이 떠올라 이 방법을 깨달았으나, 옛날 사람들이 이미 행하였던 일이로구나" 하면서 웃었다. 이 일을 기록하는 까닭은 훗날 갑작스러운 일에 대응할 때 도움이 될까 여겨서이다.

남북사(南北史) 중국 당나라 때 이연수(李延壽)가 펴낸 역사책. 송나라부터 진나라까지의 남사(南史)와 위나라부터 수나라까지의 북사(北史)를 기록하였다.

훈련 도독을 설치하다

계사년(1593) 여름에 나는 병으로 서울의 묵사동에 누워 있었다. 하루
는 명나라 장수 낙상지가 방문하여 매우 정성스럽게 문병하였다. 이때
그가 말하였다.

"조선은 지금 미약한데 왜적은 아직도 지경 안에 있으니, 군사를 훈
련하여 적을 막는 일이 가장 급선무가 아니겠습니까. 그러니 명나라 군
사가 아직 돌아가지 않은 이때를 타서 군사를 훈련하는 법을 익혀 한 사
람으로 열 사람을 가르치고, 열 사람으로 백 사람을 가르친다면 몇 해
안에 잘 훈련되어 가히 나라를 지킬 수 있는 군사로 거듭날 것입니다."

나는 그 말에 감동되어 이 사실을 즉시 임금께 아뢰고, 금군 한사립韓
士立을 시켜 서울 안에 있는 군사 70여 명을 모아 낙상지가 있는 곳으로
가서 군사 훈련을 가르쳐 줄 것을 청하였다. 낙상지는 막하 부하로서 진
법을 잘 아는 장육삼張六三 등 10명을 뽑아 교관으로 삼아 밤낮으로 창
검과 낭선 등의 기술을 연습시켰다.

얼마 뒤에 내가 남쪽 지방으로 내려가게 되자 그 일도 이내 중단되고
말았다. 그러나 임금께서 내 장계를 보시고 비변사에 분부하시어 따로
도감을 설치해 군사를 훈련하도록 명령하시고, 정승 윤두수로 하여금
그 일을 맡아 다스리게 하였다.

낭선(狼筅) 아홉 층부터 열한 층의 가지가 달렸고 창대 끝과 가지 안쪽에 쇠붙이로 만든 날카로운
날이 있는 창. 대나무 또는 쇠로 만들며 길이는 15자, 무게는 7근이다. 낭선창(狼筅槍)의 다른
이름이다.

그해 9월에 나는 남쪽으로부터 행재소로 불려갔다가 임금을 해주에서 맞이하여 모시고 서울로 돌아오는데, 연안에 이르자 다시 나에게 훈련도감의 일을 맡아 다스리라고 분부하셨다.

당시 서울에는 기근이 심하였으므로 나는 용산 창고에 있는 중국 좁쌀 1천 석을 내 줄 것을 청하여 날마다 군사 한 명에게 두 되씩을 나누어 주니, 사람들이 사방에서 모여들었다. 도감 당상 조경은 곡식이 적어서 다 받아 줄 수 없었으므로, 기준을 만들어 조절하고자 하였다. 큰 돌 하나를 놓아두고 군사에 응모하기를 원하는 사람들에게 먼저 그 돌을 들게 하여 힘을 시험하고 또 한 길쯤 되는 담장을 뛰어넘도록 했다. 할 수 있는 사람은 허락하고 못하는 사람은 거절하니, 굶주리고 기운이 없는 사람이 대부분이므로 10명에 한두 명 꼴로 합격하였다. 어떤 사람은 도감문 밖에서 시험을 기다리다가 쓰러져 죽기까지 했다.

이렇게 군사 수천 명을 얻어서 파총과 초관을 세우고 부서를 나누어 거느리게 하였다. 또 조총 쓰는 법을 가르치려 하였으나 화약이 없었다. 이때 군기시에 있던 장인匠人 대풍손大豊孫이라는 자는 적진으로 들어가 왜적에게 화약을 만들어 주었다는 명목으로 강화도에 갇혀 사형을 기다리고 있었다. 나는 특별히 죽음을 면하여 주면서 대신 화약을 만들어 속죄하게 하였더니, 그는 감격하여 온 힘을 다해 하루에 몇십 근이나 구워 냈다.

당상(堂上) 정3품 이상의 벼슬을 가진 자를 일컫는다. 문관은 통정대부 이상, 무관은 장군을 말하며 문신은 정3품 통정대부(通政大夫), 무신은 정3품 절충(折衝)장군 이상에 해당한다.

파총(把摠) 1594년(선조 27) 훈련도감을 창설할 때 만들어 각 군영에 둔 종4품 무관 벼슬. 이후 모든 군영이 답습하였으며 임기는 2년에 선전관이나 수령을 거친 자를 임명하였다.

초관(哨官) 조선시대 100명 단위의 병사 집단인 초(哨)를 거느리던 종9품 무관 벼슬.

이를 각 부서에 나누어 주어 밤낮으로 총 쏘는 기술을 익히게 히고, 그 능하고 못한 것을 가려 상벌을 주었더니, 한 달 남짓하여 능히 날아가는 새를 맞히었고, 몇 달 뒤에는 항복한 왜적 및 남방의 조총 잘 쏘는 자들과 비교해도 뒤떨어지는 사람이 없었으며 그보다 낫기도 하였다.

나는 임금에게 차자를 올려 청하였다.

'군량을 조처해 더욱 군사를 모집하시어 1만 명이 차면 다섯 군영을 설치하여 각각 2천 명을 예속시키고, 해마다 그 반은 성안에 머물러 두어 군법을 훈련시키십시오. 그 반은 성 밖에 내보내 넓고 기름진 땅을 골라서 둔전으로 지급해 농사를 짓게 하시되, 이를 번갈아 대체한다면 몇 해 뒤에는 군사와 식량의 근원이 튼튼하여지고, 나라의 근본도 굳건하여질 것입니다.'

임금께서는 그 안을 조정에 내려보냈으나 병조에서 이를 거행하지 않았으므로 마침내 효과를 보지 못하고 말았다.

10 심유경에 관한 이런 일 저런 일

심유경은 평양에서부터 왜적의 진중으로 출입하느라고 노고가 적지 않았다. 그러나 강화를 명목으로 한 까닭에 우리나라에서는 좋아하지 않았다. 최후에 왜적이 부산에 머물러 있으면서 오랫동안 바다를 건너가지 않고, 이 책사(이종성)가 도망하여 돌아온 때였다. 명나라 조정에서는 심유경을 부사로 삼아 양방형과 함께 일본으로 보냈으나 아무런 보람도 없이 돌아왔고, 고니시 유키나가와 가토 기요마사 등은 도로 들어와 해상에 주둔하였다.

이에 명나라와 우리나라에서는 의논이 자자하게 일어나서 잘못을 모두 심유경에게 돌렸고, 심한 사람은 "심유경이 왜적과 공모해서 배반하려고 한다"라고까지 말하였다.

우리나라의 승려 송운 松雲이 서생포에 들어가서 가토 기요마사를 만나보고 돌아와 말하였다.

"왜적이 명나라를 침범하려 하는데 그 말이 심히 사리에 어긋납니다. 즉시 사유를 갖추어 명나라 조정에 알려야 할 것입니다."

이에 듣는 사람들이 더욱 노여워하였다. 심유경은 화가 미칠 것을 알고 어찌할 바를 모르다가 김명원에게 글을 보내 그 일의 처음과 끝을 변명하였다. 그 글의 내용은 이러하였다.

세월이 빨리 흘러 지나간 일들이 어제 일 같습니다. 돌이켜 보면 왜적이 귀국의 지경을 침구하여 바로 평양까지 이르렀으니, 그들의 안중에는 이미 무서움이라곤 없었습니다. 나는 황제의 명령을 받들어 왜적의

송운 조선 중기의 고승 유정(惟政)을 일컫는다. 송운은 그의 호이다.

실정을 정탐하면서 족하(김명원)와 이 체찰사(이원익)를 어지러운 속에서 서로 기회를 보아 만나지 않았습니까.

평양성 서쪽 일대의 백성들은 이리저리 떠돌며 마치 바늘방석에 앉아 있는 것처럼 아침에 저녁 일을 도모하지 못하는 형편에 처하여, 이를 목격하고 참으로 마음 아프게 여겼습니다. 족하도 몸소 그러한 일들을 겪었으니 내가 여러 말을 하지 않아도 잘 아실 것입니다. 나는 고니시 유키나가를 격문으로 불러 건복산에서 만나 서쪽을 침범하지 말 것을 약속받았으며, 왜적은 명령을 듣고 감히 어기지 못한 채 몇 달을 지냈습니다. 그런 뒤에 대병이 이르러 평양의 승전을 가져오게 되었습니다. 설혹 그때 내가 오지 않았더라면 왜적은 조공祖公(조승훈)이 패전한 기회를 타 의주까지 달려갔을지도 알 수 없는 일입니다. 평양 한 도道의 백성이나마 심한 피해를 입지 않은 것은 귀국의 큰 다행이 아닙니까.

얼마 뒤 왜적의 장수 고니시 유키나가가 서울로 물러가 지키면서 총병 도요토미가 거느린 이시다 미쓰나리石田三成, 구로다 나가마사黑田長政 등 30여 명의 장수들이 군사를 합하고 진영을 연결하여 험준한 곳을 지키므로 굳건하여 깨부술 수가 없었습니다. 벽제관 싸움 뒤에는 나아가서 승리하기가 더욱 어려웠습니다. 그때 판서 이덕형이 개성으로 나를 찾아와 말했습니다.

"왜적의 세력이 저렇듯 강성하게 떨치는데, 명나라 대병이 물러간다

족하(足下) 같은 또래 사이에서 상대편을 높여 부르는 말. 흔히 편지를 받아 보는 사람의 이름 아래에 쓴다.

면 서울을 수복할 가망이 없습니다."

그는 울면서 또 이렇게 말했습니다.

"서울은 나라의 근본이 되는 곳으로 이곳을 수복하지 못하면 나라의 체계가 잡히지 않을 것입니다. 그런데 지금 사세가 이 지경에 이르렀으니 장차 어찌한단 말입니까?"

그래서 나는 답하였습니다.

"다만 서울을 수복하고 한강 이남을 되찾지 못한다면, 여러 도의 사세 또한 뜻대로 유지할 수 없을 것입니다."

이덕형은 다시 말하였습니다.

"진실로 서울을 수복하기만 한다면 한강 이남은 우리 군신들의 힘으로 지탱할 수 있습니다."

나는 이렇게 대답했습니다.

"그렇다면 내가 그대 나라와 도모하여 힘써 보겠습니다. 서울을 수복하고 아울러 한강 이남의 여러 도를 회복한 다음 왕자와 대신을 돌아오게 해 바야흐로 나라를 온전하게 만들어 보리다."

이덕형은 눈물을 흘리고 머리를 조아리며 감격해 말하였습니다.

"과연 그처럼만 해 주신다면 노야老爺는 우리나라를 다시 만들어 주는 것으로, 그 공덕이 실로 적지 않을 것입니다."

이렇게 해서 나는 배를 타고 한강을 내려가게 되었습니다. 당시 왕자

임해군 등이 가토 기요마사의 병영으로부터 사람을 파견하여 나에게 전했습니다.

'나라로 돌아갈 수 있게 된다면 한강 이남의 땅은 어디든 거리끼지 않고 그들 요구대로 주겠습니다.'

하지만 나는 그 뜻을 따르지 않았습니다. 그리고 왜적의 장수와 맹세하였습니다.

"왕자를 돌려보내려거든 돌려보내고, 돌려보내고 싶지 않으면 너희들 뜻대로 죽이든지 좋을 대로 하라. 그 밖의 일은 말할 것이 없다."

왕자는 귀국의 세자인데, 난들 소중한 줄 알지 못하겠습니까? 그러나 이런 때를 당하여서는 차라리 죽이려거든 죽이라고 말할지언정 다른 조건은 허락하고 싶지 않았습니다. 그들이 부산에 오자 온갖 물건을 주고 예를 다하여 여러 방면으로 왕자의 환심을 사려 하였습니다. 전에 거만하다가 뒤에 공경해진 것은 시류의 변화에 따른 부득이한 일이었다고 여겨집니다.

몇 마디 논의 끝에 서울에서 왜적이 물러갔는데 연도에 남기고 간 군량은 헤아릴 수 없이 많았으며, 한강 이남의 땅은 다 수복하고, 왕자와 대신들도 나라로 돌아왔습니다. 마침내 한 통의 서신으로써 적군을 견제하여 왜적의 우두머리들은 손발이 부산의 막다른 바닷가에 묶인 채 명령을 기다린 지 3년 동안 감히 망령되이 움직이지 못하고, 계속하여 봉공에 대해 의논하였던 것입니다. 나는 명령을 받들어 회의를 조절하고, 서울에서 다시 족하와 이덕형 등을 만나 말하였습니다.

"지금 가서 봉공을 해 주면 왜적이 물러갈 것이니 귀국의 뒷일을 위해 그렇게 처리하는 것이 어떠합니까?"

이덕형은 그 말에 응하여 말하였습니다.

"뒷일의 도모는 우리나라 군신들이 맡을 책임이니 노야는 너무 괘념하지 마소서."

나는 그 말을 듣고 아닌 게 아니라 그에게 큰 역량과 식견이 있는 위대한 인물로 여겼습니다. 하지만 지금에 이르러 그때 사실을 생각하여 본즉 문장文章과 능력이 서로 일치하지 않은 듯하니, 내 이 판서(이덕형)를 참으로 애석하게 여기는 바입니다.

당시 부산과 죽도의 여러 병영이 곧 철거되지 않은 것은 나의 책임이나, 기장과 서생포의 왜적들은 모두 건너가고 영책은 다 불태웠으며 지방관들과 함께 잘 마무리 지었다고 합니다.

가토 기요마사가 건너와서 싸움 한 번 했다는 말도 들리지 않고 화살 한 개도 꺾지를 않았는데 지방관이 몸을 빼어 양보한 까닭은 무엇입니까? 이 전에 한강 이남은 스스로의 힘으로 지탱할 수 있다고 말하였는데, 이미 수복하여 놓은 땅도 이와 같이 잃어버린 데서야 어찌하겠습니까? 또 뒷일을 잘 계획하는 것은 귀국의 책임이라고 하더니, 큰 계책은 듣지도 아니하고 다만 대궐 밑에서 울부짖는 계책뿐입니까?

병법에 이르기를 '힘의 강한 것은 약한 것이 당하지 못하고, 많은 수를 적은 수가 대적하지 못한다'라고 했습니다. 나 역시 어려운 상황을 귀국의 여러 당사자들에게 책임 지우려는 것은 아닙니다. 다만 '완만할 때는 근본을 다스리고, 급할 때는 말단을 다스린다'는 말과 같이, 군사를 훈련하여 잘 지키고 때를 보아서 적을 제어해야 할 터인데도 귀국에서는 역시 이를 누구도 생각지 않았습니다.

바다를 건너온 이래로 내가 네 번이나 귀국의 임금을 만나 서로 문답한 말은 가슴속에서 기탄없이 나왔고, 또 시기에 적합하여 조금의 거짓이나 잘못됨이 없었습니다. 임금과 제 마음은 거울을 바라보듯 환하게 비쳤습니다. 나는 진실로 동국(조선)의 일이 이만하면 다른 염려는 없을 것이라고 생각하였는데, 뜻밖에도 귀국의 모략과 책략을 내는 여러 대신들은 온갖 기지를 써서 이간하는 사건을 만들어 안으로는 명나라 조정을 격노케 하고 밖으로는 약한 군사로서 일본과 싸우도록 만들었습니다.

심지어 송운의 이야기는 예법에 어긋나는 말이었습니다. 그는 "먼저 가서 명나라를 치려고 한다"는 둥 "팔도를 갈라 주고 임금이 친히 바다를 건너 일본에 귀복하려 한다"는 둥의 말을 잠깐 동안에 바꾸어 가며 하였습니다. 이러한 두어 마디 말이 임금의 마음을 움직이게 하고, 명나라 조정을 격분시켜 구원병을 내도록 하기는 했습니다. 그렇지만 귀국에는 팔도가 있을 뿐인데, 만약 이를 다 넘겨주고 임금이 친히 바다를 건너가 귀복한다면 귀국의 종묘사직과 백성들은 다 일본의 것이 되고 말 것입니다. 또 두 왕자는 어떻게 하려 하십니까? 나는 삼척동자라도 결코 이런 실언을 하지는 않으리라고 생각합니다. 가토 기요마사가 비록 횡포할지라도 이처럼 제멋대로 행동하지는 않았을 것입니다.

우리 대명제국이 주변 나라를 거느리는 데에도 스스로의 방도가 있어, 때에 따라 은혜를 베풀기도 하고 때에 따라 위엄을 보이기도 하는 것입니다. 반드시 수백 년 동안 서로 관계해 오던 속국을 도외시하여 그냥 내버려 두지는 않을 것이며, 약속을 받들지 않는 역적(일본)이 우리의 번국(조선)을 노략하는 것을 그대로 방치하지 않음은 당연한 도리라 하겠습니다.

나는 지극히 모든 일을 살피지는 못하였으나, 멀고 가까움의 분별이나 옳고 그름의 인정에 이르러서는 누구나 쉽게 깨달을 수 있는 것입니다. 하물며 황제의 칙명을 받들고 일을 주선함에 있어 그 성패와 휴척休戚(편안함과 근심)이 달려 있는데, 감히 귀국의 일을 업신여기거나 소홀히 여기겠습니까? 어찌 감히 일본의 횡포를 숨겨 두고 알리지 않았겠습니까? 족하는 사리를 이해하는 데 밝으시고 국사에도 깊으시기에 이 글을 보내는 것이오니, 족하가 내 평소의 충심을 잘 살펴서 이러한 사정을 임

번국(藩國) 제후의 나라라는 말로, 명나라의 직할지에 준한다는 뜻으로 썼었다.

금께 아뢰고 조정 대신들에게 그 까닭을 대략이라도 알려 주신다면 다행이겠습니다.

이미 우리 명나라 조정을 우러르는 것만이 만전의 계책이라고 하셨으니 마땅히 처분만을 기다려 무량한 복이 있기를 바라며, 잘못된 계교로써 수고롭기만 하고 일을 그르침이 없기를 바랍니다. 간절히 부탁해 마지 않습니다.

이 글을 보면 서울을 되찾기 이전까지의 사실은 말이 조리에 맞지만, 부산으로 내려간 이후의 사실들은 섞갈리는 말을 해서 거짓임이 분명하다. 그러나 공과 죄는 결코 서로 섞이지 않는다. 뒷날에 심유경을 논하는 사람들은 마땅히 이 글로써 옳고 그름을 삼아야 할 것이다. 그러므로 여기에 기록하여 두는 바이다.

심유경은 유세하는 선비였다. 평양성 싸움 뒤에 두 번이나 적진으로 들어갔으니, 이는 사람으로서 어려운 일이다. 그는 마침내 능히 입만 가지고 군사를 대신하여 많은 왜적을 쫓아내고 이 수천 리 강산을 수복하도록 했다. 그러나 끝에 가서 한 가지 일을 그르쳐서 큰 화를 면치 못하였으니 슬픈 일이다.

고니시 유키나가는 심유경을 가장 신임하였다. 그가 서울에 있을 때에 심유경은 비밀리에 고니시 유키나가에게 말하였다.

"너희들이 오래도록 여기에 머무르면서 물러가지 않으니 명나라 조정에서는 다시 대군을 일으켜 서해를 통해 건너올 것이다. 충청도로 나와서 너희들이 돌아갈 길목을 끊어 놓는다면 그때는 비록 가려고 해도 뜻대로 가지 못할 것이다. 나는 평양성에서부터 너와 정이 들어 친숙한 까닭으로 차마 말하여 주지 않을 수 없다."

이에 고니시 유키나가는 두려움에 드디어 서울을 떠나가 버렸다.

이 일은 심유경이 스스로 우정승 김명원에게 말하였고, 김 정승이 나에게 그 사실을 다시 말해 주었다.

초판 1쇄 발행   2020년 2월 20일
초판 13쇄 발행   2024년 6월 10일

지은이   류성룡
옮긴이   장윤철
펴낸이   김상철
발행처   스타북스
등록번호   제300-2006-00104호
주소   서울시 종로구 종로 19 르메이에르종로타운 B동 920호
전화   02) 735-1312
팩스   02) 735-5501
이메일   starbooks22@naver.com
ISBN   979-11-5795-507-7 03910